“中原发展研究院智库丛书”的编撰和出版得到了中原发展研究基金会及郑州宇通集团公司、河南投资集团公司、河南民航发展投资有限公司、河南铁路投资有限责任公司、中原信托公司、中原证券公司、河南恒通化工集团公司等企业的赞助，也得到了深圳海王集团公司、北京汉唐教育集团公司、河南省财政税务高等专科学校等的专项资助。

“中原发展研究院智库丛书”是新型城镇化与中原经济区建设河南省协同创新中心系列研究及河南省发改委与财政厅政府购买服务项目的重要组成部分。

中原发展研究院
智库丛书

中原经济区发展指数报告 (2015)

主　　编◎耿明斋
执行主编◎张建秋
副 主 编◎张国骁

社会科学文献出版社
SOCIAL SCIENCES ACADEMIC PRESS (CHINA)

“中原发展研究院智库丛书”编委会

总　序

由苏联开启，曾经波及半个地球，涵盖几十个国家的计划经济体制模式，是基于某种理论逻辑构建的。而针对这种体制所进行的市场化改革，却是基于经济发展的现实需要。最初，为了证明这种改革的正当性，人们往往采取对理论进行重新解释甚至不惜曲解的办法。而守护原有理论正当性和纯洁性的学者则将这些理论与已经变化了的现实相对照，指出现实中某些变化的非合法性，要求纠正并向原有的符合理论模式的体制回归。1990 年底，我参加了某个当时被认为是全国经济学界最重要的学术会议，强烈地感受到上述两派学者的分歧，也突然悟到他们都有一个共同的错误，即把现实放到了一个从属的地位，将现实的合法性归入某种理论框架，试图用理论的合法性来解释现实的合法性。这显然颠倒了理论与现实的关系。

其实，现实的合法性来源于自身，并不需要用理论来证明。因此，经济研究还有另外一条更为正确的途径，那就是从现实出发，从实际中我们所遇到的问题出发，先弄清楚问题是什么，然后再去寻找可以解释问题的理论。如果找不到现成的可以解释问题的理论，那就说明理论本身有问题，理论发展和创新的突破口也就找到了。自那以后，我就一头扎进了现实中，自觉走上了从现实出发、从问题出发的研究轨道。

还有一个问题也是经过长期琢磨和争论才弄清楚并坚持下来的，那就是我们研究的切入点和主攻方向究竟是涉及全局还是局部的问题；究竟是关注看起来更大、更重要但距离我们更遥远的事情，还是看起来更小也没那么重要但意义更深远的身边的事情。我们最终选择了后者，那就是发生在我们身边的看起来渺小但对整个中国的现代化进程都具有深远影响的事情，即传统平原农区工业化与经济社会转型。时间已证明当初我们的选择是正确的，相信其将继续证明我们的正确性。

十多年来，我们围绕传统平原农区工业化与经济社会转型这个主题进行了卓有成效的探索，主持了"欠发达平原农业区产业结构调整升级与工业化发展模式研究""传统平原农区工业化与社会转型路径研究""黄河中下游平原农区工业化与社会转型路径研究""中西部地区承接产业转移的重点与政策研究"等多项重大、重点、一般国家社科基金项目，以及一系列教育部、省政府、相关地方政府和企业委托项目的研究，完成了《关于建设中原城市群经济隆起带若干问题的思考》《河南省协调空间开发秩序和调整空间结构研究》《鹤壁现代城市形态发展战略规划》等多个区域发展研究报告，出版了包括《传统农区工业化与社会转型丛书》在内的专著数十种。2004年初提出论证并被河南省委、省政府采纳，写入河南省"十一五"和"十二五"规划及历次省域经济发展重要文件的"郑汴一体化"战略，成为我们这个团队的品牌之作。

为了更好地凝练方向，聚集人才，积累资料和成果，早在1994年1月，我们就成立了"改革发展研究院"。2009年9月，更是促成了河南省人民政府研究室与河南大学合作共建了"中原发展研究院"①。中原发展研究院的宗旨是更好地践行从现实出发、从身边的问题做起的研究理念，围绕传统平原农区工业化与经济社会转型这个主轴，以河南这个典型区域为对象，从宏观到微观、从经济结构到社会结构，把每个细枝末节都梳理清楚，在更基础的层面把握经济和社会演进的方向，为政府提供有科学依据的决策建议，为经济学术尤其是发展经济学、制度经济学和区域经济学提供有价值的思想素材，在传统的政府系列和高校及科研院所之外打造一个高端的智库机构。

2011年9月，适逢中原发展研究院成立两周年之际，《国务院关于支持河南省加快建设中原经济区的指导意见》（国发〔2011〕32号）的出台，标志着中原经济区正式上升为国家战略，同时，也意味着以河南省，即以中原为研究对象的中原发展研究院真正是应时而生的。中原发展研究院多位学者作为全程深度参与中原经济区上升国家战略研究谋划团队的核心成员，从一开始就意识到，作为较早就有意识地将自己的研究领域锁定在河南也就是中原的专业团队，我们应该为中原经济区的研究和建设做点什么。为此，从

① 2013年河南省发展和改革委员会也加入了共建序列。

2011 年 3 月开始，中原发展研究院启动了一项计划，就是全面梳理中原经济区经济社会发展的现状，比较其优势和劣势，分析其发展过程中遇到的问题，提出解决问题的思路，构成一个能够反映中原经济区经济社会发展运行状况的完整体系，成果以《中原经济区竞争力报告》为题，作为中原发展研究院的系列年度出版物之一，每年一本，连续编撰出版，首份报告于 2012 年 4 月面世。

2012 年，适逢河南大学百年庆典，深圳海王集团总裁刘占军博士和北京汉唐教育集团张晓彬董事长两位校友得知我们的研究计划后，不仅非常赞赏，而且乐于施以援手，分别资助了《中原经济区发展指数研究报告》和《中原经济区金融竞争力报告》两个项目，该两个项目的首份报告于 2013 年 11 月面世。

上述三种报告的编撰和出版，不仅使我们收获了知识和经验，而且为我们赢得了社会声誉。2013 年 6 月，我们又获得了新一轮高水平大学建设工程项目，即 2011 工程项目——新型城镇化与中原经济区建设河南省协同创新中心——的支持，并以中原发展研究院为依托单位。为了将“中原发展研究”这一主题做深做细做透，2013 年下半年我们就开始酝酿谋划更大规模的研究出版计划。该计划的基本思路是：在继续编撰出版《中原经济区竞争力报告》和《中原经济区发展指数研究报告》等综合性报告的基础上，将“中原发展”问题按不同的经济社会活动领域分解成若干个专题，分别进行研究，并于每年定期出版专题报告，形成系列，冠以“中原发展研究院智库丛书”名称。

“中原发展研究院智库丛书”实际上是自 20 世纪 90 年代初开启的传统平原农区工业化与经济社会转型研究的继续和升华，也是前述国家社科基金重大招标项目“中西部地区承接产业转移的重点与政策研究”（项目编号：11&ZD050）、“新型城镇化与中原经济区建设河南省协同创新中心系列专题”等多个课题研究成果的有机组成部分，同时融汇了中央相关部委、河南省委省政府及相关部门、相关基层政府与企业委托的各类专项研究课题以及提交的报告和政策建议的内容。

需要特别说明的是，该项研究和出版计划得到了郑州宇通集团公司、河南投资集团公司、河南民航发展投资公司、河南铁路投资公司、中原信托公司、中原证券公司、河南恒通化工集团公司等企业及河南省中原发展研究基金会的赞助，也得到了深圳海王集团公司、北京汉唐教育集团公司、河南省财政税务高等专科学校等的专项资助，同时，河南省发展和改革委员会、河南省财政厅也以政府购买服务的方式给予了支持，在此一并表示感谢，对这些企业及政府部门领导强烈的社会责任感和使命感表示深深的敬意。

该丛书是中原发展研究院的重点项目和拳头产品，我们为其研究和撰写投入了大量精力，力求无憾。但因项目工程浩大，问题和瑕疵必然在所难免。期待着关心中原经济区建设的各级领导和专家及广大读者提出宝贵意见，以使该丛书不断改进、日臻完善。

耿明斋

2015 年 3 月 21 日修订

目 录

第一章 中原经济区发展指数的编制方法与实施过程

一般情况下，指数的编制过程主要包括以下五部分：第一，寻找理论基础；第二，确立评价指标体系；第三，对指标体系进行无量纲化处理；第四，确定各个指标的权重；第五，确定指数的合成方法。

一　编制理论基础

中原经济区发展指数是用来综合评判中原经济区内部各区域发展的速度、质量以及潜力的一种标准，因此指数的编制必须要有符合自身经济发展规律的评判标准，这个评判标准就是相应的理论基础。结合中原经济区发展的实际与“发展”的一般内涵，课题组把中原经济区发展指数的理论基础锁定在可持续发展以及“三化”协调发展两种理论之上。

1. 绿色发展理论

在快速的工业化和城镇化进程中，中原经济区经济与社会的发展过多地依赖资源和投资，形成了以“高耗能、高污染、高投资”为特征的粗放式发展模式。当资源的储量不断下降、自然及社会环境的承载能力接近极限时，越来越多的有识之士意识到，只注重“量”而忽略“质”的粗放式发展方式难以为继，转变经济发展方式，走资源节约型、环境友好型、绿色可持续的发展道路势在必行，因此中原经济区发展指数首先选择了绿色发展理论作为指导。绿色发展理论的核心就是可持续发展，无论是从一个国家、地区还是从全球范围来看，生态环境的可持续发展都是全面可持续发展的基础，经济的可持续发展是核心，而以人为本的社会环境的可持续发展则是人类社会发展的最终目标，因此可持续发展至少包括经济、社会、生态环境三个方面的可持续发展。相应地，中原经济区发展指数的编制在考虑到经济发展的同时，结合自身的特点以及时代特征，融入了生态环境的可持续发展以及社会环境的可持续发展。

2. 新型城镇化引领的“三化”协调发展理论

中原经济区的战略定位包括国家重要的粮食生产和现代农业基地，全国工业化、城镇化、信息化和农业现代化协调发展示范区。目前，中原经济区发展形势与战略定位还有一定距离，整体上属于欠发达地区，区域内部分化较为明显，南部的传统农区经济与社会的发展滞后于北部地区，北部地区工业化进程明显快于城镇化进程，农业现代化进程则最为缓慢。信息化只有在城镇化、工业化和农业现代化发展到一定阶段时才会对经济和社会的发展产生明显的推动作用。通过新型城镇化引领“三化”协调发展已被证明是中原经济区现代化之路的最佳选择，因此中原经济区发展指数应该体现城镇化、工业化与农业现代化“三化”协调发展这一思想。

3. 指数与上一年度的调整之处

本报告是中原经济区发展指数年度报告系列的第三本，在延续上一年度框架的基础上，做了以下调整。

（1）将省直管县纳入考察范围。省直管县是指省直辖县级行政单位，省直管县改革是中共中央做出的重大决策。在自2010年开始的八省区30县（市）省直管县改革试点中，河南占据了10个，是国家省直管县改革的主要试点地区。经过一段时间的发展，目前河南省直管县试点改革的成效已经有所体现，因此我们也将河南省10个省直管县作为独立的整体纳入考察的体系。

（2）对指标体系进行了进一步优化。根据课题组确定的指标选取原则——“全面性、实用性、独立性”，本年度报告将上一年度指标体系中一些数据质量差、区分度不强、实用性较弱的指标予以删除或替换。

（3）省略了与往年重复且对报告内容联系相对薄弱的部分内容。

二　指标体系的确立

1. 指标选取的原则

（1）全面性。中原经济区发展指数的目的之一是在“三化”协调理论及可持续发展的理论基础上全面反映区域内部30个地市的整体发展情况。相应的指标体系要配合这一目标，既要涉及经济和社会的发展，又要兼顾未来的可持续发展，做到尽量客观而又全面地体现城镇化、工业化及农业现代化的主要方面以及资源、环境的承载能力，且能够点面结合，从整体和局部的不同角度系统地反映中原经济区的发展情况。

（2）实用性。中原经济区发展指数不能仅停留在理论研究层面，还要与实践相结合，指导现实应用。这就要求指标体系具有很强的实用性，便于读者对区域整体和30个不同地市的发展情况进行分析比较。因此，首先，指标的含义应该简明易懂，能够被一般读者接受；其次，要求数据来自公开的、可信度高的数据库，即指标数据容易获取且数据质量被公众认可；最后，不同地市统计口径应当一致，同一地市不同年份的统计口径也要保持一致，只有这样才能提升指数的可操作性，便于实践应用，辅助读者科学地进行决策分析。

（3）独立性。指标体系的建立需遵循独立性原则。同一层次的指标应相互独立，保证指标间形成并列关系，严禁出现包含与被包含关系，尽可能减小各指标间的关联度，消除指标间的相互依赖关系。只有这样，才能顺利展开接下来的赋权工作，保证指标权重的精准。

2. 指标体系的选取思路

中原经济区发展指数是一个多目标多层次的评价体系，而“三化”协调发展理论与可持续发展理论为多层次评价提供了一系列准则，具体如下。

（1）准则层B。

在现有文献中，人均GDP是衡量地区经济发展水平的最重要的指标。但是由于人均GDP自身存在缺陷，相当长一段时间，学者不断在人均GDP指标的基础上寻找若干指标，试图还原经济发展的全过程，尽量弥补人均

GDP的不足，如人类发展指数、绿色GDP等，都是这一努力的结果。可持续发展理论就是在这一背景下产生的，根据可持续发展理论的基本内涵，本报告选取经济、生态环境、社会环境作为准则层B，具体见图1-1。

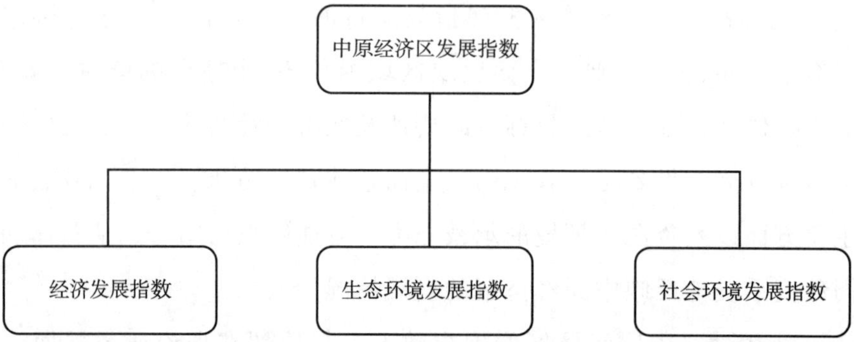

图1-1　建立在可持续发展理论基础上的中原经济区发展指数准则层B示意

（2）准则层C和方案层D。

课题组在准则层B的基础上，又构造了其下层的准则层C与方案层D，具体如下。

第一，工业化是一个国家或地区经济发展过程中所经历的以工业扩张、结构变动、产出增长、城市化及农业现代化为基本特征的特殊历史阶段，其结果是从不发达状态进入发达状态，这是广义的工业化。在这一定义中，工业化、城镇化和农业现代化是协调一体的，但受发展环境的约束，中原经济区乃至整个中国的“三化”的发展是不协调的，城镇化和农业现代化滞后于工业化。当前，我国提出新型工业化道路，即以信息化带动工业化，以工业化促进信息化，科技含量高，经济效益好，资源消耗低，环境污染少，人力资源优势得到充分发挥的工业化道路。为了特别体现中原经济区“三化”协调发展这一理念，城镇化和农业现代化应该从工业化中分离出来，这就是通常所说的狭义的工业化。按照人们对狭义工业化的理解，工业化首先应该体现为产出的增长，这表现为人均GDP的增长；其次应该体现为工业部门的扩张，最能反映国民经济这一变化的是三次产业结构的变动，而三次产业结构只是表明工业化对国民经济结构变动的数量效应，不足以反映工业内部结构优化的问题。制造业增加值的比重是衡量工业内部结构的最常用的指标，制造业增加值比重越高，表明区域经济对能源的依赖程度越小，可持续发展的能力也就越强。该指标的获取需要相应地市最新的统计年鉴，而各个地市最新的统计年鉴出版的顺序又参差不齐，故该指标的可得性不能得到保证。但国有经济一般主要涉及采矿业以及相应的资源型制造业，因此制造业增加值比重与非国有工业比重密切相关，非国有工业增加值比重可以近似作为制造业增加值比重的替代指标。

第二，城镇化的内涵至少应该包括人口的城镇化、土地的城镇化、经济活动的城镇化以及生活方式的城镇化四个方面，课题组用常住人口城镇化率、第一产业就业人数比重以及人均全社会消费品零售总额三个指标分别衡量人、经济活动与生活方式的城镇化。土地的城镇化通常用城市建成区面积及其增长率来衡量，但考虑到城市的扩建存在类似“一次扩建多年填空”的问题，因此城市建成区面积增长与时间并无直接的统计上的相关关系，所以课题组最终舍弃了衡量土地的城镇化相关指标。

第三，农业现代化是指利用现代工业、现代科技与现代经营管理理念等方法，使得农业的生产从传统农业向现代农业转化的过程和手段。从这个定义不难推断出，农业现代化至少应该具有规模化（前提）、市场化（动力）、机械化（手段）、科技化（目标）四个特征。课题组分别用劳均种植业经营面积反映农业生产实际的规模化经营程度，用单产农用化肥施用量反映市场化与商品化程度。值得注意的是，以地市为统计单元的科技化指标目前缺失，课题组不得已把这类指标舍弃。但从具体的约束条件来看，缺失科技指标并不会从根本上削弱农业现代化的衡量标准。这是因为中原经济区目前农业的科技水平在农业现代化过程中所起到的作用较小，农业现代化面临的首要问题是实现规模化与市场化，进而实现机械化。如果农业现代化的前三个特征实现不了，就没有市场化的利益激励机制，农业的科技水平也不会对农业现代化有非常显著的贡献。这可以从每年有大量的农业科技资金投入却没有产生相应的效益来验证。经济发展指数及其下层指标详见图 1-2。

第四，对于生态环境的可持续发展，课题组认为应该从三个方面来衡量：一是考察经济结构对能源的依赖程度，一般选取单位 GDP 能耗指标，经济结构对能源的依赖程度越强，其对生态环境的破坏程度就越高。二是环

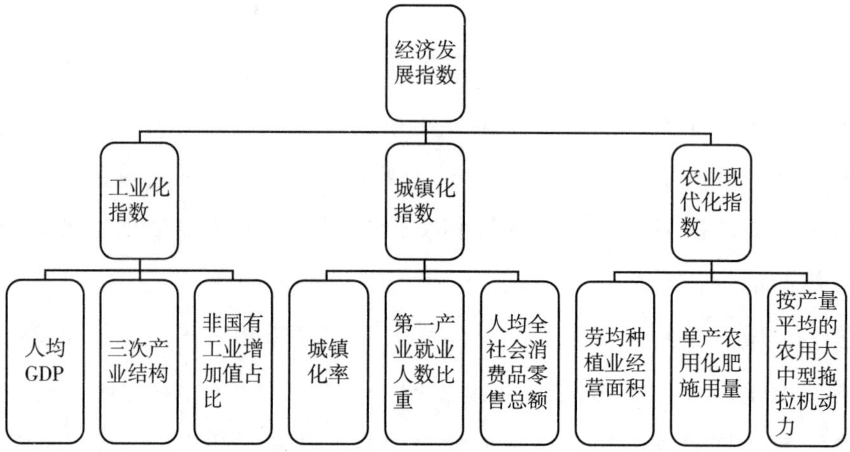

图1－2　建立在“三化”协调发展理论基础上的经济发展指数及其下层结构示意

境污染状况，近年来各地频现雾霾天气，呼吸系统疾病发病率急剧上升，所以选取按辖区面积平均的工业烟尘排放量作为代表。三是化解污染负外部性的努力程度，用工业固体废物综合利用率这一指标予以全面、整体地表示不同地市化解各种污染的负外部性所做出的努力。生态环境发展指数及其下层指标详见图1－3。

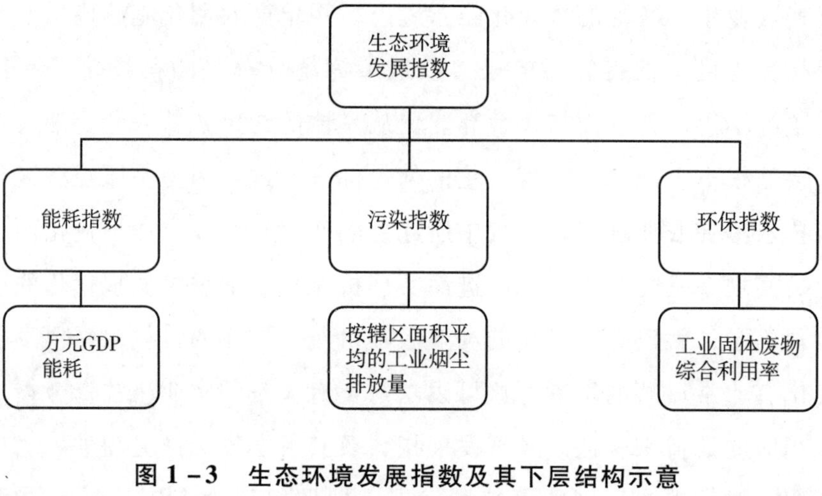

图1－3　生态环境发展指数及其下层结构示意

第五，对以人为本的社会环境的可持续发展来说，首先考虑的是发展是为了人类，其首要表现就是居民收入的不断增加，主要包括城镇居民人均可支配收入和农村居民人均纯收入两个指标。其次，现代化的过程也是缩小城乡收入差距的过程，用城乡居民收入结构衡量城乡收入差距状况。在收入水平一定的情况下，以人为本的社会环境的可持续发展离不开良好的医疗与教育体系的支撑，健全的医疗体系保证构成社会微观主体的人有健康的体魄，而高质量的教育更是提高了受教育者未来的发展潜力，因此健康和教育指标是在收入指标之后要考虑的。健康指标主要从卫生资源的可得性考虑，选取了万人卫生技术人员数以及万人卫生机构床位数两个指标，而教育指标选取了反映教育财政投入力度的人均教育经费和反映基础教育发展情况的万人中小学专任教师数两个指标，分别考察了教育发展的“质”和“量”。最后，以人为本还体现为人的生活环境的状况，课题组主要从公共绿地的稀缺程度、日常生活的便利程度以及道路交通的拥挤程度三个方面来设计指标。城镇化是未来的发展方向，因此本报告分别选用人均城市公园绿地面积、万人城市公共汽车数、人均城市道路面积来具体衡量。社会环境发展指数及其下层指标详见图1－4。

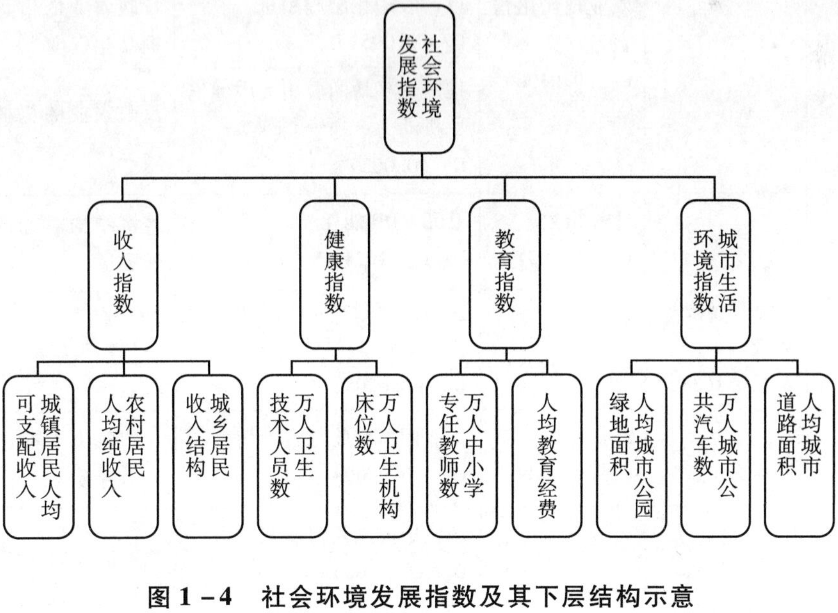

图1－4　社会环境发展指数及其下层结构示意

3. 指标体系的递阶层次结构

按照上述指标选取的原则，课题组构造了中原经济区发展指数指标体系的递阶层次结构，具体见表1－1。

表 1－1　中原经济区发展指数指标体系的递阶层次结构

目标层 A	准则层 B	准则层 C	方案层 D（权重）	指标说明
中原经济区发展指数 A	经济发展指数 B_1（0.5390）	工业化指数 C_1（0.1588）	人均 GDP D_1（0.0953）	反映工业化的总量效应
			三次产业结构 D_2（0.0318）	用结构指标对工业化的总量效应进行修正
			非国有工业增加值占比 D_3（0.0318）	在上述基础上进一步修正
		城镇化指数 C_2（0.3496）	城镇化率 D_4（0.2214）	按常住人口统计的城镇化
			第一产业就业人数比重 D_5（0.0911）	经济活动的城镇化
			人均全社会消费品零售总额 D_6（0.0371）	生活方式的城镇化
		农业现代化指数 C_3（0.0306）	劳均种植业经营面积 D_7（0.0226）	反映农业实际的规模化经营程度
			单产农用化肥施用量 D_8（0.0051）	反映农业的市场化与商品化程度
			按产量平均的农用大中型拖拉机动力 D_9（0.0029）	反映农业的机械化程度
	生态环境发展指数 B_2（0.1638）	能耗指数 C_4（0.1024）	万元 GDP 能耗 D_{10}（0.1024）	经济结构对能源的依赖程度
		污染指数 C_5（0.0205）	按辖区面积平均的工业烟尘排放量 D_{11}（0.0205）	空气污染状况
		环保指数 C_6（0.0409）	工业固体废物综合利用率 D_{12}（0.0409）	化解污染负外部性的努力程度
	社会环境发展指数 B_3（0.2972）	收入指数 C_7（0.1385）	城镇居民人均可支配收入 D_{14}（0.0462）	城镇居民收入状况
			农村居民人均纯收入 D_{15}（0.0462）	农村居民收入状况
			城乡居民收入结构 D_{16}（0.0462）	城乡收入差距状况

续表

目标层 A	准则层 B	准则层 C	方案层 D（权重）	指标说明
中原经济区发展指数 A	社会环境发展指数 B_3（0.2972）	健康指数 C_8（0.0479）	万人卫生技术人员数 D_{17}（0.0239）	卫生资源软环境的可得性
			万人卫生机构床位数 D_{18}（0.0239）	卫生资源硬环境的可得性
		教育指数 C_9（0.0824）	万人中小学专任教师数 D_{19}（0.0412）	基础教育的可得性，反映教育资源的数量
			人均教育经费 D_{20}（0.0412）	衡量教育水平，反映教育的质量
		城市生活环境指数 C_{10}（0.0285）	人均城市公园绿地面积 D_{21}（0.0095）	公共绿地的稀缺程度
			万人城市公共汽车数 D_{22}（0.0095）	社区生活的便利程度
			人均城市道路面积 D_{23}（0.0095）	日常出行的拥挤程度

注：括号中的数字为该指标相对于目标层 A 的权重；由于四舍五入，各项指标权重之和略大于1。

三　指标的无量纲化处理

发展指数包含了系统而又综合的指标集，因此构成该指标体系的基本数据单元存在量纲上的差异，要想使量纲不同的指标之间具有可比性，必须通过一定的数理方法消除量纲不同的影响，这一过程被称为数据的标准化或者无量纲化处理。综合考虑，本文采用极差法对数据进行标准化处理，对每一项评价指标确定一个满意值和不允许值，以满意值为上限，以不允许值为下限，计算各指标实现满意值的程度，并以此确定各指标的评价值，公式如下。

$$f(x_i) = \frac{x_i - x_s}{x_h - x_s} \cdot 100$$

人均 GDP、人均全社会消费品零售总额、城镇居民人均可支配收入、农村居民人均纯收入四个指标先取自然对数，再按照上述方法进行标准化处理，公式如下。

$$f(x_i) = \frac{\ln x_i - \ln x_s}{\ln x_h - \ln x_s} \cdot 100$$

其中，$f(x_i)$ 表示区域 i 某单项指标的标准化得分，其取值范围为［0，100］。x_i 表示区域 i 某单项指标的实际值，x_h 表示某单项指标的满意值，x_s 表示某单项指标的不允许值。对于正向指标，满意值为最大值，不允许值为最小值；对于逆向指标，满意值为最小值，不允许值为最大值。

关于满意值的选择，课题组选择台湾地区 2010 年相应数据作为参照系，[①] 原因在于台湾地区已经实现了工业化与现代化，经济发展与社会结构已经进入高水平均衡状态。而关于不允许值的选择，课题组选用 2009 ~ 2011 年中原经济区涵盖所有地市中出现的最小值作为参照系，原因在于出现最小值的这些区域（如阜阳等），其按照 2009 年可比价格计算的人均 GDP 还没有达到钱纳里多国模型所要求的工业化的初级阶段水平，故把这些区域作为不允许值的参照系也符合经济发展的一般规律。经过满意值与不允许值参照系的选择，把对比的标尺设定在还未进入工业化初级阶段（不允许值）与已经实现工业化（满意值）两个范围之内，其意义在于不仅能够进行横向对比，而且能进行纵向对比。

数据主要来源于 *Taiwan Statistical Data Book*（*2011*），以及《中国统计年鉴》《河南统计年鉴》《山西统计年鉴》《河北经济年鉴》《山东统计年鉴》《安徽统计年鉴》《中国城市统计年鉴》等，极个别数据来源于中原经济区各地市的 2012 ~ 2014 年国民经济和社会发展统计公报、政府工作报告，以及相应的官方网站等。

四　指标权重的确定

消除了指标间不同量纲的影响，接下来要对指标赋权，为完成最终的加

① 涉及价格因素的指标，课题组都已经进行了相应的平减，确保数据的可比性。

总计算做准备。综合考虑，本文选用层次分析方法对指标赋权。该方法的优点是将定性与定量相结合，将复杂问题层次化、定性问题定量化，体现了主观分析方法的客观性质，在多层次、多目标决策以及权重确定方面具有重要作用。

在构造中原经济区发展指数指标体系的递阶层次结构以后，就需要构造相应的判断矩阵。构造判断矩阵的方法是：每一个具有向下隶属关系的元素（被称为准则）作为判断矩阵的第一个元素（位于左上角），隶属于它的各个元素依次排列在其后的第一行和第一列。以目标层中原经济区发展指数为例，其判断矩阵就如表 1－2 所示。

表 1－2　判断矩阵示例

中原经济区发展指数	经济发展指数	生态环境发展指数	社会环境发展指数
经济发展指数			
生态环境发展指数			
社会环境发展指数			

目标层以下各层的判断矩阵依此类推。在判断矩阵的基础上，邀请专家对判断矩阵进行打分，打分依据如表 1－3 所示。

表 1－3　判断矩阵打分依据

重要性标度	含　义
1	表示两个元素相比，具有同等重要性
3	表示两个元素相比，前者比后者稍重要
5	表示两个元素相比，前者比后者明显重要
7	表示两个元素相比，前者比后者强烈重要
9	表示两个元素相比，前者比后者极端重要
2，4，6，8	表示上述判断的中间值
倒数	若元素 i 与元素 j 的重要性之比为 a_{ij}，则元素 j 与元素 i 的重要性之比为 $a_{ji}=1/a_{ij}$

综合各个专家的打分结果，课题组经过多次深入讨论，最终各个判断矩阵及相应的权重 W 和一致性比率 CR 如表 1－4 至表 1－14 所示。

表 1－4　中原经济区发展指数判断矩阵

中原经济区发展指数	经济发展指数	生态环境发展指数	社会环境发展指数	*W*	*CR*
经济发展指数	1	3	2	0. 538961	0. 007939
生态环境发展指数	1/3	1	1/2	0. 163781	
社会环境发展指数	1/2	2	1	0. 297258	

表 1－5　经济发展指数判断矩阵

经济发展指数	工业化指数	城镇化指数	农业现代化指数	*W*	*CR*
工业化指数	1	1/3	7	0. 294638	0. 070082
城镇化指数	3	1	9	0. 648619	
农业现代化指数	1/7	1/9	1	0. 056743	

表 1－6　生态环境发展指数判断矩阵

生态环境发展指数	万元 GDP 能耗	按辖区面积平均的工业烟尘排放量	工业固体废物综合利用率	*W*	*CR*
万元 GDP 能耗	1	3	3	0. 6	0
按辖区面积平均的工业烟尘排放量	1/3	1	1	0. 2	
工业固体废物综合利用率	1/3	1	1	0. 2	

表 1－7　社会环境发展指数判断矩阵

社会环境发展指数	收入指数	健康指数	教育指数	城市生活环境指数	*W*	*CR*
收入指数	1	2	3	4	0. 465819	0. 011496
健康指数	1/2	1	2	3	0. 27714	
教育指数	1/3	1/2	1	2	0. 16107	
城市基础设施指数	1/4	1/3	1/2	1	0. 09597	

表 1－8　工业化指数判断矩阵

工业化指数	人均 GDP	三次产业结构	非国有工业增加值占比	*W*	*CR*
人均 GDP	1	3	3	0.6	0
三次产业结构	1/3	1	1	0.2	
非国有工业增加值占比	1/3	1	1	0.2	

表 1－9　城镇化指数判断矩阵

城镇化指数	城镇化率	第一产业就业人数比重	人均全社会消费品零售总额	*W*	*CR*
城镇化率	1	3	5	0.633346	0.033375
第一产业就业人数比重	1/3	1	3	0.260498	
人均全社会消费品零售总额	1/5	1/3	1	0.106156	

表 1－10　农业现代化指数判断矩阵

农业现代化指数	劳均种植业经营面积	按产量平均的农用大中型拖拉机动力	单产农用化肥施用量	*W*	*CR*
劳均种植业经营面积	1	5	7	0.737971	0.012242
按产量平均的农用大中型拖拉机动力	1/5	1	2	0.167594	
单产农用化肥施用量	1/7	1/2	1	0.094435	

表 1－11　收入指数判断矩阵

收入指数	城镇居民人均可支配收入	农村居民人均纯收入	城乡居民收入结构	*W*	*CR*
城镇居民人均可支配收入	1	1	1	0.333333	0
农村居民人均纯收入	1	1	1	0.333333	
城乡居民收入结构	1	1	1	0.333333	

表 1－12　健康指数判断矩阵

健康指数	万人卫生技术人员数	万人卫生机构床位数	W	CR
万人卫生技术人员数	1	1	0.5	0
万人卫生机构床位数	1	1	0.5	

表 1－13　教育指数判断矩阵

教育指数	万人中小学专任教师数	万人高等学校在校学生数	W	CR
万人中小学专任教师数	1	1	0.5	0
人均教育经费	1	1	0.5	

表 1－14　城市生活环境指数判断矩阵

城市生活环境指数	人均城市公园绿地面积	万人城市公共汽车数	人均城市道路面积	W	CR
人均城市公园绿地面积	1	1	1	0.333333	0
万人城市公共汽车数	1	1	1	0.333333	
人均城市道路面积	1	1	1	0.333333	

可以看出，各个层次的判断矩阵的一致性指标 $CR = \frac{CI}{RI} < 0.1$，均通过逻辑一致性检验，因此各个指标相较于其上层指数的权重就如上述各表 W 列所示的。值得注意的是，各个判断矩阵每一项组成部分的权重只是相对于上层指数的权重，因此每一项指标在整个指标体系中的权重需要通过相应的换算得到，最终的结果就如表 1－1 括号中的数字所示。

五　指数的合成方法

在多指标综合评价中，合成是指通过一定的算式，将多个指标对事物不同方面的评价值综合在一起，以得到一个整体性的评价。可用于合成的数学方法有很多，常见的有加权算术平均合成模型、加权几何平均合成模型，以及加权算术平均和加权几何平均联合使用的混合合成模型。中原经济区发展指数采用加权算术平均合成模型，具体是将各个地市的全部指标标准化得分进行由低到高分层加权计算，得到总得分，具体公式如下。

$$f(X_A) = \sum_{B=1}^{3} W_B X_B = \sum_{C=1}^{10} W_C X_C = \sum_{D=1}^{23} W_D X_D$$

其中，$f(X_A)$ 是区域 X 发展指数的最终得分；W_B 为准则层 B 的权重，W_C 为准则层 C 的权重，W_D 为方案层 D 的权重；X_B 为区域 X 准则层 B 的标准化得分，X_C 为区域 X 准则层 C 的标准化得分，X_D 为区域 X 方案层 C 的标准化得分。

六　指数的计算结果

在完成了以上四部分的基础上，我们就可以计算中原经济区各区域[①]各层次的发展指数了，具体如表 1－15 至表 1－28 所示。[②]

1. 目标层 A 之中原经济区发展指数结果

表 1－15　中原经济区发展指数

城　市	2011 年		2012 年		2013 年		
	评测值	排名	评测值	排名	评测值	排名 1	排名 2
郑 州 市	57.10	1	59.30	1	64.14	1	1
开 封 市	32.25	19	35.09	17	42.78	13	16
洛 阳 市	38.27	9	41.50	8	46.82	9	11
平顶山市	32.63	18	34.58	19	40.62	16	20
安 阳 市	34.50	16	36.24	16	40.37	18	22
鹤 壁 市	41.09	5	45.00	5	48.73	3	5
新 乡 市	38.04	11	40.21	11	46.98	7	9
焦 作 市	42.71	3	46.16	3	48.40	5	7
濮 阳 市	32.17	20	33.68	21	38.71	21	25

① 受限于数据的可得性，山东省泰安市东平县和安徽省淮南市凤台县与潘集区三个组成部分没有包含在内，最终的计算结果只包含中原经济区 30 个地级市，下同。

② 由于指数实现了纵向对比，以下表格中多数评测值的最小值不为“0.00”，“—”表示数据暂缺。

续表

城市	2011年		2012年		2013年		
	评测值	排名	评测值	排名	评测值	排名1	排名2
许昌市	39.02	7	42.50	7	48.63	4	6
漯河市	37.36	12	39.76	12	44.03	12	14
三门峡市	38.06	10	41.47	9	44.51	11	13
南阳市	31.16	21	33.58	22	37.83	22	26
商丘市	27.93	27	29.81	27	36.38	25	32
信阳市	34.14	17	34.89	18	40.26	19	23
周口市	29.80	24	32.05	24	36.97	24	31
驻马店市	28.33	26	30.99	25	36.99	23	30
济源市	44.40	2	47.99	2	50.52	2	4
运城市	28.38	25	30.45	26	33.57	27	34
晋城市	40.79	6	43.27	6	47.63	6	8
长治市	35.14	14	37.38	15	40.59	17	21
邢台市	30.13	23	32.13	23	35.93	26	33
邯郸市	36.87	13	37.98	13	39.88	20	24
聊城市	31.15	22	34.58	20	42.41	14	17
菏泽市	34.68	15	37.98	14	41.31	15	19
淮北市	42.41	4	45.07	4	46.91	8	10
宿州市	26.32	28	29.28	28	31.28	30	38
蚌埠市	38.29	8	41.02	10	44.55	10	12
亳州市	24.20	29	27.89	29	32.51	28	36
阜阳市	22.43	30	26.62	30	31.40	29	37
巩义市	—	—	—	—	53.20	—	2
兰考县	—	—	—	—	43.12	—	15
汝州市	—	—	—	—	37.63	—	28
滑县	—	—	—	—	27.80	—	40
长垣县	—	—	—	—	51.98	—	3
邓州市	—	—	—	—	32.54	—	35
永城市	—	—	—	—	37.20	—	29
固始县	—	—	—	—	37.67	—	27
鹿邑县	—	—	—	—	41.60	—	18
新蔡县	—	—	—	—	28.15	—	39

2. 准则层B之经济发展指数及其下层指数结果

表1-16　经济发展指数

城　市	2011年		2012年		2013年		
	评测值	排名	评测值	排名	评测值	排名1	排名2
郑州市	65.88	1	68.22	1	70.06	1	1
开封市	26.38	21	30.50	21	33.73	19	21
洛阳市	40.89	7	43.68	7	45.41	7	9
平顶山市	32.05	16	33.93	17	35.78	17	19
安阳市	33.40	15	36.01	14	37.46	14	16
鹤壁市	41.82	6	45.42	6	49.32	4	5
新乡市	35.43	12	38.34	11	42.82	10	12
焦作市	44.35	5	47.79	4	49.75	3	4
濮阳市	26.15	22	26.03	23	28.44	23	29
许昌市	36.89	10	40.78	9	42.58	11	13
漯河市	33.76	14	35.88	15	38.23	13	15
三门峡市	36.54	11	39.22	10	42.96	8	10
南阳市	23.18	24	25.96	24	27.97	24	30
商丘市	17.79	28	21.15	28	24.11	27	34
信阳市	25.19	23	27.51	22	30.18	22	26
周口市	18.44	26	21.90	26	24.52	26	33
驻马店市	18.34	27	21.69	27	24.63	25	32
济源市	48.91	2	53.02	2	54.69	2	3
运城市	29.21	19	30.65	20	31.96	20	23
晋城市	44.73	4	47.23	5	48.60	5	6
长治市	38.30	9	40.84	8	42.94	9	11
邢台市	30.47	18	31.93	19	31.58	21	24
邯郸市	38.51	8	38.12	12	37.19	16	18
聊城市	28.79	20	32.09	18	37.24	15	17
菏泽市	31.57	17	35.37	16	34.92	18	20
淮北市	44.81	3	47.88	3	47.99	6	7
宿州市	19.59	25	22.00	25	23.26	28	35
蚌埠市	34.45	13	38.07	13	38.39	12	14
亳州市	16.49	29	20.07	30	21.12	30	37
阜阳市	15.90	30	20.24	29	21.31	29	36
巩义市	—	—	—	—	58.89	—	2
兰考县	—	—	—	—	29.41	—	27
汝州市	—	—	—	—	30.87	—	25
滑　县	—	—	—	—	11.59	—	40
长垣县	—	—	—	—	46.64	—	8
邓州市	—	—	—	—	20.57	—	38
永城市	—	—	—	—	33.47	—	22
固始县	—	—	—	—	25.27	—	31
鹿邑县	—	—	—	—	28.94	—	28
新蔡县	—	—	—	—	14.40	—	39

表 1－17　工业化指数

城　市	2011 年		2012 年		2013 年		
	评测值	排名	评测值	排名	评测值	排名 1	排名 2
郑州市	74.07	1	76.41	1	78.46	1	2
开封市	42.55	18	47.29	17	50.45	17	21
洛阳市	56.73	7	59.79	6	60.98	8	9
平顶山市	49.36	14	49.77	16	50.52	16	20
安阳市	54.11	9	54.83	10	55.43	12	14
鹤壁市	52.48	11	56.49	9	62.26	7	8
新乡市	49.78	13	53.10	13	56.78	11	13
焦作市	63.92	3	66.86	3	69.16	3	4
濮阳市	44.37	17	46.88	18	51.90	15	19
许昌市	58.27	5	60.70	5	62.58	6	7
漯河市	54.00	10	54.70	11	58.09	9	10
三门峡市	56.78	6	59.02	7	67.87	4	5
南阳市	39.16	22	41.57	22	43.05	20	25
商丘市	27.14	28	30.68	28	35.18	27	35
信阳市	37.94	24	39.53	24	42.18	22	27
周口市	34.45	25	37.96	25	41.23	24	29
驻马店市	33.02	26	36.44	26	39.93	26	31
济源市	71.20	2	74.23	2	74.75	2	3
运城市	41.81	19	40.87	23	41.74	23	28
晋城市	52.40	12	54.55	12	54.78	13	15
长治市	54.70	8	57.33	8	56.87	10	12
邢台市	39.69	21	42.48	21	42.27	21	26
邯郸市	40.76	20	42.96	20	40.12	25	30
聊城市	60.65	4	64.14	4	64.38	5	6
菏泽市	46.50	15	51.53	15	53.71	14	17
淮北市	45.05	16	51.75	14	49.16	19	23
宿州市	28.81	27	33.72	27	32.39	28	36
蚌埠市	38.06	23	46.48	19	49.30	18	22
亳州市	16.86	29	27.43	29	25.35	29	39
阜阳市	10.80	30	25.62	30	24.72	30	40
巩义市	—	—	—	—	83.81	—	1
兰考县	—	—	—	—	53.40	—	18
汝州市	—	—	—	—	54.61	—	16
滑　县	—	—	—	—	28.99	—	38
长垣县	—	—	—	—	57.65	—	11
邓州市	—	—	—	—	37.54	—	34
永城市	—	—	—	—	39.37	—	32
固始县	—	—	—	—	37.91	—	33
鹿邑县	—	—	—	—	47.87	—	24
新蔡县	—	—	—	—	31.16	—	37

表1-18 城镇化指数

城市	2011年		2012年		2013年		
	评测值	排名	评测值	排名	评测值	排名1	排名2
郑州市	66.14	1	68.63	1	70.34	1	1
开封市	19.55	21	23.49	20	26.85	21	24
洛阳市	36.16	8	39.06	7	41.04	7	8
平顶山市	26.48	14	29.13	14	31.21	14	16
安阳市	25.48	16	28.86	15	30.64	16	18
鹤壁市	38.08	6	41.56	6	44.54	5	6
新乡市	29.34	12	32.20	13	36.54	10	11
焦作市	38.31	5	42.16	5	44.03	6	7
濮阳市	19.35	22	17.84	23	19.41	24	30
许昌市	28.09	13	33.09	11	34.56	11	12
漯河市	25.88	15	28.79	16	30.79	15	17
三门峡市	29.95	11	32.97	12	34.48	12	13
南阳市	16.06	24	19.14	22	21.21	23	27
商丘市	12.73	28	16.15	26	18.48	26	32
信阳市	19.64	20	22.46	21	25.21	22	25
周口市	11.26	29	14.83	28	17.17	28	35
驻马店市	10.82	30	14.34	30	17.06	29	36
济源市	42.15	4	46.71	3	49.13	2	3
运城市	24.01	18	26.68	19	28.61	19	22
晋城市	43.18	3	46.15	4	48.92	4	5
长治市	32.72	10	35.46	9	39.91	8	9
邢台市	24.89	17	26.78	17	28.71	18	21
邯郸市	37.80	7	36.75	8	38.98	9	10
聊城市	14.43	26	17.31	25	28.01	20	23
菏泽市	23.59	19	26.69	18	28.84	17	20
淮北市	45.32	2	47.46	2	49.07	3	4
宿州市	14.82	25	16.05	27	18.28	27	33
蚌埠市	32.79	9	34.75	10	33.53	13	15
亳州市	14.19	27	14.51	29	16.80	30	37
阜阳市	17.78	23	17.49	24	19.34	25	31
巩义市	—	—	—	—	49.45	—	2
兰考县	—	—	—	—	18.21	—	34
汝州市	—	—	—	—	21.28	—	26
滑县	—	—	—	—	1.29	—	40
长垣县	—	—	—	—	33.80	—	14
邓州市	—	—	—	—	11.61	—	38
永城市	—	—	—	—	29.65	—	19
固始县	—	—	—	—	19.44	—	29
鹿邑县	—	—	—	—	20.57	—	28
新蔡县	—	—	—	—	5.82	—	39

表 1 - 19　农业现代化指数

城　市	2011 年		2012 年		2013 年		
	评测值	排名	评测值	排名	评测值	排名 1	排名 2
郑州市	20.49	19	21.13	20	23.27	14	23
开封市	20.49	20	23.51	15	25.50	12	20
洛阳市	12.71	25	12.77	27	14.49	19	29
平顶山市	5.85	30	6.47	30	11.49	23	33
安阳市	16.54	24	19.87	21	22.14	15	24
鹤壁市	29.18	8	32.19	7	36.76	4	8
新乡市	30.61	7	31.93	8	41.99	2	4
焦作市	11.70	26	13.09	26	14.33	20	30
濮阳市	9.28	28	11.46	28	9.74	25	35
许昌市	26.46	12	25.25	13	30.37	8	14
漯河市	18.77	21	19.15	23	20.11	17	26
三门峡市	6.72	29	7.86	29	10.43	24	34
南阳市	21.61	17	22.92	17	26.97	10	16
商丘市	27.14	11	28.81	11	30.99	7	13
信阳市	22.39	16	22.75	18	24.61	13	22
周口市	17.52	22	19.44	22	21.78	16	25
驻马店市	27.99	9	29.08	10	31.59	6	12
济源市	10.43	27	15.08	25	14.03	21	31
运城市	23.33	14	22.95	16	19.48	18	27
晋城市	22.50	15	21.56	19	12.85	22	32
长治市	16.93	23	16.79	24	5.11	28	38
邢台市	46.33	1	36.10	3	8.90	26	36
邯郸市	34.94	5	28.75	12	1.53	30	40
聊城市	27.59	10	34.69	4	1.85	29	39
菏泽市	45.32	2	50.63	1	6.96	27	37
淮北市	37.75	4	32.52	5	29.57	9	15
宿州市	26.21	13	29.24	9	32.79	5	11
蚌埠市	34.76	6	32.26	6	37.23	3	7
亳州市	40.81	3	45.40	2	48.61	1	2
阜阳市	20.93	18	23.76	14	26.06	11	19
巩义市	—	—	—	—	37.33	—	6
兰考县	—	—	—	—	32.90	—	10
汝州市	—	—	—	—	17.26	—	28
滑　县	—	—	—	—	38.97	—	5
长垣县	—	—	—	—	136.30	—	1
邓州市	—	—	—	—	34.81	—	9
永城市	—	—	—	—	46.51	—	3
固始县	—	—	—	—	26.28	—	18
鹿邑县	—	—	—	—	26.33	—	17
新蔡县	—	—	—	—	25.49	—	21

3. 准则层B之生态环境发展指数及其下层指数结果

表1-20　生态环境发展指数

城　市	2011年		2012年		2013年		
	评测值	排名	评测值	排名	评测值	排名1	排名2
郑州市	78.25	16	81.66	14	82.62	16	24
开封市	90.26	4	89.77	5	91.16	5	11
洛阳市	69.93	20	74.36	19	75.92	19	27
平顶山市	68.10	21	73.96	20	74.82	20	28
安阳市	66.00	22	68.73	22	66.41	24	32
鹤壁市	70.25	19	74.40	18	74.19	21	29
新乡市	84.24	11	85.37	11	85.81	11	18
焦作市	65.82	23	67.02	23	66.92	23	31
濮阳市	78.90	15	81.49	15	82.93	14	22
许昌市	87.34	7	88.87	7	89.39	7	13
漯河市	86.46	8	87.84	8	88.75	8	15
三门峡市	65.78	24	64.29	24	65.13	25	34
南阳市	87.52	6	86.81	9	87.28	9	16
商丘市	85.34	10	85.53	10	86.19	10	17
信阳市	90.11	5	91.01	4	91.55	3	9
周口市	94.49	2	95.31	1	95.53	1	5
驻马店市	86.11	9	89.69	6	90.55	6	12
济源市	58.57	27	60.56	26	61.47	27	36
运城市	35.85	30	38.57	30	40.89	30	40
晋城市	61.65	26	64.12	25	64.81	26	35
长治市	43.79	29	45.89	28	48.34	29	39
邢台市	62.78	25	52.39	27	67.66	22	30
邯郸市	54.40	28	45.57	29	59.13	28	38
聊城市	79.09	14	81.17	16	82.78	15	23
菏泽市	81.49	13	82.79	13	83.38	13	21
淮北市	72.83	17	75.80	17	77.03	18	26
宿州市	72.04	18	73.43	21	78.16	17	25
蚌埠市	95.17	1	91.12	3	91.38	4	10
亳州市	92.25	3	92.91	2	93.26	2	7
阜阳市	83.28	12	84.40	12	85.15	12	19
巩义市	—	—	—	—	65.27	—	33
兰考县	—	—	—	—	100.45	—	1
汝州市	—	—	—	—	83.56	—	20
滑　县	—	—	—	—	97.14	—	4
长垣县	—	—	—	—	95.48	—	6
邓州市	—	—	—	—	98.41	—	2
永城市	—	—	—	—	59.40	—	37
固始县	—	—	—	—	89.20	—	14
鹿邑县	—	—	—	—	97.83	—	3
新蔡县	—	—	—	—	92.10	—	8

表 1－21　能耗指数

城　市	2011 年		2012 年		2013 年		
	评测值	排名	评测值	排名	评测值	排名 1	排名 2
郑 州 市	86.79	6	88.29	5	89.27	5	10
开 封 市	89.05	4	90.71	3	89.66	4	9
洛 阳 市	79.66	12	82.10	12	83.52	12	18
平顶山市	68.38	22	72.79	22	74.33	22	30
安 阳 市	62.05	23	66.63	24	67.43	24	33
鹤 壁 市	62.00	24	67.14	23	68.20	23	32
新 乡 市	77.10	14	79.18	14	80.08	14	22
焦 作 市	71.11	21	73.99	19	75.86	20	28
濮 阳 市	74.84	16	76.37	15	77.78	15	23
许 昌 市	85.30	7	86.36	8	87.51	7	12
漯 河 市	80.88	11	83.25	11	83.91	11	17
三门峡市	71.50	20	75.30	17	76.63	17	25
南 阳 市	91.67	3	93.18	2	93.87	2	7
商 丘 市	79.02	13	80.79	13	81.99	13	21
信 阳 市	85.03	8	86.37	7	87.36	8	13
周 口 市	94.05	2	94.67	1	95.40	1	5
驻马店市	83.03	9	85.76	9	86.97	9	15
济 源 市	43.31	28	45.89	28	48.28	28	37
运 城 市	18.39	30	22.99	30	26.44	30	40
晋 城 市	57.85	25	59.77	25	61.69	25	34
长 治 市	42.53	29	45.21	29	47.51	29	38
邢 台 市	52.49	26	55.56	26	59.77	26	35
邯 郸 市	50.96	27	54.41	27	57.16	27	36
聊 城 市	72.03	19	73.95	20	75.41	21	29
菏 泽 市	72.41	17	74.33	18	76.48	18	26
淮 北 市	72.41	17	73.95	20	76.05	19	27
宿 州 市	82.76	10	83.52	10	84.64	10	16
蚌 埠 市	94.25	1	87.74	6	88.89	6	11
亳 州 市	88.51	5	89.27	4	89.96	3	8
阜 阳 市	75.10	15	76.25	16	77.51	16	24
巩 义 市	—	—	—	—	73.95	—	31
兰 考 县	—	—	—	—	102.68	—	1
汝 州 市	—	—	—	—	82.38	—	20
滑　　县	—	—	—	—	98.08	—	3
长 垣 县	—	—	—	—	94.64	—	6
邓 州 市	—	—	—	—	98.85	—	2
永 城 市	—	—	—	—	42.15	—	39
固 始 县	—	—	—	—	82.76	—	19
鹿 邑 县	—	—	—	—	97.32	—	4
新 蔡 县	—	—	—	—	87.36	—	13

表 1－22　污染指数

城　市	2011 年		2012 年		2013 年		
	评测值	排名	评测值	排名	评测值	排名 1	排名 2
郑州市	63.62	27	74.19	21	83.24	20	27
开封市	84.57	18	85.95	18	87.35	17	24
洛阳市	86.58	15	89.21	15	87.82	16	23
平顶山市	63.64	26	64.20	27	57.98	27	36
安阳市	51.74	28	57.74	28	51.31	28	37
鹤壁市	80.70	20	84.27	20	77.06	21	28
新乡市	92.46	11	94.17	9	94.36	8	13
焦作市	72.18	22	72.25	24	69.02	25	34
濮阳市	82.05	19	87.29	17	90.34	13	20
许昌市	84.92	17	89.31	14	86.85	18	25
漯河市	92.58	10	92.00	12	93.68	9	15
三门峡市	86.87	14	91.91	13	91.91	12	19
南阳市	97.56	2	98.10	3	98.30	2	4
商丘市	92.28	12	87.32	16	87.88	15	22
信阳市	98.21	1	99.46	1	98.89	1	3
周口市	96.30	4	97.63	4	97.75	4	6
驻马店市	94.60	7	95.81	6	95.13	6	11
济源市	75.62	21	72.81	22	69.70	24	33
运城市	86.39	16	84.59	19	84.50	19	26
晋城市	70.84	24	71.97	25	72.92	22	30
长治市	40.32	29	43.66	29	49.50	29	38
邢台市	71.61	23	72.81	23	70.04	23	32
邯郸市	29.39	30	37.62	30	31.78	30	39
聊城市	93.88	8	93.26	11	92.63	10	17
菏泽市	93.23	9	93.80	10	89.77	14	21
淮北市	65.14	25	65.17	26	68.68	26	35
宿州市	89.59	13	95.25	7	95.00	7	12
蚌埠市	94.73	6	94.87	8	92.53	11	18
亳州市	97.29	3	98.19	2	97.78	3	5
阜阳市	95.84	5	96.05	5	95.81	5	10
巩义市	—	—	—	—	0.00	—	40
兰考县	—	—	—	—	93.48	—	16
汝州市	—	—	—	—	71.05	—	31
滑　县	—	—	—	—	96.95	—	8
长垣县	—	—	—	—	93.77	—	14
邓州市	—	—	—	—	96.57	—	9
永城市	—	—	—	—	76.29	—	29
固始县	—	—	—	—	99.89	—	2
鹿邑县	—	—	—	—	97.38	—	7
新蔡县	—	—	—	—	100.01	—	1

表 1－23　环保指数

城　市	2011 年		2012 年		2013 年		
	评测值	排名	评测值	排名	评测值	排名 1	排名 2
郑州市	64.38	23	67.04	21	59.83	23	33
开封市	100.00	1	90.43	16	100.00	1	2
洛阳市	20.84	29	33.69	26	38.65	28	38
平顶山市	71.61	21	87.64	18	93.32	15	25
安阳市	93.44	12	86.74	19	78.13	21	31
鹤壁市	87.32	19	88.76	17	91.27	19	29
新乡市	99.85	3	97.19	9	96.35	13	22
焦作市	41.81	27	38.59	25	34.99	29	39
濮阳市	89.28	15	92.77	14	92.71	17	27
许昌市	96.55	10	96.83	10	98.18	8	17
漯河市	98.92	6	99.00	5	99.97	3	11
三门峡市	25.64	28	0.00	30	0.00	30	40
南阳市	63.64	24	54.28	22	54.31	24	34
商丘市	99.50	5	99.56	4	98.47	7	16
信阳市	98.91	7	98.04	7	98.18	8	17
周口市	94.17	11	95.12	12	93.76	14	24
驻马店市	87.89	17	96.69	11	97.87	10	19
济源市	92.41	13	97.22	8	97.22	12	21
运城市	43.50	26	44.47	24	45.47	26	36
晋城市	65.13	22	70.76	20	67.10	22	32
长治市	51.47	25	50.39	23	49.95	25	35
邢台市	88.23	16	21.40	28	91.60	18	28
邯郸市	90.89	14	24.09	27	93.01	16	26
聊城市	87.85	18	93.17	13	97.52	11	20
菏泽市	100.00	1	100.00	1	100.00	1	2
淮北市	81.93	20	92.62	15	88.64	20	30
宿州市	18.74	30	17.98	29	39.75	27	37
蚌埠市	98.65	8	98.65	6	98.56	6	15
亳州市	99.70	4	99.77	3	99.76	5	13
阜阳市	98.03	9	99.95	2	99.95	4	12
巩义市	—	—	—	—	101.63	—	1
兰考县	—	—	—	—	100.00	—	2
汝州市	—	—	—	—	100.00	—	2
滑　县	—	—	—	—	94.18	—	23
长垣县	—	—	—	—	100.00	—	2
邓州市	—	—	—	—	98.79	—	14
永城市	—	—	—	—	100.00	—	2
固始县	—	—	—	—	100.00	—	2
鹿邑县	—	—	—	—	100.00	—	2
新蔡县	—	—	—	—	100.00	—	2

4. 准则层B之社会环境发展指数及其下层指数结果

表 1-24　社会环境发展指数

城市	2011年		2012年		2013年		
	评测值	排名	评测值	排名	评测值	排名1	排名2
郑州市	34.87	1	37.23	1	43.21	1	1
开封市	22.92	24	23.78	25	32.45	13	17
洛阳市	25.27	16	29.01	13	33.39	9	13
平顶山市	24.06	20	24.13	24	30.52	17	23
安阳市	25.24	17	24.63	22	31.29	15	21
鹤壁市	30.09	4	33.65	3	33.59	8	11
新乡市	26.48	12	27.81	16	33.06	10	14
焦作市	30.06	5	33.63	4	35.80	6	9
濮阳市	26.30	13	30.48	9	32.90	11	15
许昌市	29.72	6	33.50	5	37.09	2	3
漯河市	26.28	14	29.78	12	29.83	20	26
三门峡市	28.35	9	32.65	6	36.05	5	8
南阳市	20.56	26	22.90	27	28.45	24	30
商丘市	24.88	18	24.36	23	31.12	16	22
信阳市	30.12	3	27.55	17	30.20	18	24
周口市	23.96	22	24.99	21	27.21	26	32
驻马店市	24.03	21	25.89	20	29.82	21	27
济源市	31.76	2	34.27	2	36.89	3	4
运城市	28.23	10	30.39	10	32.48	12	16
晋城市	29.31	7	32.06	7	36.41	4	5
长治市	29.27	8	30.87	8	32.12	14	18
邢台市	20.42	27	23.27	26	26.29	27	33
邯郸市	26.04	15	28.74	14	34.13	7	10
聊城市	23.17	23	26.63	18	29.47	23	29
菏泽市	24.85	19	27.84	15	29.62	22	28
淮北市	27.46	11	30.18	11	28.31	25	31
宿州市	14.76	28	19.98	28	20.00	28	35
蚌埠市	20.98	25	26.02	19	29.86	19	25
亳州市	10.97	29	16.34	29	19.61	30	37
阜阳市	10.70	30	16.26	30	20.00	29	36
巩义市	—	—	—	—	36.23	—	7
兰考县	—	—	—	—	36.32	—	6
汝州市	—	—	—	—	24.53	—	34
滑县	—	—	—	—	18.92	—	38
长垣县	—	—	—	—	37.63	—	2
邓州市	—	—	—	—	17.88	—	39
永城市	—	—	—	—	31.65	—	20
固始县	—	—	—	—	31.67	—	19
鹿邑县	—	—	—	—	33.49	—	12
新蔡县	—	—	—	—	17.74	—	40

表 1-25　收入指数

城　市	2011 年		2012 年		2013 年		
	评测值	排名	评测值	排名	评测值	排名 1	排名 2
郑州市	34.01	1	38.27	1	40.31	1	2
开封市	16.00	19	20.41	20	22.72	19	24
洛阳市	18.34	14	22.60	14	24.84	15	19
平顶山市	16.86	18	21.21	18	23.71	18	22
安阳市	21.27	8	25.49	9	27.64	9	12
鹤壁市	24.14	5	28.42	5	30.83	5	7
新乡市	20.98	9	25.56	8	27.80	8	11
焦作市	26.67	3	30.99	3	33.23	3	5
濮阳市	14.30	21	18.65	21	21.25	21	27
许昌市	25.71	4	29.98	4	32.10	4	6
漯河市	21.69	7	25.98	7	28.32	7	10
三门峡市	18.23	15	22.59	15	24.94	14	18
南阳市	17.56	16	22.00	16	24.28	17	21
商丘市	11.80	28	16.11	28	18.31	28	35
信阳市	14.26	22	18.57	22	21.22	22	28
周口市	10.39	29	14.65	29	16.76	30	38
驻马店市	12.57	25	16.76	26	19.05	25	32
济源市	28.29	2	32.71	2	34.93	2	3
运城市	12.10	27	16.26	27	18.34	27	34
晋城市	19.25	12	23.54	13	25.50	13	17
长治市	19.45	11	23.84	11	25.77	12	16
邢台市	12.82	23	16.97	24	18.92	26	33
邯郸市	20.43	10	24.92	10	26.31	11	14
聊城市	22.12	6	26.67	6	29.23	6	8
菏泽市	19.07	13	23.73	12	26.33	10	13
淮北市	15.55	20	20.70	19	22.64	20	25
宿州市	12.59	24	16.94	25	20.02	23	30
蚌埠市	16.98	17	21.83	17	24.45	16	20
亳州市	12.43	26	17.23	23	19.80	24	31
阜阳市	9.20	30	13.99	30	17.46	29	37
巩义市	—	—	—	—	41.12	—	1
兰考县	—	—	—	—	15.66	—	40
汝州市	—	—	—	—	29.19	—	9
滑县	—	—	—	—	16.19	—	39
长垣县	—	—	—	—	34.33	—	4
邓州市	—	—	—	—	25.83	—	15
永城市	—	—	—	—	23.32	—	23
固始县	—	—	—	—	21.75	—	26
鹿邑县	—	—	—	—	20.22	—	29
新蔡县	—	—	—	—	17.51	—	36

表 1-26　健康指数

城　市	2011 年		2012 年		2013 年		
	评测值	排名	评测值	排名	评测值	排名	排名
郑州市	70.52	1	80.03	1	93.85	1	1
开封市	36.03	15	45.31	12	50.31	10	12
洛阳市	46.44	4	51.61	3	57.12	3	4
平顶山市	44.98	7	48.79	8	51.00	9	11
安阳市	35.15	16	43.41	15	48.79	13	15
鹤壁市	39.97	11	43.45	14	46.66	16	19
新乡市	44.95	8	51.5	4	55.70	4	5
焦作市	46.31	5	50.6	6	55.29	5	6
濮阳市	36.27	14	41.63	16	47.51	15	17
许昌市	33.10	18	41.44	17	43.03	18	21
漯河市	37.83	13	45.76	11	50.12	11	13
三门峡市	44.72	9	56.01	2	58.46	2	3
南阳市	25.25	25	31.34	24	37.11	24	30
商丘市	27.68	23	32.44	23	41.41	21	24
信阳市	19.29	27	21.2	29	25.98	29	37
周口市	22.59	26	28.43	26	31.51	26	33
驻马店市	27.32	24	32.82	22	38.51	22	26
济源市	38.70	12	38.82	18	42.94	19	22
运城市	50.83	3	51.4	5	52.39	7	9
晋城市	42.82	10	44.81	13	48.64	14	16
长治市	45.91	6	46.79	10	48.95	12	14
邢台市	27.71	22	31.11	25	36.61	25	31
邯郸市	31.87	19	34.03	19	37.88	23	28
聊城市	30.31	21	33.94	20	42.33	20	23
菏泽市	31.36	20	33.21	21	44.89	17	20
淮北市	53.17	2	49.89	7	52.42	6	8
宿州市	8.98	29	25.48	28	26.79	28	35
蚌埠市	34.21	17	47.53	9	51.67	8	10
亳州市	5.47	30	16.4	30	19.24	30	40
阜阳市	10.65	28	26.6	27	29.98	27	34
巩义市	—	—	—	—	35.67	—	32
兰考县	—	—	—	—	70.30	—	2
汝州市	—	—	—	—	47.36	—	18
滑　县	—	—	—	—	38.16	—	27
长垣县	—	—	—	—	54.81	—	7
邓州市	—	—	—	—	19.62	—	38
永城市	—	—	—	—	37.28	—	29
固始县	—	—	—	—	26.16	—	36
鹿邑县	—	—	—	—	38.74	—	25
新蔡县	—	—	—	—	19.61	—	39

表 1－27　教育指数

城　市	2011 年		2012 年		2013 年		
	评测值	排名	评测值	排名	评测值	排名 1	排名 2
郑 州 市	21.94	25	17.23	24	22.55	25	31
开 封 市	28.04	15	17.97	23	29.33	17	22
洛 阳 市	29.71	14	32.74	12	32.23	11	15
平顶山市	27.58	17	16.82	25	29.11	19	24
安 阳 市	27.30	18	13.07	27	30.64	13	17
鹤 壁 市	33.08	11	37.43	8	30.70	12	16
新 乡 市	25.97	20	19.00	20	29.35	16	21
焦 作 市	26.87	19	29.90	15	29.60	15	20
濮 阳 市	41.46	4	46.01	1	44.83	3	6
许 昌 市	38.55	7	38.94	6	36.14	9	12
漯 河 市	25.93	21	26.80	17	24.32	21	27
三门峡市	37.28	8	40.38	3	38.79	8	11
南 阳 市	24.30	23	18.34	22	29.32	18	23
商 丘 市	52.61	2	39.13	5	52.89	2	3
信 阳 市	61.18	1	44.23	2	56.85	1	1
周 口 市	41.90	3	35.48	10	42.00	6	9
驻马店市	36.35	10	32.33	13	42.96	5	8
济 源 市	30.11	13	31.59	14	28.13	20	25
运 城 市	41.40	5	40.00	4	43.55	4	7
晋 城 市	36.59	9	37.88	7	39.36	7	10
长 治 市	38.77	6	36.91	9	33.62	10	13
邢 台 市	24.47	22	25.04	18	20.10	28	34
邯 郸 市	27.99	16	28.18	16	24.12	22	28
聊 城 市	15.84	26	18.42	21	18.79	30	36
菏 泽 市	30.19	12	33.03	11	30.51	14	18
淮 北 市	22.59	24	23.75	19	22.77	24	30
宿 州 市	12.66	27	13.47	26	20.23	27	33
蚌 埠 市	11.10	28	12.89	28	19.46	29	35
亳 州 市	8.98	29	12.30	29	23.14	23	29
阜 阳 市	4.98	30	8.54	30	21.14	26	32
巩 义 市	—	—	—	—	26.32	—	26
兰 考 县	—	—	—	—	49.06	—	4
汝 州 市	—	—	—	—	-0.72	—	39
滑　　县	—	—	—	—	2.84	—	38
长 垣 县	—	—	—	—	32.32	—	14
邓 州 市	—	—	—	—	-1.02	—	40
永 城 市	—	—	—	—	30.47	—	19
固 始 县	—	—	—	—	47.67	—	5
鹿 邑 县	—	—	—	—	56.31	—	2
新 蔡 县	—	—	—	—	14.34	—	37

表 1－28　城市生活环境指数

城市	2011 年		2012 年		2013 年		
	评测值	排名	评测值	排名	评测值	排名 1	排名 2
郑州市	16.55	26	18.09	27	31.96	15	22
开封市	19.74	23	20.79	25	58.78	5	6
洛阳市	10.50	29	11.43	29	38.43	10	16
平顶山市	13.77	28	18.02	28	33.30	14	21
安阳市	22.00	21	22.30	22	21.47	23	33
鹤壁市	33.70	12	31.66	14	33.36	13	20
新乡市	23.68	20	24.41	18	31.28	18	25
焦作市	28.41	16	28.79	16	33.45	12	19
濮阳市	24.11	19	24.34	19	30.55	19	27
许昌市	18.05	25	21.56	23	54.05	6	7
漯河市	30.25	15	29.99	15	18.98	24	34
三门峡市	24.19	18	19.97	26	44.44	8	10
南阳市	16.42	27	26.32	17	31.69	16	23
商丘市	3.55	30	8.15	30	13.22	26	36
信阳市	35.52	9	33.63	12	3.86	30	40
周口市	40.36	5	39.07	7	27.97	22	30
驻马店市	38.59	6	39.97	6	29.55	21	29
济源市	41.69	3	41.95	4	61.57	3	4
运城市	30.61	14	35.97	9	35.72	11	18
晋城市	34.40	11	35.16	11	60.34	4	5
长治市	21.61	22	20.84	24	30.32	20	28
邢台市	33.39	13	35.57	10	62.62	2	3
邯郸市	37.84	7	40.00	5	94.68	1	1
聊城市	37.46	8	37.86	8	39.89	9	15
菏泽市	26.56	17	23.78	20	17.45	25	35
淮北市	56.23	1	61.62	1	31.40	17	24
宿州市	41.10	4	44.26	3	7.90	29	39
蚌埠市	46.71	2	48.17	2	49.53	7	8
亳州市	18.83	24	23.55	21	9.13	28	38
阜阳市	34.62	10	32.26	13	12.23	27	37
巩义市	—	—	—	—	42.04	—	13
兰考县	—	—	—	—	42.75	—	12
汝州市	—	—	—	—	36.51	—	17
滑县	—	—	—	—	46.30	—	9
长垣县	—	—	—	—	40.20	—	14
邓州市	—	—	—	—	30.95	—	26
永城市	—	—	—	—	66.09	—	2
固始县	—	—	—	—	42.90	—	11
鹿邑县	—	—	—	—	23.13	—	32
新蔡县	—	—	—	—	25.57	—	31

第二章
郑州市发展指数分析

一　郑州市发展评价分析

2012～2013 年，郑州市发展指数及其下层指标评价值和排位变化情况，如表 2－1 和图 2－1 所示。

表 2－1　郑州市 2012～2013 年发展评价值及排名

年份	经济发展指数	生态环境发展指数	社会环境发展指数	郑州市发展指数
2011	65.88	78.25	34.87	57.10
2012	68.22	81.66	37.23	59.30
2013	70.06	82.62	43.21	64.14
2012 年排名	1	14	1	1
2013 年排名	1	16	1	1
升降	0	－2	0	0
优势度	优势	中势	优势	优势
2013 年全排名	1	24	1	1

注：中原经济区 30 地市各表格中“2012 年排名”“2013 年排名”均指在 30 地市中的排名，“优势度”依据“2013 年排名”得出，即第 1～10 名为优势，第 11～20 名为中势，第 21～30 名为劣势；“2013 年全排名”是指在 30 个地级市及 10 个县级市整体中的排名情况。

（1）2013 年郑州市发展指数排位处于第 1 位，表明其在中原经济区处于优势地位，与 2012 年相比排位保持不变。

（2）从准则层指标的优势度看，经济发展指数、社会环境发展指数是郑州市发展指数中的优势指标，生态环境发展指数是郑州市发展指数中的中势指标。

（3）从雷达图图形变化看，2013 年与 2012 年相比，面积变化不大，郑州发展指数排位保持平稳。

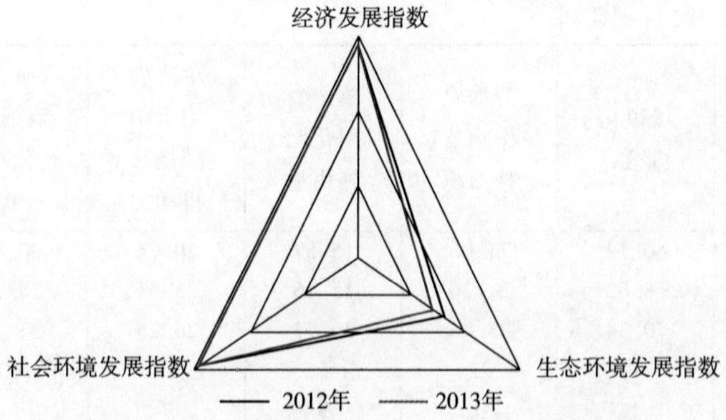

图 2－1　郑州市 2012～2013 年发展指数下层指标排位比较雷达图

（4）从排位变化的动因看，在生态环境发展指数下降 2 位和其他指数排位保持不变的综合作用下，2013 年郑州市发展指数排位保持不变，居中原经济区第 1 位。

二　郑州市经济发展评价分析

2012～2013 年，郑州市经济发展指数及其下层指标评价值和排位变化情况，如表 2－2 和图 2－2 所示。

表 2－2　郑州市 2012～2013 年经济发展评价值及排名

年份	人均GDP	三次产业结构	非国有工业增加值占比	工业化指数	城镇化率	第一产业就业人数比重	人均全社会消费品零售总额
2011	68.63	96.83	67.65	74.07	64.09	73.26	60.89
2012	71.95	97.08	69.12	76.41	66.68	74.74	65.21
2013	72.91	97.80	75.75	78.46	68.04	77.71	66.16
2012 年排名	2	1	9	1	1	1	1
2013 年排名	1	1	11	1	1	1	1
升降	1	0	－2	0	0	0	0
优势度	优势	优势	中势	优势	优势	优势	优势
2013 年全排名	2	2	19	2	1	3	1

续表

年份	城镇化指数	劳均农作物播种面积	单产农用化肥施用量	单产农用大中型拖拉机动力	农业现代化指数	经济发展指数
2011	66.14	21.06	15.57	20.74	20.49	65.88
2012	68.63	21.20	15.66	23.91	21.13	68.22
2013	70.34	23.46	20.77	26.25	23.27	70.06
2012 年排名	1	22	5	10	20	1
2013 年排名	1	16	3	7	14	1
升降	0	6	2	3	6	0
优势度	优势	中势	优势	优势	中势	优势
2013 年全排名	1	25	6	11	23	1

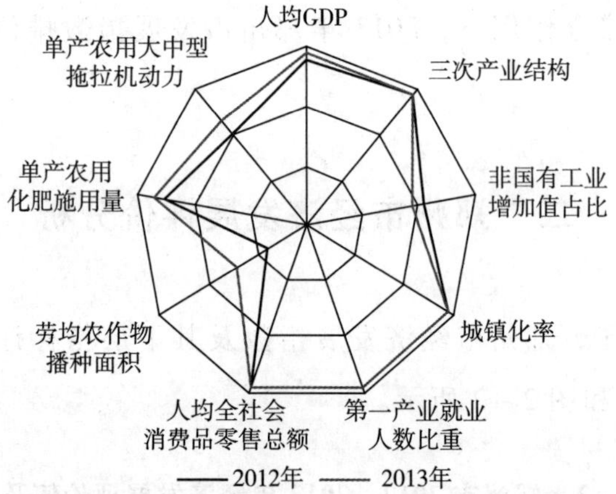

图 2－2　郑州市 2012～2013 年经济发展指数下层指标排位比较雷达图

（1）2013 年郑州市经济发展指数排位处于第 1 位，表明其在中原经济区处于优势地位，与 2012 年相比排位保持不变。其中工业化指数排位处于第 1 位，与 2012 年相比没有变化；城镇化指数排位处于第 1 位，与 2012 年相比没有变化；农业现代化指数排位处于第 14 位，与 2012 年相比上升 6 位。

（2）从方案层指标的优势度看，人均 GDP、三次产业结构、工业化指数、城镇化率、第一产业就业人数比重、人均全社会消费品零售总额、城镇化指数、单产农用化肥施用量、单产农用大中型拖拉机动力是郑州市经济发展指数中的优势指标，非国有工业增加值占比、劳均农作物播种面积、农业现代化指数是郑州市经济发展指数中的中势指标。

（3）从雷达图图形变化看，2013 年与 2012 年相比，面积略有增大，经济发展指数排位保持平稳上升态势。

（4）从排位变化的动因看，在非国有工业增加值占比指标排位下降和劳均农作物播种面积、单产农用化肥施用量、人均 GDP、单产农用大中型拖拉机动力、农业现代化指数指标排位上升的综合作用下，2013 年郑州市经济发展指数排位保持不变，居中原经济区第 1 位。

三　郑州市生态环境发展评价分析

2012～2013 年，郑州市生态环境发展指数及其下层指标评价值和排位变化情况，如表 2－3 和图 2－3 所示。

表 2－3　郑州市 2012～2013 年生态环境发展评价值及排名

年份	万元 GDP 能耗	按辖区面积平均的工业烟尘排放量	工业固体废物综合利用率	生态环境发展指数
2011	86.79	63.62	64.38	78.25
2012	88.29	74.19	67.04	81.66
2013	89.27	83.24	59.83	82.62
2012 年排名	5	21	21	14
2013 年排名	5	20	23	16
升降	0	1	－2	－2
优势度	优势	中势	劣势	中势
2013 年全排名	10	27	33	24

（1）2013 年郑州市生态环境发展指数排位处于第 16 位，表明其在中原经济区处于中势地位，与 2012 年相比排位下降 2 位。

（2）从方案层指标的优势度看，万元 GDP 能耗是郑州市生态环境发展指数中的优势指标，按辖区面积平均的工业烟尘排放量是郑州市生态环境发展指数中的中势指标，工业固体废物综合利用率是郑州市生态环境发展指数中的劣势指标。

（3）从雷达图图形变化看，2013 年与 2012 年相比，面积略有缩小，生

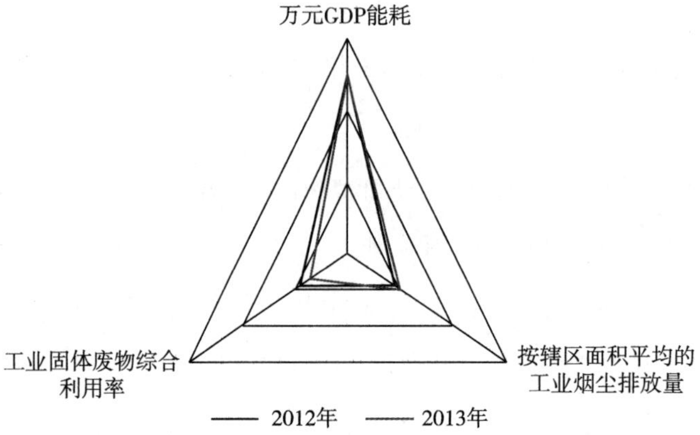

图 2－3　郑州市 2012～2013 年生态环境发展指数下层指标排位比较雷达图

态环境发展指数排位呈下降态势。

（4）从排位变化的动因看，在按辖区面积平均的工业烟尘排放量指标排位上升和工业固体废物综合利用率指标排位下降的综合作用下，2013 年郑州市生态环境发展指数排位下降 2 位，居中原经济区第 16 位。

四　郑州市社会环境发展评价分析

2012～2013 年，郑州市社会环境发展指数及其下层指标评价值和排位变化情况，如表 2－4 和图 2－4 所示。

表 2－4　郑州市 2012～2013 年社会环境发展评价值及排名

年份	城乡居民收入结构	城镇居民人均可支配收入	农村居民人均纯收入	收入指数	每万人卫生技术人员数	每万人卫生机构床位数	健康指数	万人中小学专任教师数
2011	30. 24	34. 41	37. 99	34. 01	56. 36	84. 67	70. 52	16. 81
2012	31. 03	42. 21	42. 84	38. 27	64. 70	95. 36	80. 03	3. 37
2013	32. 39	43. 90	44. 64	40. 31	76. 33	111. 36	93. 85	16. 43
2012 年排名	1	1	1	1	1	1	1	29
2013 年排名	1	1	1	1	1	1	1	30
升降	0	0	0	0	0	0	0	－1
优势度	优势	优势	优势	优势	优势	优势	优势	劣势
2013 年全排名	3	1	1	2	1	1	1	36

续表

年份	人均教育经费	教育指数	人均城市公园绿地面积	人均城市道路面积	万人城市公共汽车数	城市生活环境指数	社会环境发展指数
2011	27.07	21.94	4.91	2.90	50.56	16.55	34.87
2012	31.09	17.23	2.67	0.00	63.74	18.09	37.23
2013	28.66	22.55	22.61	23.47	11.11	31.96	43.21
2012 年排名	3	24	29	30	9	27	1
2013 年排名	3	25	17	24	8	15	1
升降	0	-1	12	6	1	12	0
优势度	优势	劣势	中势	劣势	优势	中势	优势
2013 年全排名	3	31	24	34	11	22	1

图 2-4　郑州市 2012～2013 年社会环境发展指数下层指标排位比较雷达图

（1）2013 年郑州市社会环境发展指数排位处于第 1 位，表明其在中原经济区处于优势地位，与 2012 年相比排位没有变化。其中收入指数排位处于第 1 位，与 2012 年相比排位保持不变；教育指数排位处于第 25 位，与 2012 年相比排位下降 1 位；城市生活环境指数排位处于第 15 位，与 2012 年相比排位上升 12 位。

（2）从方案层指标的优势度看，城乡居民收入结构、城镇居民人均可支配收入、农村居民人均纯收入、收入指数、每万人卫生技术人员数、每万人卫生机构床位数、健康指数、人均教育经费、万人城市公共汽车数是郑州市社会环境发展指数中的优势指标，万人中小学专任教师数、教育指数、人均城市道路面积是郑州市社会环境发展指数中的劣势指标，人均城市公园绿地面积、城市生活环境指数是郑州市社会环境发展指数中的中势指标。

（3）从雷达图图形变化看，2013 年与 2012 年相比，面积基本略有增大，社会环境发展指数排位保持平稳。

（4）从排位变化的动因看，在教育指数、万人中小学专任教师数排位下降和人均城市公园绿地面积、人均城市道路面积、万人城市公共汽车数、城市生活环境指数排位上升的综合作用下，2013 年郑州市社会环境发展指数排位保持不变，居中原经济区第 1 位。

第三章

开封市发展指数分析

一　开封市发展评价分析

2012～2013年，开封市发展指数及其下层指标评价值和排位变化情况，如表3－1和图3－1所示。

表3－1　开封市2012～2013年发展评价值及排名

年份	经济发展指数	生态环境发展指数	社会环境发展指数	开封市发展指数
2011	26.38	90.26	22.92	32.25
2012	30.50	89.77	23.78	35.09
2013	33.73	91.16	32.45	42.78
2012年排名	21	5	25	17
2013年排名	19	5	13	13
升降	2	0	12	4
优势度	中势	优势	中势	中势
2013年全排名	21	11	17	16

（1）2013年开封市发展指数排位处于第13位，表明其在中原经济区处于中势地位，与2012年相比排位上升4位。

（2）从准则层指标的优势度看，生态环境发展指数是开封市发展指数中的优势指标，经济发展指数、社会环境发展指数是开封市发展指数中的中势指标。

（3）从雷达图图形变化看，2013年与2012年相比，面积有所增大，开封发展指数排位呈现上升态势。

（4）从排位变化的动因看，在经济发展指数、社会环境发展指数排位

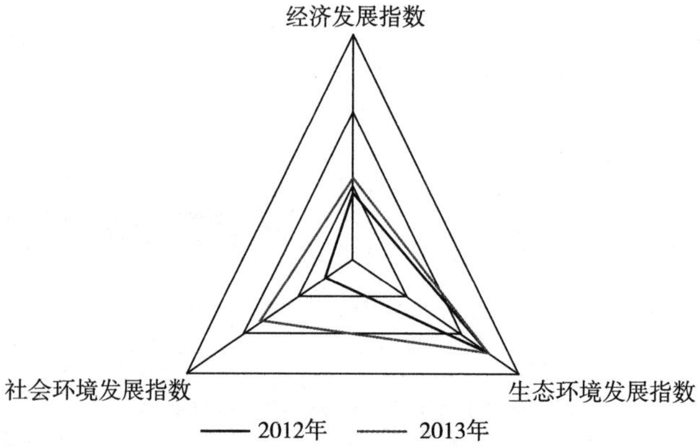

图 3-1　开封市 2012~2013 年发展指数下层指标排位比较雷达图

上升和生态环境发展指数排位不变的综合作用下，2013 年开封市发展指数排位上升 4 位，居中原经济区第 13 位。

二　开封市经济发展评价分析

2012~2013 年，开封市经济发展指数及其下层指标评价值和排位变化情况，如表 3-2 和图 3-2 所示。

表 3-2　开封市 2012~2013 年经济发展评价值及排名

年份	人均GDP	三次产业结构	非国有工业增加值占比	工业化指数	城镇化率	第一产业就业人数比重	人均全社会消费品零售总额
2011	36.77	27.45	75.00	42.55	15.92	23.79	30.80
2012	41.26	30.30	82.35	47.29	19.39	28.33	36.09
2013	43.31	33.09	89.25	50.45	21.61	34.57	38.61
2012 年排名	19	23	4	17	20	27	12
2013 年排名	19	23	4	17	21	18	11
升降	0	0	0	0	-1	9	1
优势度	中势	劣势	优势	中势	劣势	中势	中势
2013 年全排名	23	28	12	21	22	24	12

续表

年份	城镇化指数	劳均农作物播种面积	单产农用化肥施用量	单产农用大中型拖拉机动力	农业现代化指数	经济发展指数
2011	19.55	24.86	8.71	7.89	20.49	26.38
2012	23.49	28.30	8.22	11.03	23.51	30.50
2013	26.85	30.94	8.88	12.46	25.50	33.73
2012 年排名	20	16	13	21	15	21
2013 年排名	21	12	16	21	12	19
升降	-1	4	-3	0	3	2
优势度	劣势	中势	中势	劣势	中势	中势
2013 年全排名	24	21	23	25	20	21

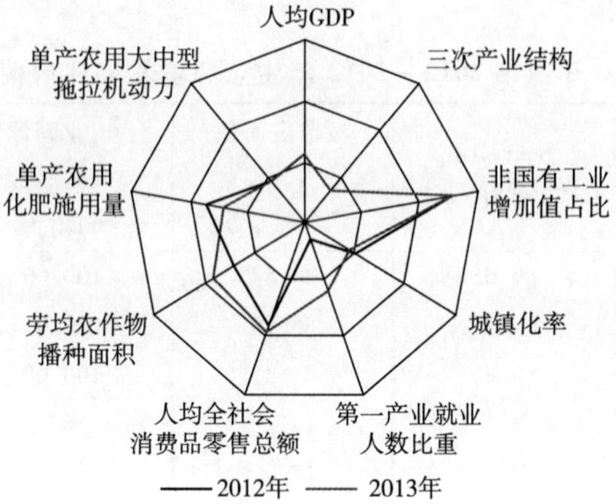

图 3-2 开封市 2012~2013 年经济发展指数下层指标排位比较雷达图

（1）2013 年开封市经济发展指数排位处于第 19 位，表明其在中原经济区处于中势地位，与 2012 年相比上升 2 位。其中，工业化指数排位处于第 17 位，与 2012 年相比排位不变；城镇化指数排位处于第 21 位，与 2012 年相比下降 1 位；农业现代化指数排位处于第 12 位，与 2012 年相比上升 3 位。

（2）从方案层指标的优势度看，非国有工业增加值占比是开封市经济发展指数中的优势指标，人均 GDP、工业化指数、第一产业就业人数比重、人均全社会消费品零售总额、劳均农作物播种面积、单产农用化肥施用量、农业现代化指数是开封市经济发展指数中的中势指标，其余为劣势指标。

（3）从雷达图图形变化看，2013 年与 2012 年相比，面积增大，经济发展指数排位呈现上升态势。

（4）从排位变化的动因看，在第一产业就业人数比重、人均全社会消费品零售总额、劳均农作物播种面积、农业现代化指数指标排位上升和城镇化率、城镇化指数、单产农用化肥施用量指标排位下降的综合作用下，2013 年开封市经济发展指数排位上升 2 位，居中原经济区第 19 位。

三　开封市生态环境发展评价分析

2012 ~ 2013 年，开封市生态环境发展指数及其下层指标评价值和排位变化情况，如表 3 - 3 和图 3 - 3 所示。

表 3 - 3　开封市 2012 ~ 2013 年生态环境发展评价值及排名

年份	万元 GDP 能耗	按辖区面积平均的工业烟尘排放量	工业固体废物综合利用率	生态环境发展指数
2011	89.05	84.57	100.00	90.26
2012	90.71	85.95	90.43	89.77
2013	89.66	87.35	100.00	91.16
2012 年排名	3	18	16	5
2013 年排名	4	17	1	5
升降	-1	1	15	0
优势度	优势	中势	优势	优势
2013 年全排名	9	24	2	11

（1）2013 年开封市生态环境发展指数排位处于第 5 位，表明其在中原经济区处于优势地位，与 2012 年相比排位保持不变。

（2）从方案层指标的优势度看，万元 GDP 能耗、工业固体废物综合利用率是开封市生态环境发展指数中的优势指标，按辖区面积平均的工业烟尘排放量是开封市生态环境发展指数中的中势指标。

（3）从雷达图图形变化看，2013 年与 2012 年相比，面积有所增大，生态环境发展指数排位呈平稳发展态势。

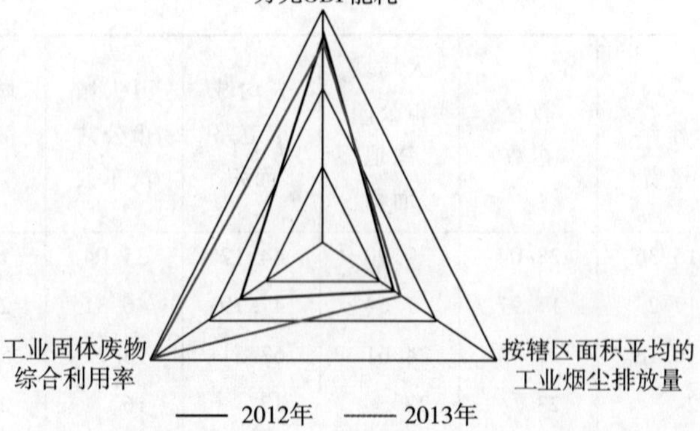

图 3－3　开封市 2012～2013 年生态环境发展指数下层指标排位比较雷达图

（4）从排位变化的动因看，在万元 GDP 能耗指标排位下降和工业固体废物综合利用率、按辖区面积平均的工业烟尘排放量指标排位上升的综合作用下，2013 年开封市生态环境发展指数排位保持不变，居中原经济区第 5 位。

四　开封市社会环境发展评价分析

2012～2013 年，开封市社会环境发展指数及其下层指标评价值和排位变化情况，如表 3－4 和图 3－4 所示。

表 3－4　开封市 2012～2013 年社会环境发展评价值及排名

年份	城乡居民收入结构	城镇居民人均可支配收入	农村居民人均纯收入	收入指数	每万人卫生技术人员数	每万人卫生机构床位数	健康指数	万人中小学专任教师数
2011	16.82	13.39	18.54	16.00	31.60	40.46	36.03	39.71
2012	17.57	21.52	23.65	20.41	37.00	53.62	45.31	18.70
2013	18.44	23.94	25.78	22.72	41.79	58.83	50.31	42.47
2012 年排名	9	28	19	20	11	12	12	20
2013 年排名	10	26	19	19	8	12	10	12
升降	－1	2	0	1	3	0	2	8
优势度	优势	劣势	中势	中势	优势	中势	优势	中势
2013 年全排名	15	29	24	24	10	14	12	16

续表

年份	人均教育经费	教育指数	人均城市公园绿地面积	人均城市道路面积	万人城市公共汽车数	城市生活环境指数	社会环境发展指数
2011	16.36	28.04	9.90	44.12	35.04	19.74	22.92
2012	17.23	17.97	7.64	47.19	46.31	20.79	23.78
2013	16.18	29.33	24.61	62.51	18.72	58.78	32.45
2012 年排名	24	23	27	17	16	25	25
2013 年排名	24	17	15	6	2	5	13
升降	0	6	12	11	14	20	12
优势度	劣势	中势	中势	优势	优势	优势	中势
2013 年全排名	32	22	22	7	3	6	17

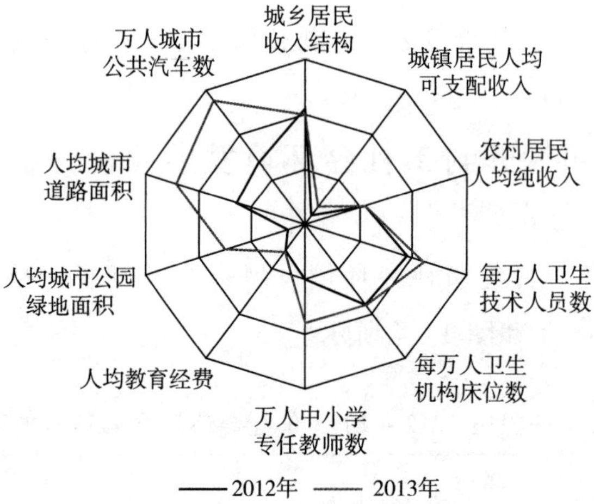

图 3-4　开封市 2012～2013 年社会环境发展指数下层指标排位比较雷达图

（1）2013 年开封市社会环境发展指数排位处于第 13 位，表明其在中原经济区处于中势地位，与 2012 年相比排位上升 12 位。其中教育指数排位处于第 17 位，与 2012 年相比排位上升 6 位；健康指数排位处于第 10 位，与 2012 年相比排位上升 2 位；收入指数排位处于第 19 位，与 2012 年相比排位上升 1 位；城市生活环境指数处于第 5 位，与 2012 年相比排位上升 20 位。

（2）从方案层指标的优势度看，城乡居民收入结构、每万人卫生技术人员数、健康指数、人均城市道路面积、万人城市公共汽车数、城市生活环境指数是开封市社会环境发展指数中的优势指标，城镇居民人均可支配收入、人均教育经费是开封市社会环境发展指数中的劣势指标，其余均为开封市社会环境发展指数中的中势指标。

（3）从雷达图图形变化看，2013 年与 2012 年相比，面积明显增大，社会环境发展指数排位呈现上升态势。

（4）从排位变化的动因看，在城镇居民人均可支配收入、收入指数、每万人卫生技术人员数、健康指数、万人中小学专任教师数、教育指数、人均城市公园绿地面积、人均城市道路面积、万人城市公共汽车数、城市生活环境指数指标排位上升和城乡居民收入结构指标排位下降的综合作用下，2013 年开封市社会环境发展指数上升 12 位，居中原经济区第 13 位。

第四章
洛阳市发展指数分析

一 洛阳市发展评价分析

2012～2013 年，洛阳市发展指数及其下层指标评价值和排位变化情况，如表 4－1 和图 4－1 所示。

表 4－1 洛阳市 2012～2013 年发展评价值及排名

年份	经济发展指数	生态环境发展指数	社会环境发展指数	洛阳市发展指数
2011	40.89	69.93	25.27	38.27
2012	43.68	74.36	29.01	41.50
2013	45.41	75.92	33.39	46.82
2012 年排名	7	19	13	8
2013 年排名	7	19	9	9
升降	0	0	4	－1
优势度	优势	中势	优势	优势
2013 年全排名	9	27	13	11

（1）2013 年洛阳市发展指数排位处于第 9 位，表明其在中原经济区处于优势地位，与 2012 年相比排位下降 1 位。

（2）从准则层指标的优势度看，经济发展指数、社会环境发展指数是洛阳市发展指数中的优势指标，生态环境发展指数是洛阳市发展指数中的中势指标。

（3）从雷达图图形变化看，2013 年与 2012 年相比，面积基本不变，洛阳发展指数排位呈下降态势。

（4）从排位变化的动因看，在社会环境发展指数排位上升和其他指标

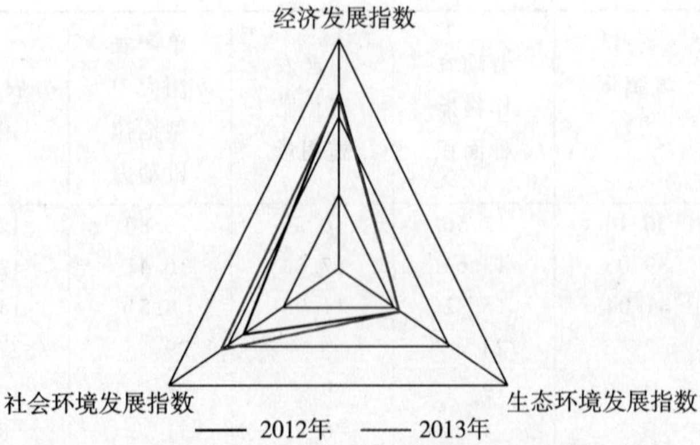

图 4－1　洛阳市 2012～2013 年发展指数下层指标排位比较雷达图

排位保持不变的综合作用下，2013 年洛阳市发展指数排位下降 1 位，居中原经济区第 9 位。

二　洛阳市经济发展评价分析

2012～2013 年，洛阳市经济发展指数及其下层指标评价值和排位变化情况，如表 4－2 和图 4－2 所示。

表 4－2　洛阳市 2012～2013 年经济发展评价值及排名

年份	人均GDP	三次产业结构	非国有工业增加值占比	工业化指数	城镇化率	第一产业就业人数比重	人均全社会消费品零售总额
2011	57.30	79.41	32.35	56.73	30.82	45.23	45.73
2012	60.90	79.52	36.76	59.79	34.03	46.52	50.80
2013	60.31	78.04	45.93	60.98	36.43	47.24	52.76
2012 年排名	4	5	25	6	8	10	2
2013 年排名	5	6	25	8	8	11	2
升降	－1	－1	0	－2	0	－1	0
优势度	优势	优势	劣势	优势	优势	中势	优势
2013 年全排名	6	7	34	9	8	14	3

续表

年份	城镇化指数	劳均农作物播种面积	单产农用化肥施用量	单产农用大中型拖拉机动力	农业现代化指数	经济发展指数
2011	36.16	13.56	18.26	5.80	12.71	40.89
2012	39.06	13.64	17.23	6.41	12.77	43.68
2013	41.04	15.82	11.98	8.51	14.49	45.41
2012 年排名	7	23	3	29	27	7
2013 年排名	7	19	9	28	19	7
升降	0	4	-6	1	8	0
优势度	优势	中势	优势	劣势	中势	优势
2013 年全排名	8	28	14	34	29	9

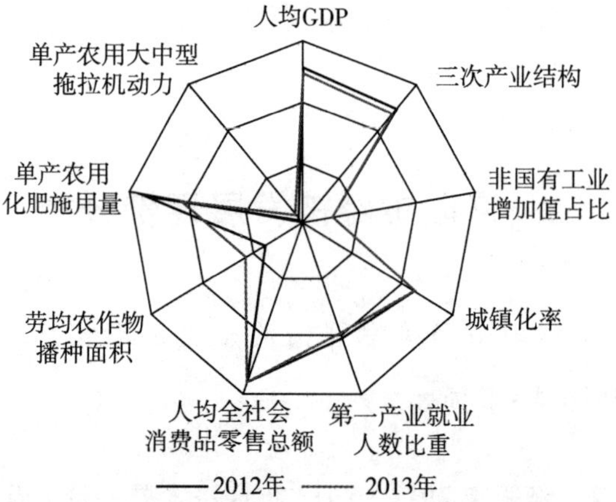

图 4-2　洛阳市 2012～2013 年经济发展指数下层指标排位比较雷达图

（1）2013 年洛阳市经济发展指数排位处于第 7 位，表明其在中原经济区处于优势地位，与 2012 年相比排位没有变化。其中工业化指数排位处于第 8 位，与 2012 年相比下降 2 位；城镇化指数排位处于第 7 位，与 2012 年相比保持不变；农业现代化指数排位处于第 19 位，与 2012 年相比上升 8 位。

（2）从方案层指标的优势度看，人均 GDP、三次产业结构、工业化指数、城镇化率、人均全社会消费品零售总额、城镇化指数、单产农用化肥施用量是洛阳市经济发展指数中的优势指标，非国有工业增加值占比、单产农用大中型拖拉机动力是洛阳市经济发展指数中的劣势指标，其余均为洛阳市经济发展指数中的中势指标。

（3）从雷达图图形变化看，2013 年与 2012 年相比，面积基本不变，经济发展指数排位保持平稳。

（4）从排位变化的动因看，在劳均农作物播种面积、单产农用大中型拖拉机动力、农业现代化指数指标排位上升和人均 GDP、三次产业结构、工业化指数、第一产业就业人数比重、单产农用化肥施用量指标排位下降的综合作用下，2013 年洛阳市经济发展指数排位保持不变，居中原经济区第 7 位。

三　洛阳市生态环境发展评价分析

2012～2013 年，洛阳市生态环境发展指数及其下层指标评价值和排位变化情况，如表 4－3 和图 4－3 所示。

表 4－3　洛阳市 2012～2013 年生态环境发展评价值及排名

年份	万元 GDP 能耗	按辖区面积平均的工业烟尘排放量	工业固体废物综合利用率	生态环境发展指数
2011	79.66	86.58	20.84	69.93
2012	82.10	89.21	33.69	74.36
2013	83.52	87.82	38.65	75.92
2012 年排名	12	15	26	19
2013 年排名	12	16	28	19
升降	0	－1	－2	0
优势度	中势	中势	劣势	中势
2013 年全排名	18	23	38	27

（1）2013 年洛阳市生态环境发展指数排位处于第 19 位，表明其在中原经济区处于中势地位，与 2012 年相比排位保持不变。

（2）从方案层指标的优势度看，万元 GDP 能耗、按辖区面积平均的工业烟尘排放量是洛阳市生态环境发展指数的中势指标，工业固体废物综合利用率是洛阳市生态环境发展指数中的劣势指标。

（3）从雷达图图形变化看，2013 年与 2012 年相比，面积基本不变，生态环境发展指数排位呈平稳发展态势。

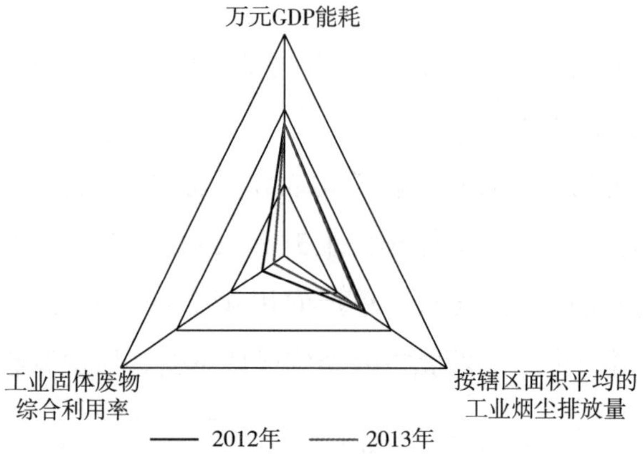

图 4－3　洛阳市 2012～2013 年生态环境发展指数下层指标排位比较雷达图

（4）从排位变化的动因看，在按辖区面积平均的工业烟尘排放量、工业固体废物综合利用率指标排位下降和万元 GDP 能耗指标排位不变的综合作用下，2013 年洛阳市生态环境发展指数排位保持不变，居中原经济区第 19 位。

四　洛阳市社会环境发展评价分析

2012～2013 年，洛阳市社会环境发展指数及其下层指标评价值和排位变化情况，如表 4－4 和图 4－4 所示。

表 4－4　洛阳市 2012～2013 年社会环境发展评价值及排名

年份	城乡居民收入结构	城镇居民人均可支配收入	农村居民人均纯收入	收入指数	每万人卫生技术人员数	每万人卫生机构床位数	健康指数	万人中小学专任教师数
2011	5.54	29.97	20.36	18.34	37.86	55.02	46.44	36.20
2012	6.29	37.82	25.40	22.60	40.77	62.46	51.61	37.80
2013	7.61	39.43	27.49	24.84	45.36	68.87	57.12	41.35
2012 年排名	26	3	15	14	5	5	3	13
2013 年排名	26	3	15	15	5	3	3	14
升降	0	0	0	－1	0	2	0	－1
优势度	劣势	优势	中势	中势	优势	优势	优势	中势
2013 年全排名	36	3	19	19	7	5	4	18

续表

年份	人均教育经费	教育指数	人均城市公园绿地面积	人均城市道路面积	万人城市公共汽车数	城市生活环境指数	社会环境发展指数
2011	23.22	29.71	7.85	7.83	42.32	10.50	25.27
2012	27.69	32.74	5.17	10.09	48.84	11.43	29.01
2013	23.11	32.23	32.07	45.18	8.84	38.43	33.39
2012 年排名	5	12	28	29	14	29	13
2013 年排名	9	11	14	12	11	10	9
升降	-4	1	14	17	3	19	4
优势度	优势	中势	中势	中势	中势	优势	优势
2013 年全排名	10	15	19	15	16	16	13

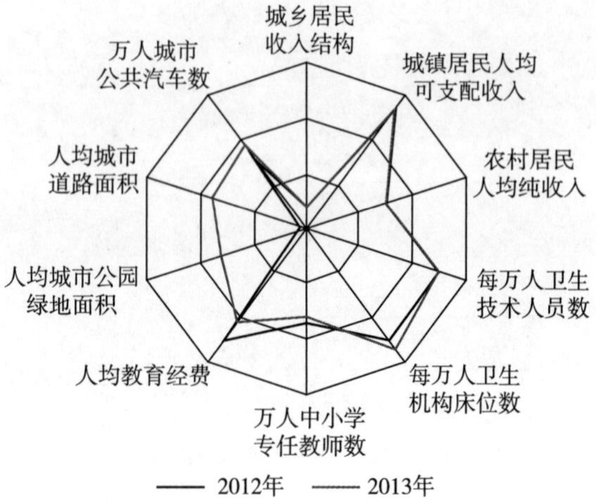

图 4-4　洛阳市 2012～2013 年社会环境发展指数下层指标排位比较雷达图

（1）2013 年洛阳市社会环境发展指数排位处于第 9 位，表明其在中原经济区处于优势地位，与 2012 年相比排位上升 4 位。其中教育指数排位处于第 11 位，与 2012 年相比排位上升 1 位；健康指数排位处于第 3 位，与 2012 年相比排位保持不变；收入指数排位处于第 15 位，与 2012 年相比排位下降 1 位；城市生活环境指数排位处于第 10 位，与 2012 年相比上升 19 位。

（2）从方案层指标的优势度看，城镇居民人均可支配收入、每万人卫生技术人员数、每万人卫生机构床位数、健康指数、人均教育经费、城市生活环境指数是洛阳市社会环境发展指数中的优势指标，城乡居民收入结构是洛阳市社会环境发展指数中的劣势指标，其余均为洛阳市社会环境发展指数中的中势指标。

（3）从雷达图图形变化看，2013 年与 2012 年相比，面积有所扩大，社会环境发展指数排位呈上升态势。

（4）从排位变化的动因看，在每万人卫生机构床位数、教育指数、人均城市公园绿地面积、人均城市道路面积、万人城市公共汽车数、城市生活环境指数指标排位上升和收入指数、万人中小学专任教师数、人均教育经费指标排位下降的综合作用下，2013 年洛阳市社会环境发展指数上升 4 位，居中原经济区第 9 位。

第五章

平顶山市发展指数分析

一　平顶山市发展评价分析

2012～2013年，平顶山市发展指数及其下层指标评价值和排位变化情况，如表5－1和图5－1所示。

表5－1　平顶山市2012～2013年发展评价值及排名

年份	经济发展指数	生态环境发展指数	社会环境发展指数	平顶山市发展指数
2011	32.05	68.10	24.06	32.63
2012	33.93	73.96	24.13	34.58
2013	35.78	74.82	30.52	40.62
2012年排名	17	20	24	19
2013年排名	17	20	17	16
升降	0	0	7	3
优势度	中势	中势	中势	中势
2013年全排名	19	28	23	20

（1）2013年平顶山市发展指数排位处于第16位，表明其在中原经济区处于中势地位，与2012年相比排位上升3位。

（2）从准则层指标的优势度看，经济发展指数、生态环境发展指数、社会环境发展指数均是平顶山市发展指数中的中势指标。

（3）从雷达图图形变化看，2013年与2012年相比，面积有所增大，平顶山发展指数排位呈现上升态势。

（4）从排位变化的动因看，在社会环境发展指数排位上升和生态环境

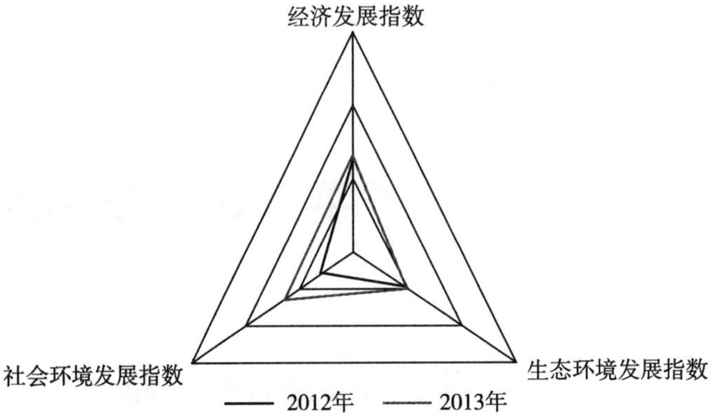

图 5－1　平顶山市 2012～2013 年发展指数下层指标排位比较雷达图

发展指数、经济发展指数排位不变的综合作用下，2013 年平顶山市发展指数排位上升 3 位，居中原经济区第 16 位。

二　平顶山市经济发展评价分析

2012～2013 年，平顶山市经济发展指数及其下层指标评价值和排位变化情况，如表 5－2 和图 5－2 所示。

表 5－2　平顶山市 2012～2013 年经济发展评价值及排名

年份	人均GDP	三次产业结构	非国有工业增加值占比	工业化指数	城镇化率	第一产业就业人数比重	人均全社会消费品零售总额
2011	46.42	73.72	33.82	49.36	25.50	28.65	26.99
2012	46.84	71.55	36.76	49.77	28.76	28.85	32.02
2013	45.82	69.10	46.03	50.52	31.07	30.34	34.03
2012 年排名	14	9	25	16	12	26	16
2013 年排名	14	11	24	16	12	24	16
升降	0	－2	1	0	0	2	0
优势度	中势	中势	劣势	中势	中势	劣势	中势
2013 年全排名	17	12	33	20	13	31	18

续表

年份	城镇化指数	劳均农作物播种面积	单产农用化肥施用量	单产农用大中型拖拉机动力	农业现代化指数	经济发展指数
2011	26.48	2.46	8.58	19.23	5.85	32.05
2012	29.13	2.64	8.29	22.33	6.47	33.93
2013	31.21	3.74	37.65	25.65	11.49	35.78
2012 年排名	14	30	12	12	30	17
2013 年排名	14	27	1	9	23	17
升降	0	3	11	3	7	0
优势度	中势	劣势	优势	优势	劣势	中势
2013 年全排名	16	37	3	13	33	19

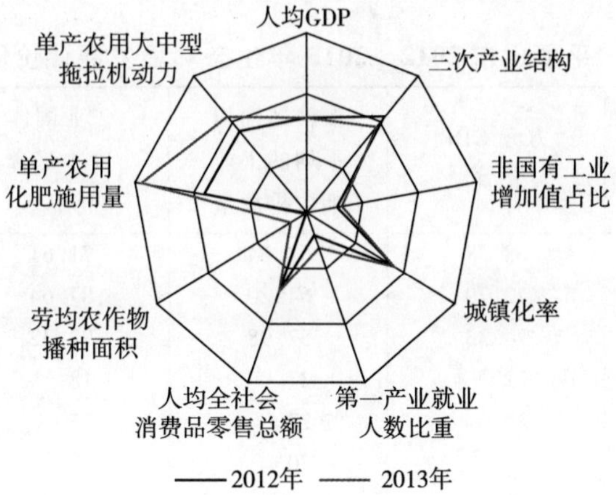

图 5－2　平顶山市 2012～2013 年经济发展指数下层指标排位比较雷达图

（1）2013 年平顶山市经济发展指数排位处于第 17 位，表明其在中原经济区中处于中势地位，与 2012 年相比排位保持不变。其中工业化指数排位处于第 16 位，与 2012 年相比不变；城镇化指数排位处于第 14 位，与 2012 年相比没有变化；农业现代化指数排位处于第 23 位，与 2012 年相比上升 7 位。

（2）从方案层指标的优势度看，单产农用化肥施用量、单产农用大中型拖拉机动力是平顶山市经济发展指数中的优势指标，非国有工业增加值占比、第一产业就业人数比重、劳均农作物播种面积、农业现代化指数是平顶山市经济发展指数中的劣势指标，其余均为平顶山市经济发展指数中的中势指标。

（3）从雷达图图形变化看，2013 年与 2012 年相比，面积略有增大，经济发展指数排位呈平稳态势。

（4）从排位变化的动因看，在三次产业结构排位下降和非国有工业增加值占比、第一产业就业人数比重、劳均农作物播种面积、单产农用化肥施用量、单产农用大中型拖拉机动力、农业现代化指数指标排位上升的综合作用下，2013 年平顶山市经济发展指数排位保持不变，居中原经济区第 17 位。

三　平顶山市生态环境发展评价分析

2012～2013 年，平顶山市生态环境发展指数及其下层指标评价值和排位变化情况，如表 5－3 和图 5－3 所示。

表 5－3　平顶山市 2012～2013 年生态环境发展评价值及排名

年份	万元 GDP 能耗	按辖区面积平均的工业烟尘排放量	工业固体废物综合利用率	生态环境发展指数
2011	68.38	63.64	71.61	68.10
2012	72.79	64.20	87.64	73.96
2013	74.33	57.98	93.32	74.82
2012 年排名	22	27	18	20
2013 年排名	22	27	15	20
升降	0	0	3	0
优势度	劣势	劣势	中势	中势
2013 年全排名	30	36	25	28

（1）2013 年平顶山市生态环境发展指数排位处于第 20 位，表明其在中原经济区处于中势地位，与 2012 年相比排位保持不变。

（2）从方案层指标的优势度看，万元 GDP 能耗、按辖区面积平均的工业烟尘排放量是平顶山市生态环境发展指数中的劣势指标，工业固体废物综合利用率是平顶山市生态环境发展指数中的中势指标。

（3）从雷达图图形变化看，2013 年与 2012 年相比，面积基本不变，生态环境发展指数排位呈现平稳态势。

（4）从排位变化的动因看，在工业固体废物综合利用率指标排位上升

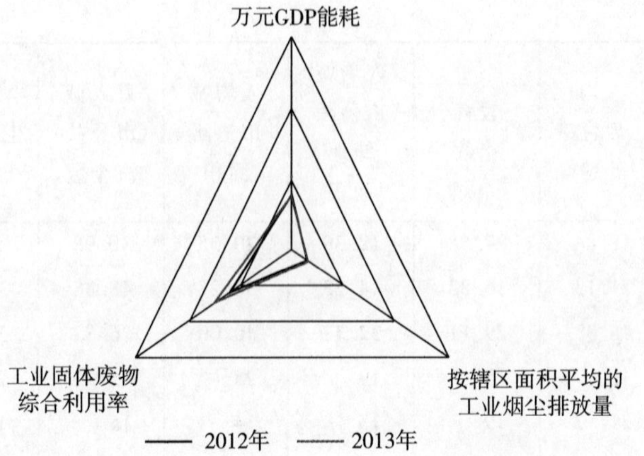

图 5－3　平顶山市 2012～2013 年生态环境发展指数下层指标排位比较雷达图

和其他两个指标排位保持不变的综合作用下，2013 年平顶山市生态环境发展指数排位保持不变，居中原经济区第 20 位。

四　平顶山市社会环境发展评价分析

2012～2013 年，平顶山市社会环境发展指数及其下层指标评价值和排位变化情况，如表 5－4 和图 5－4 所示。

表 5－4　平顶山市 2012～2013 年社会环境发展评价值及排名

年份	城乡居民收入结构	城镇居民人均可支配收入	农村居民人均纯收入	收入指数	每万人卫生技术人员数	每万人卫生机构床位数	健康指数	万人中小学专任教师数
2011	8.43	23.94	19.02	16.86	37.10	52.85	44.98	36.32
2012	9.32	31.82	24.16	21.21	40.10	57.47	48.79	12.51
2013	11.48	33.08	26.58	23.71	40.93	61.07	51.00	39.83
2012 年排名	20	11	18	18	7	9	8	24
2013 年排名	22	10	18	18	10	9	9	15
升降	－2	1	0	0	－3	0	－1	9
优势度	劣势	优势	中势	中势	优势	优势	优势	中势
2013 年全排名	32	11	22	22	12	11	11	19

续表

年份	人均教育经费	教育指数	人均城市公园绿地面积	人均城市道路面积	万人城市公共汽车数	城市生活环境指数	社会环境发展指数
2011	18.84	27.58	12.39	20.35	30.98	13.77	24.06
2012	21.13	16.82	14.23	30.26	48.38	18.02	24.13
2013	18.38	29.11	32.32	40.00	6.82	33.30	30.52
2012 年排名	16	25	19	25	15	28	24
2013 年排名	21	19	13	14	15	14	17
升降	-5	6	6	11	0	14	7
优势度	劣势	中势	中势	中势	中势	中势	中势
2013 年全排名	28	24	18	21	21	21	23

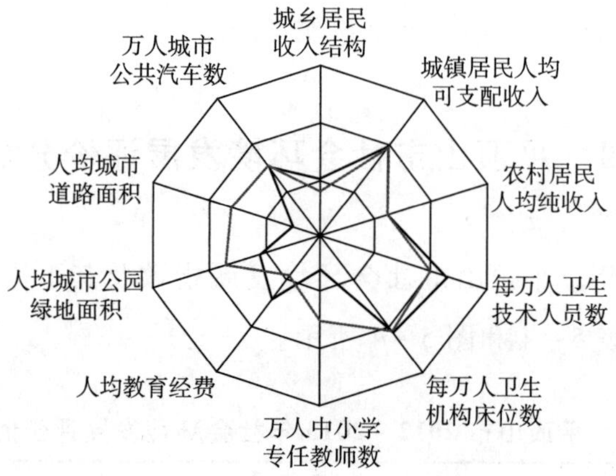

图 5-4　平顶山市 2012～2013 年社会环境发展指数下层指标排位比较雷达图

（1）2013 年平顶山市社会环境发展指数排位处于第 17 位，表明其在中原经济区处于中势地位，与 2012 年相比排位上升 7 位。其中教育指数排位处于第 19 位，与 2012 年相比上升 6 位；健康指数排位处于第 9 位，与 2012 年相比下降 1 位；收入指数排位处于第 18 位，与 2012 年相比没有变化；城市生活环境指数排位处于第 14 位，与 2012 年相比上升 14 位。

（2）从方案层指标的优势度看，城镇居民人均可支配收入、每万人卫生技术人员数、每万人卫生机构床位数、健康指数是平顶山市社会环境发展指数中的优势指标，城乡居民收入结构、人均教育经费是平顶山市社会环境发展指数中的劣势指标，其余均为平顶山市社会环境发展指数中的中势指标。

（3）从雷达图图形变化看，2013 年与 2012 年相比，面积有所扩大，社会环境发展指数排位呈现上升态势。

（4）从排位变化的动因看，在人均城市公园绿地面积、城市生活环境指数等指标排位上升和城乡居民收入结构、人均教育经费等指标排位下降的综合作用下，2013 年平顶山市社会环境发展指数排位上升了 7 位，居中原经济区第 17 位。

第六章
安阳市发展指数分析

一　安阳市发展评价分析

2012～2013年，安阳市发展指数及其下层指标评价值和排位变化情况，如表6－1和图6－1所示。

表6－1　安阳市2012～2013年发展评价值及排名

年份	经济发展指数	生态环境发展指数	社会环境发展指数	安阳市发展指数
2011	33.40	66.00	25.24	34.50
2012	36.01	68.73	24.63	36.24
2013	37.46	66.41	31.29	40.37
2012年排名	14	22	22	16
2013年排名	14	24	15	18
升降	0	－2	7	－2
优势度	中势	劣势	中势	中势
2013年全排名	16	32	21	22

（1）2013年安阳市发展指数排位处于第18位，表明其在中原经济区处于中势地位，与2012年相比排位下降2位。

（2）从准则层指标的优势度看，经济发展指数、社会环境发展指数是安阳市发展指数中的中势指标，生态环境发展指数是安阳市发展指数中的劣势指标。

（3）从雷达图图形变化看，2013年与2012年相比，面积变化不大，安阳发展指数排位呈现下降态势。

（4）从排位变化的动因看，在生态环境发展指数排位下降和社会环境

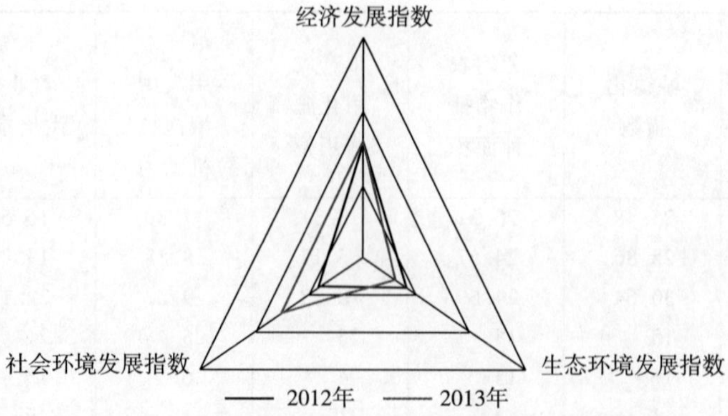

图 6－1　安阳市 2012～2013 年发展指数下层指标排位比较雷达图

发展指数排位上升的综合作用下，2013 年安阳市发展指数排位下降 2 位，居中原经济区第 18 位。

二　安阳市经济发展评价分析

2012～2013 年，安阳市经济发展指数及其下层指标评价值和排位变化情况，如表 6－2 和图 6－2 所示。

表 6－2　安阳市 2012～2013 年经济发展评价值及排名

年份	人均GDP	三次产业结构	非国有工业增加值占比	工业化指数	城镇化率	第一产业就业人数比重	人均全社会消费品零售总额
2011	44.72	64.30	72.06	54.11	20.79	37.10	24.93
2012	47.12	63.69	69.12	54.83	24.24	39.53	30.28
2013	47.56	64.16	70.30	55.43	26.43	40.02	32.58
2012 年排名	13	12	9	10	17	12	20
2013 年排名	12	12	13	12	17	13	20
升降	1	0	－4	－2	0	－1	0
优势度	中势	中势	中势	中势	中势	中势	中势
2013 年全排名	14	14	21	14	18	18	22

续表

年份	城镇化指数	劳均农作物播种面积	单产农用化肥施用量	单产农用大中型拖拉机动力	农业现代化指数	经济发展指数
2011	25.48	20.31	3.31	7.39	16.54	33.40
2012	28.86	24.57	3.17	8.58	19.87	36.01
2013	30.64	24.69	18.23	9.22	22.14	37.46
2012 年排名	15	18	25	25	21	14
2013 年排名	16	15	4	26	15	14
升降	-1	3	21	-1	6	0
优势度	中势	中势	优势	劣势	中势	中势
2013 年全排名	18	24	9	31	24	16

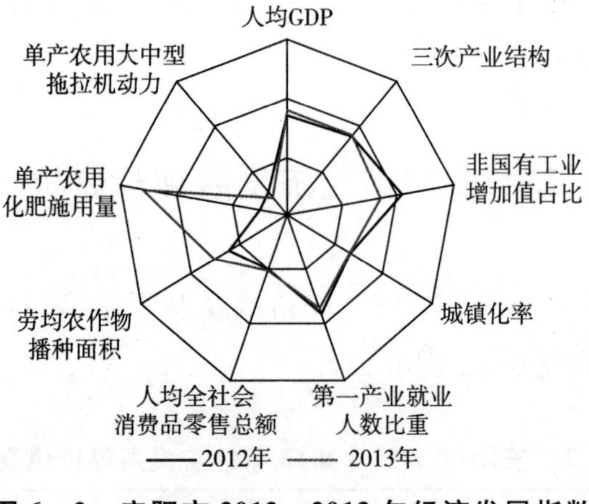

图 6-2 安阳市 2012~2013 年经济发展指数下层指标排位比较雷达图

（1）2013 年安阳市经济发展指数排位处于第 14 位，表明其在中原经济区处于中势地位，与 2012 年相比排位保持不变。其中工业化指数排位处于第 12 位，与 2012 年相比下降 2 位；城镇化指数排位处于第 16 位，与 2012 年相比下降 1 位；农业现代化指数排位处于第 15 位，与 2012 年相比上升 6 位。

（2）从方案层指标的优势度看，单产农用化肥施用量是安阳市经济发展指数中的优势指标，单产农用大中型拖拉机动力是安阳市经济发展指数中的劣势指标，其余均为安阳市经济发展指数中的中势指标。

（3）从雷达图图形变化看，2013 年与 2012 年相比，面积基本不变，经济发展指数排位呈平稳态势。

（4）从排位变化的动因看，在单产农用化肥施用量、农业现代化指数、劳均农作物播种面积、人均 GDP 指标排位上升和非国有工业增加值占比、工业化指数、第一产业就业人数比重、城镇化指数、单产农用大中型拖拉机动力指标排位下降综合作用下，2013 年安阳市经济发展指数排位不变，居中原经济区第 14 位。

三 安阳市生态环境发展评价分析

2012～2013 年，安阳市生态环境发展指数及其下层指标评价值和排位变化情况，如表 6－3 和图 6－3 所示。

表 6－3 安阳市 2012～2013 年生态环境发展评价值及排名

年份	万元 GDP 能耗	按辖区面积平均的工业烟尘排放量	工业固体废物综合利用率	生态环境发展指数
2011	62.05	51.74	93.44	66.00
2012	66.63	57.74	86.74	68.73
2013	67.43	51.31	78.13	66.41
2012 年排名	24	28	19	22
2013 年排名	24	28	21	24
升降	0	0	－2	－2
优势度	劣势	劣势	劣势	劣势
2013 年全排名	33	37	31	32

（1）2013 年安阳市生态环境发展指数排位处于第 24 位，表明其在中原经济区处于劣势地位，与 2012 年相比排位下降 2 位。

（2）从方案层指标的优势度看，按辖区面积平均的工业烟尘排放量、万元 GDP 能耗、工业固体废物综合利用率均是安阳市生态环境发展指数中的劣势指标。

（3）从雷达图图形变化看，2013 年与 2012 年相比，面积略有缩小，生态环境发展指数排位呈下降态势。

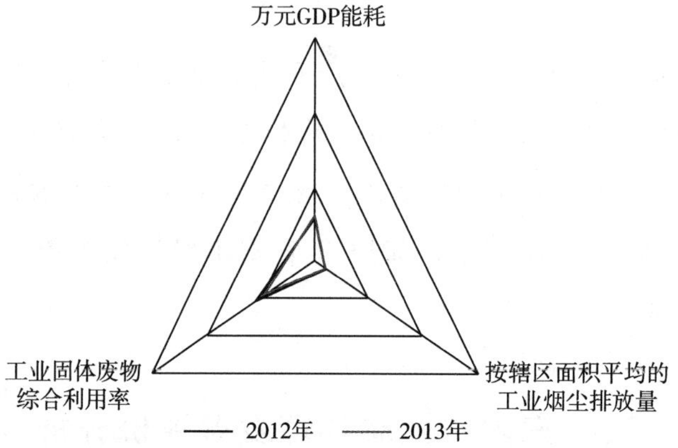

图 6－3　安阳市 2012～2013 年生态环境发展指数下层指标排位比较雷达图

（4）从排位变化的动因看，在工业固体废物综合利用率指标排位下降和其他指标排位不变的综合作用下，2013 年安阳市生态环境发展指数排位下降 2 位，居中原经济区第 24 位。

四　安阳市社会环境发展评价分析

2012～2013 年，安阳市社会环境发展指数及其下层指标评价值和排位变化情况，如表 6－4 和图 6－4 所示。

表 6－4　安阳市 2012～2013 年社会环境发展评价值及排名

年份	城乡居民收入结构	城镇居民人均可支配收入	农村居民人均纯收入	收入指数	每万人卫生技术人员数	每万人卫生机构床位数	健康指数	万人中小学专任教师数
2011	15.21	25.11	24.24	21.27	27.62	42.68	35.15	34.43
2012	15.72	33.15	29.15	25.49	32.22	54.61	43.41	9.32
2013	17.22	34.60	31.11	27.64	37.03	60.55	48.79	41.47
2012 年排名	11	9	9	9	17	11	15	26
2013 年排名	12	6	9	9	17	10	13	13
升降	－1	3	0	0	0	1	2	13
优势度	中势	优势	优势	优势	中势	优势	中势	中势
2013 年全排名	18	6	12	12	20	12	15	17

续表

年份	人均教育经费	教育指数	人均城市公园绿地面积	人均城市道路面积	万人城市公共汽车数	城市生活环境指数	社会环境发展指数
2011	20.17	27.30	14.43	42.96	37.15	22.00	25.24
2012	16.83	13.07	12.04	43.65	50.19	22.30	24.63
2013	19.82	30.64	16.23	28.54	5.29	21.47	31.29
2012 年排名	25	27	26	19	13	22	22
2013 年排名	19	13	21	22	21	23	15
升降	6	14	5	-3	-8	-1	7
优势度	中势	中势	劣势	劣势	劣势	劣势	中势
2013 年全排名	25	17	29	32	28	33	21

图 6-4　安阳市 2012~2013 年社会环境发展指数下层指标排位比较雷达图

（1）2013 年安阳市社会环境发展指数排位处于第 15 位，表明其在中原经济区处于中势地位，与 2012 年相比排位上升 7 位。其中教育指数排位处于第 13 位，与 2012 年相比上升 14 位；健康指数排位处于第 13 位，与 2012 年相比上升 2 位；收入指数排位处于第 9 位，与 2012 年相比不变；城市生活环境指数排位处于 23 位，与 2012 年相比下降 1 位。

（2）从方案层指标的优势度看，城镇居民人均可支配收入、农村居民人均纯收入、收入指数、每万人卫生机构床位数是安阳市社会环境发展指数中的优势指标，人均城市公园绿地面积、人均城市道路面积、万人城市公共汽车数、城市生活环境指数是安阳市社会环境发展指数中的劣势指标，其余均为安阳市社会环境发展指数中的中势指标。

（3）从雷达图图形变化看，2013 年与 2012 年相比，面积明显增大，社会环境发展指数排位呈上升态势。

（4）从排位变化的动因看，在城镇居民人均可支配收入、每万人卫生机构床位数、健康指数、万人中小学专任教师数、人均教育经费、教育指数、人均城市公园绿地面积指标排位上升和城乡居民收入结构、人均城市道路面积、万人城市公共汽车数、城市生活环境指数指标排位下降的综合作用下，2013 年安阳市社会环境发展指数排位上升 7 位，居中原经济区第 15 位。

第七章
鹤壁市发展指数分析

一 鹤壁市发展评价分析

2012～2013年，鹤壁市发展指数及其下层指标评价值和排位变化情况，如表7－1和图7－1所示。

表7－1 鹤壁市2012～2013年发展评价值及排名

年份	经济发展指数	生态环境发展指数	社会环境发展指数	鹤壁市发展指数
2011	41.82	70.25	30.09	41.09
2012	45.42	74.40	33.65	45.00
2013	49.32	74.19	33.59	48.73
2012年排名	6	18	3	5
2013年排名	4	21	8	3
升降	2	－3	－5	2
优势度	优势	劣势	优势	优势
2013年全排名	5	29	11	5

（1）2013年鹤壁市发展指数排位处于第3位，表明其在中原经济区处于优势地位，与2012年相比排位上升2位。

（2）从准则层指标的优势度看，经济发展指数、社会环境发展指数是鹤壁市发展指数中的优势指标，生态环境发展指数是鹤壁市发展指数中的劣势指标。

（3）从雷达图图形变化看，2013年与2012年相比，面积基本不变，鹤壁市发展指数排位呈现上升态势。

（4）从排位变化的动因看，在生态环境发展指数、社会环境发展指数

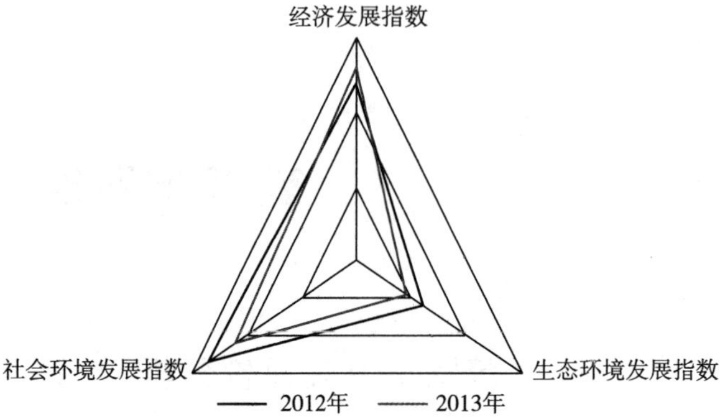

图 7-1　鹤壁市 2012~2013 年发展指数下层指标排位比较雷达图

指标排位下降和经济发展指数排位上升的综合作用下，2013 年鹤壁市发展指数排位上升 2 位，居中原经济区第 3 位。

二　鹤壁市经济发展评价分析

2012~2013 年，鹤壁市经济发展指数及其下层指标评价值和排位变化情况，如表 7-2 和图 7-2 所示。

表 7-2　鹤壁市 2012~2013 年经济发展评价值及排名

年份	人均GDP	三次产业结构	非国有工业增加值占比	工业化指数	城镇化率	第一产业就业人数比重	人均全社会消费品零售总额
2011	48.16	66.47	51.47	52.48	37.28	47.11	20.64
2012	51.26	68.35	60.29	56.49	40.49	50.64	25.63
2013	53.26	71.33	80.22	62.26	42.50	56.75	27.35
2012 年排名	10	11	17	9	5	5	24
2013 年排名	10	10	10	7	5	4	24
升降	0	1	7	2	0	1	0
优势度	优势	优势	优势	优势	优势	优势	劣势
2013 年全排名	11	11	18	8	5	7	30

续表

年份	城镇化指数	劳均农作物播种面积	单产农用化肥施用量	单产农用大中型拖拉机动力	农业现代化指数	经济发展指数
2011	38.08	36.11	2.76	13.55	29.18	41.82
2012	41.56	39.70	2.67	15.78	32.19	45.42
2013	44.54	48.09	(1.34)	15.76	36.76	49.32
2012 年排名	6	5	27	15	7	6
2013 年排名	5	3	30	15	4	4
升降	1	2	-3	0	3	2
优势度	优势	优势	劣势	中势	优势	优势
2013 年全排名	6	5	40	19	8	5

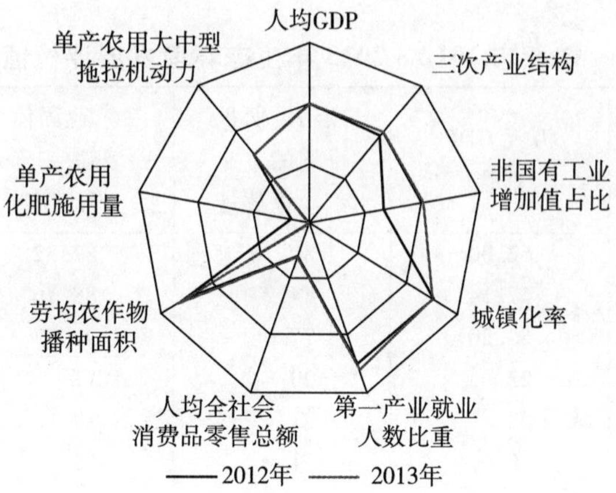

图 7－2　鹤壁市 2012～2013 年经济发展指数下层指标排位比较雷达图

（1）2013 年鹤壁市经济发展指数排位处于第 4 位，表明其在中原经济区处于优势地位，与 2012 年相比排位上升 2 位。其中工业化指数排位处于第 7 位，与 2012 年相比上升 2 位；城镇化指数排位处于第 5 位，与 2012 年相比上升 1 位；农业现代化指数排位处于第 4 位，与 2012 年相比上升 3 位。

（2）从方案层指标的优势度看，人均 GDP、三次产业结构、非国有工业增加值占比、工业化指数、城镇化率、第一产业就业人数比重、城镇化指数、劳均农作物播种面积、农业现代化指数是鹤壁市经济发展指数中的优势指标，人均全社会消费品零售总额、单产农用化肥施用量是鹤壁市经济发展指数中的劣势指标。

（3）从雷达图图形变化看，2013 年与 2012 年相比，面积有所增大，经济发展指数排位呈现上升态势。

（4）从排位变化的动因看，在农业现代化指数、非国有工业增加值占比等指标排位上升和单产农用化肥施用量指标排位下降的综合作用下，2013 年鹤壁市经济发展指数排位上升 2 位，居中原经济区第 4 位。

三　鹤壁市生态环境发展评价分析

2012～2013 年，鹤壁市生态环境发展指数及其下层指标评价值和排位变化情况，如表 7－3 和图 7－3 所示。

表 7－3　鹤壁市 2012～2013 年生态环境发展评价值及排名

年份	万元 GDP 能耗	按辖区面积平均的工业烟尘排放量	工业固体废物综合利用率	生态环境发展指数
2011	62.00	80.70	87.32	70.25
2012	67.14	84.27	88.76	74.40
2013	68.20	77.06	91.27	74.19
2012 年排名	23	20	17	18
2013 年排名	23	21	19	21
升降	0	－1	－2	－3
优势度	劣势	劣势	中势	劣势
2013 年全排名	32	28	29	29

（1）2013 年鹤壁市生态环境发展指数排位处于第 21 位，表明其在中原经济区处于劣势地位，与 2012 年相比排位下降 3 位。

（2）从方案层指标的优势度看，工业固体废物综合利用率是鹤壁市生态环境发展指数中的中势指标，按辖区面积平均的工业烟尘排放量、万元 GDP 能耗是鹤壁市生态环境发展指数中的劣势指标。

（3）从雷达图图形变化看，2013 年与 2012 年相比，面积略有缩小，生态环境发展指数排位呈下降态势。

（4）从排位变化的动因看，按辖区面积平均的工业烟尘排放量、工业

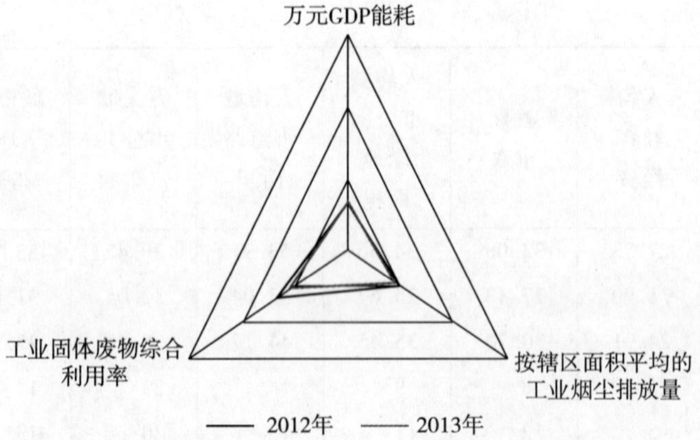

图 7－3　鹤壁市 2012～2013 年生态环境发展指数下层指标排位比较雷达图

固体废物综合利用率指标排位下降和万元 GDP 能耗指标排位保持不变的综合作用下，2013 年鹤壁市生态环境发展指数排位下降 3 位，居中原经济区第 21 位。

四　鹤壁市社会环境发展评价分析

2012～2013 年，鹤壁市社会环境发展指数及其下层指标评价值和排位变化情况，如表 7－4 和图 7－4 所示。

表 7－4　鹤壁市 2012～2013 年社会环境发展评价值及排名

年份	城乡居民收入结构	城镇居民人均可支配收入	农村居民人均纯收入	收入指数	每万人卫生技术人员数	每万人卫生机构床位数	健康指数	万人中小学专任教师数
2011	25.68	20.01	27.40	24.14	35.48	44.45	39.97	38.83
2012	26.75	27.57	32.28	28.42	37.21	49.68	43.45	42.95
2013	28.58	29.40	34.49	30.83	35.09	58.22	46.66	36.49
2012 年排名	5	19	5	5	10	14	14	12
2013 年排名	5	19	5	5	19	13	16	19
升降	0	0	0	0	－9	1	－2	－7
优势度	优势	中势	优势	优势	中势	中势	中势	中势
2013 年全排名	8	21	7	7	22	15	19	24

续表

年份	人均教育经费	教育指数	人均城市公园绿地面积	人均城市道路面积	万人城市公共汽车数	城市生活环境指数	社会环境发展指数
2011	27.33	33.08	34.36	53.91	29.42	33.70	30.09
2012	31.90	37.43	25.67	53.04	30.05	31.66	33.65
2013	24.91	30.70	35.45	44.17	5.45	33.36	33.59
2012 年排名	2	8	9	14	22	14	3
2013 年排名	5	12	11	13	20	13	8
升降	-3	-4	-2	1	2	1	-5
优势度	优势	中势	中势	中势	中势	中势	优势
2013 年全排名	5	16	15	19	27	20	11

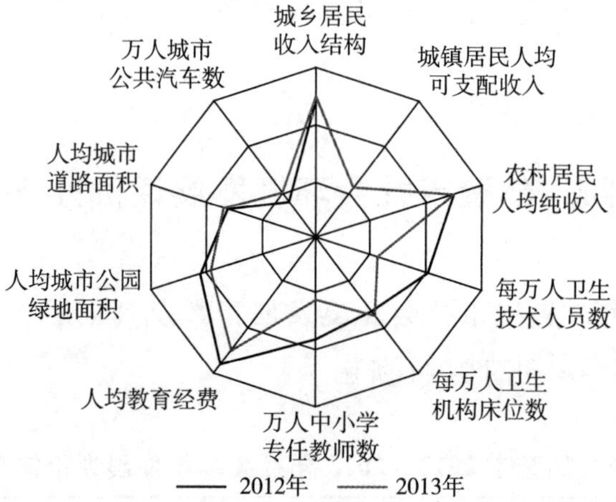

图 7-4　鹤壁市 2012～2013 年社会环境发展指数下层指标排位比较雷达图

（1）2013 年鹤壁市社会环境发展指数排位处于第 8 位，表明其在中原经济区处于优势地位，与 2012 年相比排位下降 5 位。其中教育指数排位处于第 12 位，与 2012 年相比下降 4 位；健康指数排位处于第 16 位，与 2012 年相比下降 2 位；收入指数排位处于第 5 位，与 2012 年相比没有变化；城市生活环境指数排位处于第 13 位，与 2012 年相比上升 1 位。

（2）从方案层指标的优势度看，城乡居民收入结构、农村居民人均纯

收入、收入指数、人均教育经费是鹤壁市社会环境发展指数中的优势指标，其余均为鹤壁市社会环境发展指数中的中势指标。

（3）从雷达图图形变化看，2013 年与 2012 年相比，面积明显缩小，社会环境发展指数排位呈现下降态势。

（4）从排位变化的动因看，在万人城市公共汽车数、城市生活环境指数等指标排位上升和每万人卫生技术人员数、健康指数、万人中小学专任教师数等指标排位下降的综合作用下，2013 年鹤壁市社会环境发展指数排位下降了 5 位，居中原经济区第 8 位。

第八章

新乡市发展指数分析

一　新乡市发展评价分析

2012～2013年，新乡市发展指数及其下层指标评价值和排位变化情况，如表8－1和图8－1所示。

表8－1　新乡市2012～2013年发展评价值及排名

年份	经济发展指数	生态环境发展指数	社会环境发展指数	新乡市发展指数
2011	35.43	84.24	26.48	38.04
2012	38.34	85.37	27.81	40.21
2013	42.82	85.81	33.06	46.98
2012年排名	11	11	16	11
2013年排名	10	11	10	7
升降	1	0	6	4
优势度	优势	中势	优势	优势
2013年全排名	12	18	14	9

（1）2013年新乡市发展指数排位处于第7位，表明其在中原经济区处于优势地位，与2012年相比排位上升4位。

（2）从准则层指标的优势度看，经济发展指数、社会环境发展指数指标是新乡市发展指数中的优势指标，生态环境发展指数是新乡市发展指数中的中势指标。

（3）从雷达图图形变化看，2013年与2012年相比，面积有所增大，新乡市发展指数呈现上升态势。

（4）从排位变化的动因看，在经济发展指数、社会环境发展指数指标

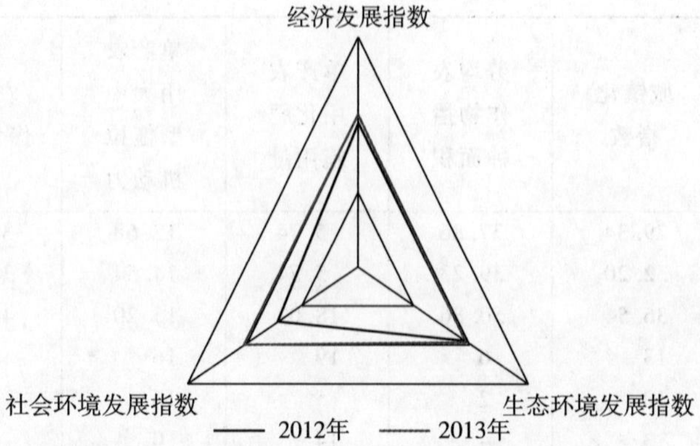

图 8－1　新乡市 2012～2013 年发展指数下层指标排位比较雷达图

排位上升和生态环境发展指数指标排位不变的综合作用下，2013 年新乡市发展指数排位上升 4 位，居中原经济区第 7 位。

二　新乡市经济发展评价分析

2012～2013 年，新乡市经济发展指数及其下层指标评价值和排位变化情况，如表 8－2 和图 8－2 所示。

表 8－2　新乡市 2012～2013 年经济发展评价值及排名

年份	人均GDP	三次产业结构	非国有工业增加值占比	工业化指数	城镇化率	第一产业就业人数比重	人均全社会消费品零售总额
2011	41.39	61.49	63.24	49.78	25.06	41.02	26.21
2012	44.71	62.23	69.12	53.10	28.26	41.90	31.88
2013	45.42	63.48	84.20	56.78	30.54	52.17	34.01
2012 年排名	16	15	9	13	13	11	18
2013 年排名	17	13	8	11	13	7	17
升降	－1	2	1	2	0	4	1
优势度	中势	中势	优势	中势	中势	优势	中势
2013 年全排名	20	15	16	13	14	10	19

续表

年份	城镇化指数	劳均农作物播种面积	单产农用化肥施用量	单产农用大中型拖拉机动力	农业现代化指数	经济发展指数
2011	29.34	37.86	5.74	12.68	30.61	35.43
2012	32.20	39.23	5.74	14.54	31.93	38.34
2013	36.54	50.86	18.01	15.20	41.99	42.82
2012 年排名	13	6	19	16	8	11
2013 年排名	10	2	5	16	2	10
升降	3	4	14	0	6	1
优势度	优势	优势	优势	中势	优势	优势
2013 年全排名	11	4	10	20	4	12

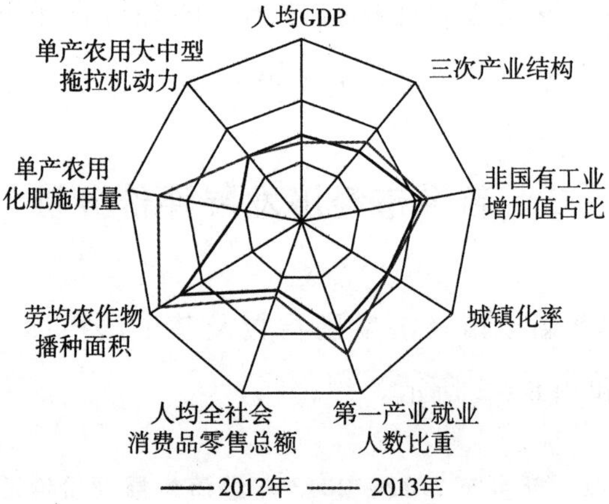

图 8-2 新乡市 2012～2013 年经济发展指数下层指标排位比较雷达图

（1）2013 年新乡市经济发展指数排位处于第 10 位，表明其在中原经济区处于优势地位，与 2012 年相比上升 1 位。其中工业化指数排位处于第 11 位，与 2012 年相比上升 2 位；城镇化指数排位处于第 10 位，与 2012 年相比上升 3 位；农业现代化指数排位处于第 2 位，与 2012 年相比上升 6 位。

（2）从方案层指标的优势度看，非国有工业增加值占比、第一产业就业人数比重、城镇化指数、劳均农作物播种面积、单产农用化肥施用量、农业现代化指数是新乡市经济发展指数中的优势指标，其余均为新乡市经济发展指数中的中势指标。

（3）从雷达图图形变化看，2013 年与 2012 年相比，面积有所增大，经济发展指数排位呈现上升趋势。

（4）从排位变化的动因看，在非国有工业增加值占比、三次产业结构、单产农用化肥施用量、农业现代化指数等指标排位上升和人均 GDP 指标排位下降的综合作用下，2013 年新乡市经济发展指数排位上升 1 位，居中原经济区第 10 位。

三　新乡市生态环境发展评价分析

2012～2013 年，新乡市生态环境发展指数及其下层指标评价值和排位变化情况，如表 8－3 和图 8－3 所示。

表 8－3　新乡市 2012～2013 年生态环境发展评价值及排名

年份	万元 GDP 能耗	按辖区面积平均的工业烟尘排放量	工业固体废物综合利用率	生态环境发展指数
2011	77.10	92.46	99.85	84.24
2012	79.18	94.17	97.19	85.37
2013	80.08	94.36	96.35	85.81
2012 年排名	14	9	9	11
2013 年排名	14	8	13	11
升降	0	1	－4	0
优势度	中势	优势	中势	中势
2013 年全排名	22	13	22	18

（1）2013 年新乡市生态环境发展指数排位处于第 11 位，表明其在中原经济区处于中势地位，与 2012 年相比排位保持不变。

（2）从方案层指标的优势度看，按辖区面积平均的工业烟尘排放量指标是新乡市生态环境发展指数中的优势指标，万元 GDP 能耗、工业固体废物综合利用率指标是新乡市生态环境发展指数中的中势指标。

（3）从雷达图图形变化看，2013 年与 2012 年相比，面积基本不变，生态环境发展指数排位呈平稳态势。

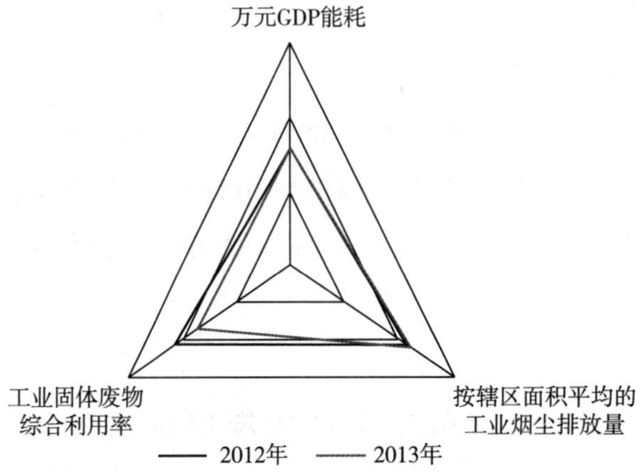

图 8－3 新乡市 2012～2013 年生态环境发展指数下层指标排位比较雷达图

（4）从排位变化的动因看，在按辖区面积平均的工业烟尘排放量指标排位上升和工业固体废物综合利用率指标排位下降的综合作用下，2013 年新乡市生态环境发展指数保持不变，居中原经济区第 11 位。

四 新乡市社会环境发展评价分析

2012～2013 年，新乡市社会环境发展指数及其下层指标评价值和排位变化情况，如表 8－4 和图 8－4 所示。

表 8－4 新乡市 2012～2013 年社会环境发展评价值及排名

年份	城乡居民收入结构	城镇居民人均可支配收入	农村居民人均纯收入	收入指数	每万人卫生技术人员数	每万人卫生机构床位数	健康指数	万人中小学专任教师数
2011	17.03	22.67	23.98	20.98	36.20	53.70	44.95	34.48
2012	18.48	30.41	29.28	25.56	41.55	61.45	51.5	17.86
2013	20.07	32.00	31.33	27.80	45.37	66.03	55.70	36.99
2012 年排名	7	13	8	8	4	7	4	23
2013 年排名	8	12	8	8	4	7	4	18
升降	－1	1	0	0	0	0	0	5
优势度	优势	中势	优势	优势	优势	优势	优势	中势
2013 年全排名	13	13	11	11	6	9	5	23

续表

年份	人均教育经费	教育指数	人均城市公园绿地面积	人均城市道路面积	万人城市公共汽车数	城市生活环境指数	社会环境发展指数
2011	17.47	25.97	17.23	44.64	62.07	23.68	26.48
2012	20.13	19.00	13.90	46.96	71.37	24.41	27.81
2013	21.71	29.35	22.28	38.59	7.86	31.28	33.06
2012 年排名	18	20	21	18	7	18	16
2013 年排名	13	16	18	16	13	18	10
升降	5	4	3	2	-6	0	6
优势度	中势	中势	中势	中势	中势	中势	优势
2013 年全排名	18	21	25	23	18	25	14

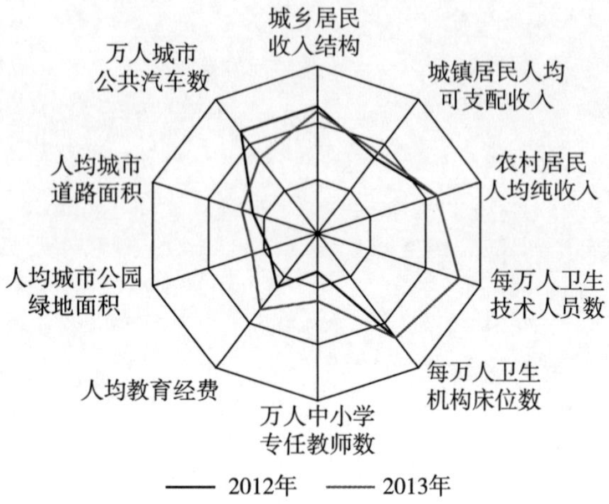

图 8-4　新乡市 2012~2013 年社会环境发展指数下层指标排位比较雷达图

（1）2013 年新乡市社会环境发展指数排位处于第 10 位，表明其在中原经济区处于优势地位，与 2012 年相比排位上升 6 位。其中教育指数排位处于第 16 位，与 2012 年相比上升 4 位；健康指数排位处于第 4 位，与 2012 年相比不变；收入指数排位处于第 8 位，与 2012 年相比不变；城市生活环境指数排位处于第 18 位，与 2012 年相比不变。

（2）从方案层指标的优势度看，城乡居民收入结构、农村居民人均纯

收入、收入指数、每万人卫生技术人员数、每万人卫生机构床位数、健康指数是新乡市社会环境发展指数中的优势指标，其余均为新乡市社会环境发展指数中的中势指标。

（3）从雷达图图形变化看，2013 年与 2012 年相比，面积明显增大，社会环境发展指数排位呈现上升态势。

（4）从排位变化的动因看，在万人中小学专任教师数、教育指数、人均教育经费、人均城市道路面积等指标排位上升和万人城市公共汽车数、城乡居民收入结构指标排位下降的综合作用下，2013 年新乡市社会环境发展指数排位上升 6 位，居中原经济区第 10 位。

第九章
焦作市发展指数分析

一　焦作市发展评价分析

2012～2013年，焦作市发展指数及其下层指标评价值和排位变化情况，如表9－1和图9－1所示。

表9－1　焦作市2012～2013年发展评价值及排名

年份	经济发展指数	生态环境发展指数	社会环境发展指数	焦作市发展指数
2011	44.35	65.82	30.06	42.71
2012	47.79	67.02	33.63	46.16
2013	49.75	66.92	35.80	48.40
2012年排名	4	23	4	3
2013年排名	3	23	6	5
升降	1	0	－2	－2
优势度	优势	劣势	优势	优势
2013年全排名	4	31	9	7

（1）2013年焦作市发展指数排位处于第5位，表明其在中原经济区处于优势地位，与2012年相比排位下降2位。

（2）从准则层指标的优势度看，经济发展指数、社会环境发展指数是焦作市发展指数中的优势指标，生态环境发展指数是焦作市发展指数中的劣势指标。

（3）从雷达图图形变化看，2013年与2012年相比，面积略有缩小，焦作市发展指数排位呈现下降态势。

（4）从排位变化的动因看，在经济发展指数指标排位上升和社会环境

图 9－1　焦作市 2012～2013 年发展指数下层指标排位比较雷达图

发展指数指标排位下降的综合作用下，2013 年焦作市发展指数排位下降 2 位，居中原经济区第 5 位。

二　焦作市经济发展评价分析

2012～2013 年，焦作市经济发展指数及其下层指标评价值和排位变化情况，如表 9－2 和图 9－2 所示。

表 9－2　焦作市 2012～2013 年经济发展评价值及排名

年份	人均GDP	三次产业结构	非国有工业增加值占比	工业化指数	城镇化率	第一产业就业人数比重	人均全社会消费品零售总额
2011	56.97	78.09	70.59	63.92	35.58	46.20	35.28
2012	59.88	78.17	76.47	66.86	38.99	50.56	40.45
2013	61.03	78.51	84.23	69.16	41.07	51.82	42.57
2012 年排名	6	6	6	3	6	6	5
2013 年排名	4	5	7	3	6	8	5
升降	2	1	－1	0	0	－2	0
优势度	优势	优势	优势	优势	优势	优势	优势
2013 年全排名	5	6	15	4	6	11	6

续表

年份	城镇化指数	劳均农作物播种面积	单产农用化肥施用量	单产农用大中型拖拉机动力	农业现代化指数	经济发展指数
2011	38.31	11.71	1.89	17.16	11.70	44.35
2012	42.16	13.33	1.93	18.29	13.09	47.79
2013	44.03	14.91	8.89	19.41	14.33	49.75
2012 年排名	5	24	30	14	26	4
2013 年排名	6	20	15	12	20	3
升降	-1	4	15	2	6	1
优势度	优势	中势	中势	中势	中势	优势
2013 年全排名	7	29	22	16	30	4

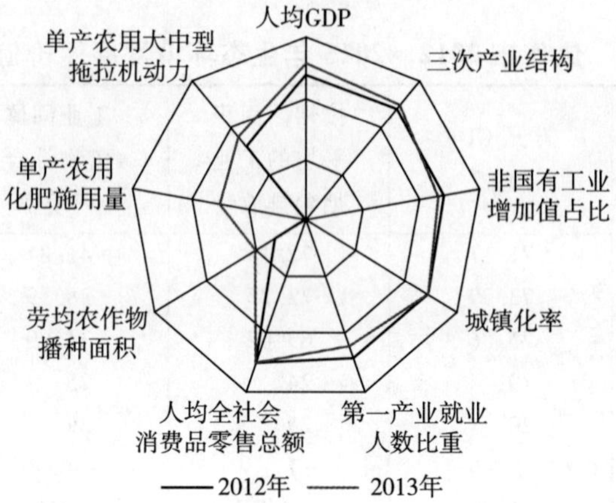

图 9-2　焦作市 2012~2013 年经济发展指数下层指标排位比较雷达图

（1）2013 年焦作市经济发展指数排位处于第 3 位，表明其在中原经济区处于优势地位，与 2012 年相比上升 1 位。其中工业化指数排位处于第 3 位，与 2012 年相比没有变化；城镇化指数排位处于第 6 位，与 2012 年相比下降 1 位；农业现代化指数排位处于第 20 位，与 2012 年相比上升 6 位。

（2）从方案层指标的优势度看，人均 GDP、三次产业结构、非国有工业增加值占比、工业化指数、城镇化率、第一产业就业人数比重、人均全社会消费品零售总额、城镇化指数是焦作市经济发展指数中的优势指标，其余均是焦作市经济发展指数中的中势指标。

（3）从雷达图图形变化看，2013 年与 2012 年相比，面积略有扩大，经济发展指数排位呈上升态势。

（4）从排位变化的动因看，在人均 GDP、三次产业结构、单产农用化肥施用量、农业现代化指数等指标排位上升和非国有工业增加值占比、城镇化指数、第一产业就业人数比重指标排位下降的综合作用下，2013 年焦作市经济发展指数排位上升 1 位，居中原经济区第 3 位。

三 焦作市生态环境发展评价分析

2012～2013 年，焦作市生态环境发展指数及其下层指标评价值和排位变化情况，如表 9－3 和图 9－3 所示。

表 9－3 焦作市 2012～2013 年生态环境发展评价值及排名

年份	万元 GDP 能耗	按辖区面积平均的工业烟尘排放量	工业固体废物综合利用率	生态环境发展指数
2011	71.11	72.18	41.81	65.82
2012	73.99	72.25	38.59	67.02
2013	75.86	69.02	34.99	66.92
2012 年排名	19	24	25	23
2013 年排名	20	25	29	23
升降	－1	－1	－4	0
优势度	中势	劣势	劣势	劣势
2013 年全排名	28	34	39	31

（1）2013 年焦作市生态环境发展指数排位处于第 23 位，表明其在中原经济区处于劣势地位，与 2012 年相比排位保持不变。

（2）从方案层指标的优势度看，按辖区面积平均的工业烟尘排放量、工业固体废物综合利用率指标是焦作市生态环境发展指数中的劣势指标，万元 GDP 能耗为焦作市生态环境发展指数中的中势指标。

（3）从雷达图图形变化看，2013 年与 2012 年相比，面积略有缩小，生态环境发展指数排位呈平稳态势。

（4）从排位变化的动因看，在万元 GDP 能耗、按辖区面积平均的工业

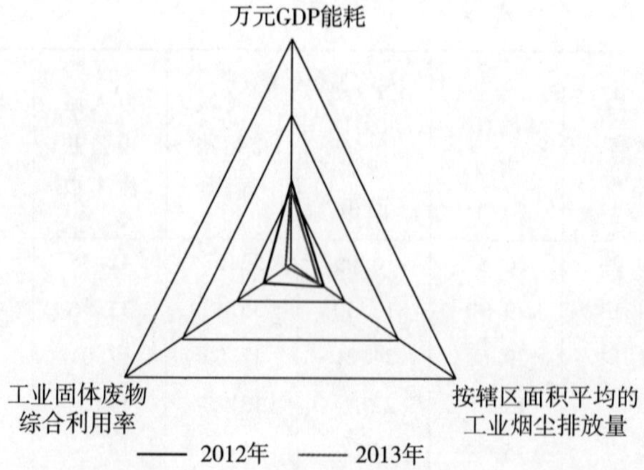

图 9－3　焦作市 2012～2013 年生态环境发展指数下层指标排位比较雷达图

烟尘排放量、工业固体废物综合利用率指标排位下降的综合作用下，2013 年焦作市生态环境发展指数排位保持不变，居中原经济区第 23 位。

四　焦作市社会环境发展评价分析

2012～2013 年，焦作市社会环境发展指数及其下层指标评价值和排位变化情况，如表 9－4 和图 9－4 所示。

表 9－4　焦作市 2012～2013 年社会环境发展评价值及排名

年份	城乡居民收入结构	城镇居民人均可支配收入	农村居民人均纯收入	收入指数	每万人卫生技术人员数	每万人卫生机构床位数	健康指数	万人中小学专任教师数
2011	27.83	22.73	30.09	26.67	38.40	54.22	46.31	34.52
2012	28.94	30.33	35.00	30.99	39.32	61.88	50.60	35.67
2013	30.81	31.86	37.01	33.23	43.20	67.37	55.29	37.06
2012 年排名	2	14	3	3	8	6	6	14
2013 年排名	3	13	3	3	6	5	5	17
升降	－1	1	0	0	2	1	1	－3
优势度	优势	中势	优势	优势	优势	优势	优势	中势
2013 年全排名	6	14	5	5	8	7	6	22

续表

年份	人均教育经费	教育指数	人均城市公园绿地面积	人均城市道路面积	万人城市公共汽车数	城市生活环境指数	社会环境发展指数
2011	19.23	26.87	16.09	53.68	42.38	28.41	30.06
2012	24.13	29.90	13.30	55.48	33.86	28.79	33.63
2013	22.14	29.60	24.21	47.59	7.01	33.45	35.80
2012 年排名	9	15	22	13	19	16	4
2013 年排名	12	15	16	11	14	12	6
升降	-3	0	6	2	5	4	-2
优势度	中势	中势	中势	中势	中势	中势	优势
2013 年全排名	16	20	23	14	20	19	9

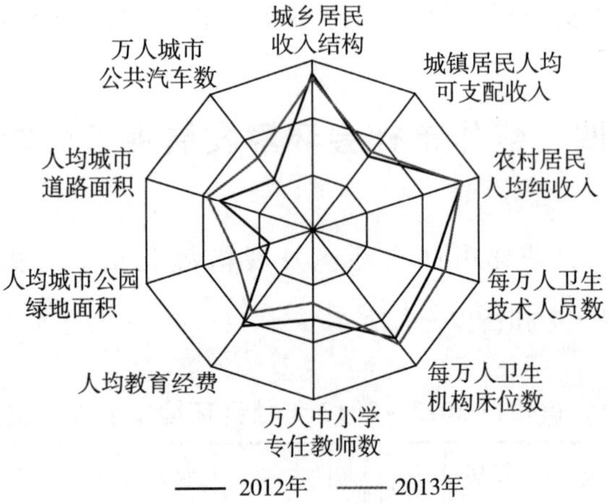

图 9-4　焦作市 2012～2013 年社会环境发展指数下层指标排位比较雷达图

（1）2013 年焦作市社会环境发展指数排位处于第 6 位，表明其在中原经济区处于优势地位，与 2012 年相比排位下降 2 位。其中教育指数排位处于第 15 位，与 2012 年相比不变；健康指数排位处于第 5 位，与 2012 年相比上升 1 位；收入指数排位处于第 3 位，与 2012 年相比不变；城市生活环境指数排位处于第 12 位，与 2012 年相比上升 4 位。

（2）从方案层指标的优势度看，城乡居民收入结构、农村居民人均纯

收入、收入指数、每万人卫生技术人员数、每万人卫生机构床位数、健康指数是焦作市社会环境发展指数中的优势指标，其余均是焦作市社会环境发展指数中的中势指标。

（3）从雷达图图形变化看，2013 年与 2012 年相比，面积略有缩小，社会环境发展指数排位呈下降态势。

（4）从排位变化的动因看，在健康指数、人均城市公园绿地面积、人均城市道路面积、城市生活环境指数等指标排位上升和城乡居民收入结构、人均教育经费等指标排位下降的综合作用下，2013 年焦作市社会环境发展指数排位下降 2 位，居中原经济区第 6 位。

第十章
濮阳市发展指数分析

一 濮阳市发展评价分析

2012～2013年，濮阳市发展指数及其下层指标评价值和排位变化情况，如表10－1和图10－1所示。

表10－1 濮阳市2012～2013年发展评价值及排名

年份	经济发展指数	生态环境发展指数	社会环境发展指数	濮阳市发展指数
2011	26.15	78.90	26.30	32.17
2012	26.03	81.49	30.48	33.68
2013	28.44	82.93	32.90	38.71
2012年排名	23	15	9	21
2013年排名	23	14	11	21
升降	0	1	－2	0
优势度	劣势	中势	中势	劣势
2013年全排名	29	22	15	25

（1）2013年濮阳市发展指数排位处于第21位，表明其在中原经济区处于劣势地位，与2012年相比排位不变。

（2）从准则层指标的优势度看，社会环境发展指数、生态环境发展指数是濮阳市发展指数中的中势指标，经济发展指数是濮阳市发展指数中的劣势指标。

（3）从雷达图图形变化看，2013年与2012年相比，面积基本不变，濮阳市发展指数排位呈现平稳发展趋势。

（4）从排位变化的动因看，在生态环境发展指数排位上升和社会环境

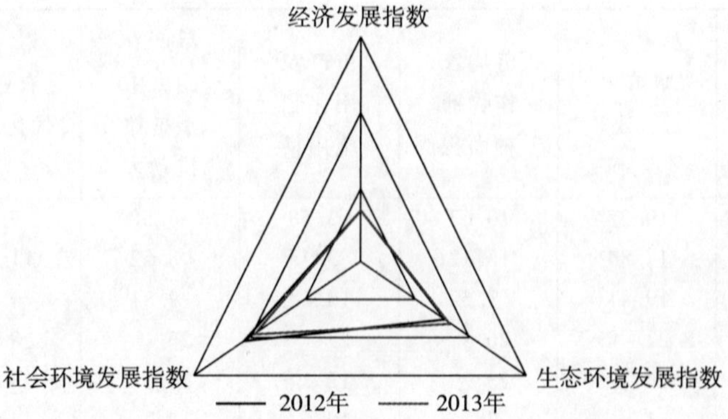

图 10－1　濮阳市 2012～2013 年发展指数下层指标排位比较雷达图

发展指数排位下降的综合作用下，2013 年濮阳市发展指数排位不变，居中原经济区第 21 位。

二　濮阳市经济发展评价分析

2012～2013 年，濮阳市经济发展指数及其下层指标评价值和排位变化情况，如表 10－2 和图 10－2 所示。

表 10－2　濮阳市 2012～2013 年经济发展评价值及排名

年份	人均 GDP	三次产业结构	非国有工业增加值占比	工业化指数	城镇化率	第一产业就业人数比重	人均全社会消费品零售总额
2011	39.84	55.30	47.06	44.37	8.08	44.81	24.11
2012	43.53	56.72	47.06	46.88	11.37	28.88	29.35
2013	45.80	59.47	62.63	51.90	13.75	27.87	31.83
2012 年排名	18	18	22	18	23	25	21
2013 年排名	15	17	19	15	24	28	21
升降	3	1	3	3	－1	－3	0
优势度	中势	中势	中势	中势	劣势	劣势	劣势
2013 年全排名	18	19	27	19	28	35	23

续表

年份	城镇化指数	劳均农作物播种面积	单产农用化肥施用量	单产农用大中型拖拉机动力	农业现代化指数	经济发展指数
2011	19.35	10.63	3.58	6.58	9.28	26.15
2012	17.84	13.12	3.73	8.52	11.46	26.03
2013	19.41	9.52	10.68	9.81	9.74	28.44
2012 年排名	23	26	22	26	28	23
2013 年排名	24	23	12	24	25	23
升降	-1	3	10	2	3	0
优势度	劣势	劣势	中势	劣势	劣势	劣势
2013 年全排名	30	33	17	29	35	29

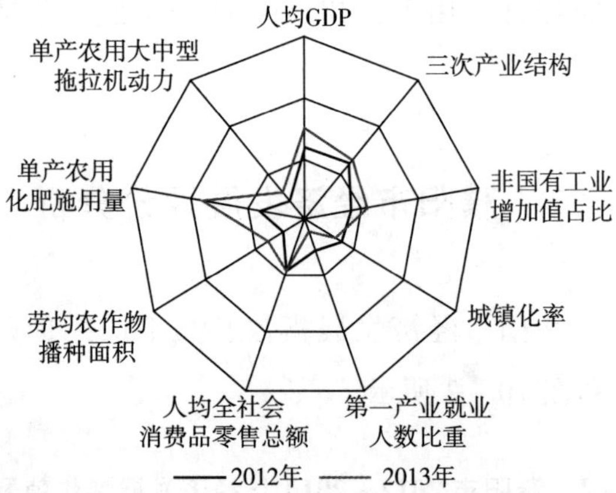

图 10-2 濮阳市 2012~2013 年经济发展指数下层指标排位比较雷达图

（1）2013 年濮阳市经济发展指数排位处于第 23 位，表明其在中原经济区处于劣势地位，与 2012 年相比排位不变。其中工业化指数排位处于第 15 位，与 2012 年相比排位上升 3 位；城镇化指数排位处于第 24 位，与 2012 年相比排位下降了 1 位；农业现代化指数排位处于第 25 位，与 2012 年相比排位上升了 3 位。

（2）从方案层指标的优势度看，城镇化率、第一产业就业人数比重、人均全社会消费品零售总额、城镇化指数、劳均农作物播种面积、单产农用大中型拖拉机动力、农业现代化指数是濮阳市经济发展指数中的劣势指标，其余均为濮阳市经济发展指数中的中势指标。

（3）从雷达图图形变化看，2013 年与 2012 年相比，面积略有增大，经济发展指数排位呈现平稳发展趋势。

（4）从排位变化的动因看，在人均 GDP、三次产业结构、非国有工业增加值占比、工业化指数、农业现代化指数等指标排位上升和城镇化率、第一产业就业人数比重、城镇化指数指标排位下降的综合作用下，2013 年濮阳市经济发展指数排位上保持不变，居中原经济区第 23 位。

三　濮阳市生态环境发展评价分析

2012～2013 年，濮阳市生态环境发展指数及其下层指标评价值和排位变化情况，如表 10－3 和图 10－3 所示。

表 10－3　濮阳市 2012～2013 年生态环境发展评价值及排名

年份	万元 GDP 能耗	按辖区面积平均的工业烟尘排放量	工业固体废物综合利用率	生态环境发展指数
2011	74.84	82.05	89.28	78.90
2012	76.37	87.29	92.77	81.49
2013	77.78	90.34	92.71	82.93
2012 年排名	15	17	14	15
2013 年排名	15	13	17	14
升降	0	4	－3	1
优势度	中势	中势	中势	中势
2013 年全排名	23	20	27	22

（1）2013 年濮阳市生态环境发展指数排位处于第 14 位，表明其在中原经济区处于中势地位，与 2012 年相比排位上升 1 位。

（2）从方案层指标的优势度看，濮阳市生态环境发展指数各指标均处于中势地位。

（3）从雷达图图形变化看，2013 年与 2012 年相比，面积略有增大，生态环境发展指数排位呈现上升态势。

（4）从排位变化的动因看，在按辖区面积平均的工业烟尘排放量指标

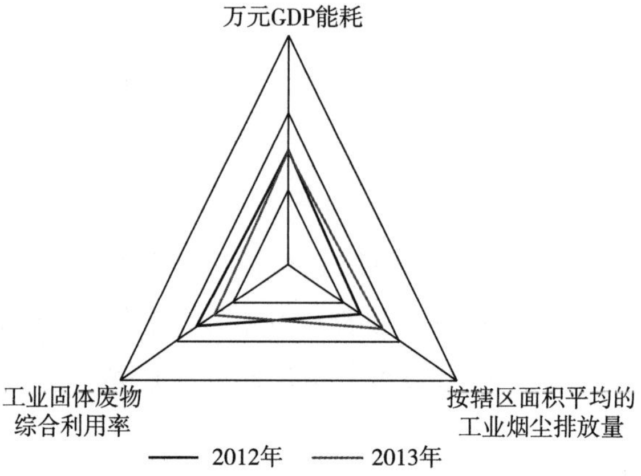

图 10－3　濮阳市 2012～2013 年生态环境发展指数下层指标排位比较雷达图

排位上升和工业固体废物综合利用率指标排位下降的综合作用下，2013 年濮阳市生态环境发展指数排位上升 1 位，居中原经济区第 14 位。

四　濮阳市社会环境发展评价分析

2012～2013 年，濮阳市社会环境发展指数及其下层指标评价值和排位变化情况，如表 10－4 和图 10－4 所示。

表 10－4　濮阳市 2012～2013 年社会环境发展评价值及排名

年份	城乡居民收入结构	城镇居民人均可支配收入	农村居民人均纯收入	收入指数	每万人卫生技术人员数	每万人卫生机构床位数	健康指数	万人中小学专任教师数
2011	7.64	19.91	16.16	14.30	30.51	42.02	36.27	61.99
2012	8.06	28.31	21.27	18.65	34.73	48.54	41.63	66.30
2013	9.56	30.43	23.75	21.25	38.90	56.12	47.51	66.49
2012 年排名	23	18	22	21	15	15	16	1
2013 年排名	24	17	22	21	12	15	15	4
升降	-1	1	0	0	3	0	1	-3
优势度	劣势	中势	劣势	劣势	中势	中势	中势	优势
2013 年全排名	34	18	28	27	15	17	17	7

续表

年份	人均教育经费	教育指数	人均城市公园绿地面积	人均城市道路面积	万人城市公共汽车数	城市生活环境指数	社会环境发展指数
2011	20.92	41.46	25.40	39.54	30.48	24.11	26.30
2012	25.73	46.01	20.06	41.28	33.31	24.34	30.48
2013	23.16	44.83	38.33	33.82	5.26	30.55	32.90
2012 年排名	8	1	12	20	21	19	9
2013 年排名	8	3	9	19	22	19	11
升降	0	-2	3	1	-1	0	-2
优势度	优势	优势	优势	中势	劣势	中势	中势
2013 年全排名	9	6	11	28	29	27	15

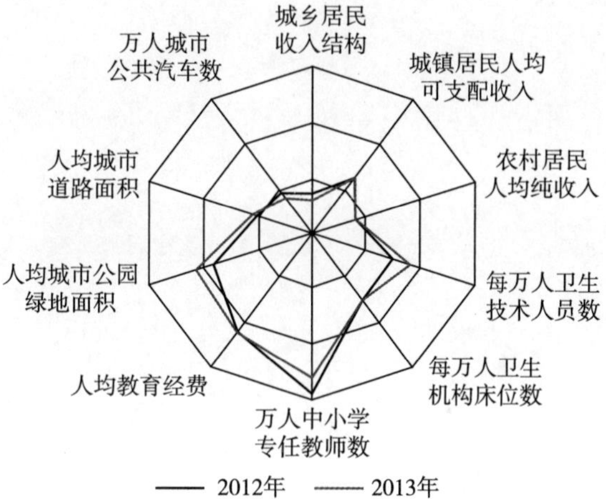

图 10-4　濮阳市 2012～2013 年社会环境发展指数下层指标排位比较雷达图

（1）2013 年濮阳市社会环境发展指数排位处于第 11 位，表明其在中原经济区处于中势地位，与 2012 年相比排位下降 2 位。其中教育指数排位处于第 3 位，与 2012 年相比排位下降 2 位；城市生活环境指数排位处于第 19 位，与 2012 年相比排位不变；健康指数排位处于第 15 位，与 2012 年相比排位上升 1 位；收入指数排位处于第 21 位，与 2012 年相比排位保持不变。

（2）从方案层指标的优势度看，万人中小学专任教师数、人均教育经费、教育指数、人均城市公园绿地面积是濮阳市社会环境发展指数中的优势指标，城乡居民收入结构、农村居民人均纯收入、收入指数、万人城市公共汽车数是濮阳市社会环境发展指数中的劣势指标。

（3）从雷达图图形变化看，2013 年与 2012 年相比，面积略有缩小，社会环境发展指数排位呈现下降趋势。

（4）从排位变化的动因看，在城镇居民人均可支配收入、万人中小学专任教师数、教育指数等指标排位下降和每万人卫生技术人员数、人均城市公园绿地面积等指标排位上升的综合作用下，2013 年濮阳市社会环境发展指数排位下降 2 位，居中原经济区第 11 位。

第十一章 许昌市发展指数分析

一 许昌市发展评价分析

2012～2013年，许昌市发展指数及其下层指标评价值和排位变化情况，如表11－1和图11－1所示。

表11－1 许昌市2012～2013年发展评价值及排名

年份	经济发展指数	生态环境发展指数	社会环境发展指数	许昌市发展指数
2011	36.89	87.34	29.72	39.02
2012	40.78	88.87	33.50	42.50
2013	42.58	89.39	37.09	48.63
2012年排名	9	7	5	7
2013年排名	11	7	2	4
升降	－2	0	3	3
优势度	中势	优势	优势	优势
2013年全排名	13	13	3	6

（1）2013年许昌市发展指数排位处于第4位，表明其在中原经济区处于优势地位，与2012年相比排位上升3位。

（2）从准则层指标的优势度看，生态环境发展指数、社会环境发展指数是许昌市发展指数中的优势指标，经济发展指数是许昌市发展指数中的中势指标。

（3）从雷达图图形变化看，2013年与2012年相比，面积有所增大，许昌市发展指数排位呈现上升态势。

（4）从排位变化的动因看，在社会环境发展指数指标排位上升和经济

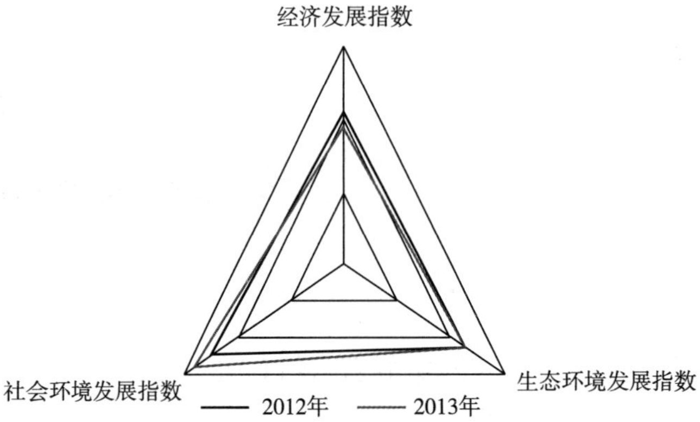

图 11-1　许昌市 2012~2013 年发展指数下层指标排位比较雷达图

发展指数指标排位下降的综合作用下，2013 年许昌市发展指数排位上升 3 位，居中原经济区第 4 位。

二　许昌市经济发展评价分析

2012~2013 年，许昌市经济发展指数及其下层指标评价值和排位变化情况，如表 11-2 和图 11-2 所示。

表 11-2　许昌市 2012~2013 年经济发展评价值及排名

年份	人均 GDP	三次产业结构	非国有工业增加值占比	工业化指数	城镇化率	第一产业就业人数比重	人均全社会消费品零售总额
2011	53.45	67.78	63.24	58.27	21.55	42.40	31.98
2012	56.46	69.38	64.71	60.70	24.95	51.15	37.35
2013	57.81	71.66	67.83	62.58	27.14	50.41	39.53
2012 年排名	7	10	14	5	15	4	11
2013 年排名	7	9	15	6	14	9	9
升降	0	1	-1	-1	1	-5	2
优势度	优势	优势	中势	优势	中势	优势	优势
2013 年全排名	8	10	23	7	15	12	10

续表

年份	城镇化指数	劳均农作物播种面积	单产农用化肥施用量	单产农用大中型拖拉机动力	农业现代化指数	经济发展指数
2011	28.09	33.67	6.92	5.72	26.46	36.89
2012	33.09	31.83	6.42	6.87	25.25	40.78
2013	34.56	37.53	11.62	7.73	30.37	42.58
2012 年排名	11	12	17	28	13	9
2013 年排名	11	7	10	29	8	11
升降	0	5	7	-1	5	-2
优势度	中势	优势	优势	劣势	优势	中势
2013 年全排名	12	11	15	36	14	13

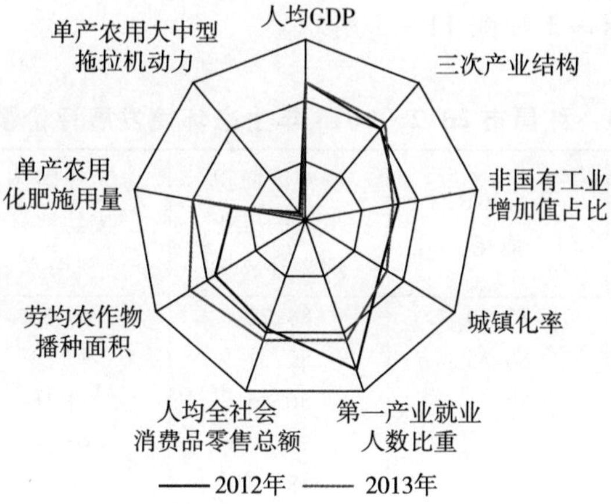

图 11－2　许昌市 2012～2013 年经济发展指数下层指标排位比较雷达图

（1）2013 年许昌市经济发展指数排位处于第 11 位，表明其在中原经济区处于中势地位，与 2012 年相比排位下降了 2 位。其中工业化指数排位处于第 6 位，与 2012 年相比排位下降 1 位；城镇化指数排位处于第 11 位，与 2012 年相比排位不变；农业现代化指数排位处于第 8 位，与 2012 年相比排位上升了 5 位。

（2）从方案层指标的优势度看，人均 GDP、三次产业结构、工业化指数、第一产业就业人数比重、人均全社会消费品零售总额、劳均农作物播种面积、单产农用化肥施用量、农业现代化指数是许昌市经济发展指数中的优势指标，单产农用大中型拖拉机动力是许昌市经济发展指数中的劣势指标。

（3）从雷达图图形变化看，2013 年与 2012 年相比，面积略有缩小，经济发展指数排位呈现下降趋势。

（4）从排位变化的动因看，在三次产业结构、城镇化率、农业现代化指数等指标排位上升和工业化指数、第一产业就业人数比重等指标排位下降的综合作用下，2013 年许昌市经济发展指数排位下降 2 位，居中原经济区第 11 位。

三　许昌市生态环境发展评价分析

2012～2013 年，许昌市生态环境发展指数及其下层指标评价值和排位变化情况，如表 11－3 和图 11－3 所示。

表 11－3　许昌市 2012～2013 年生态环境发展评价值及排名

年份	万元 GDP 能耗	按辖区面积平均的工业烟尘排放量	工业固体废物综合利用率	生态环境发展指数
2011	85.30	84.92	96.55	87.34
2012	86.36	89.31	96.83	88.87
2013	87.51	86.85	98.18	89.39
2012 年排名	8	14	10	7
2013 年排名	7	18	8	7
升降	1	－4	2	0
优势度	优势	中势	优势	优势
2013 年全排名	12	25	17	13

（1）2013 年许昌市生态环境发展指数排位处于第 7 位，表明其在中原经济区处于优势地位，与 2012 年相比排位保持不变。

（2）从方案层指标的优势度看，万元 GDP 能耗、工业固体废物综合利用率是许昌市生态环境发展指数中的优势指标，按辖区面积平均的工业烟尘排放量是许昌市生态环境发展指数中的中势指标。

（3）从雷达图图形变化看，2013 年与 2012 年相比，面积基本不变，生态环境发展指数排位呈现平稳发展趋势。

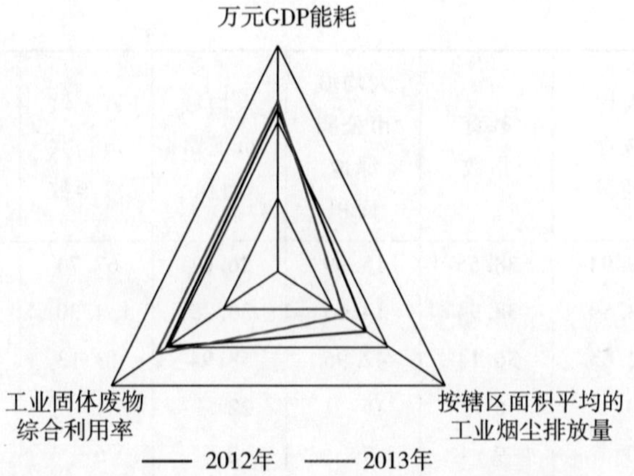

图 11-3　许昌市 2012~2013 年生态环境发展指数下层指标排位比较雷达图

（4）从排位变化的动因看，在按辖区面积平均的工业烟尘排放量排位下降和在万元 GDP 能耗、工业固体废物综合利用率指标排位上升的综合作用下，2013 年许昌市生态环境发展指数排位保持不变，居中原经济区第 7 位。

四　许昌市社会环境发展评价分析

2012~2013 年，许昌市社会环境发展指数及其下层指标评价值和排位变化情况，如表 11-4 和图 11-4 所示。

表 11-4　许昌市 2012~2013 年社会环境发展评价值及排名

年份	城乡居民收入结构	城镇居民人均可支配收入	农村居民人均纯收入	收入指数	每万人卫生技术人员数	每万人卫生机构床位数	健康指数	万人中小学专任教师数
2011	27.80	20.93	29.04	25.71	33.47	32.73	33.10	57.17
2012	28.45	28.88	33.92	29.98	36.28	46.61	41.44	54.29
2013	29.60	30.86	35.84	32.10	38.63	47.43	43.03	49.64
2012 年排名	4	15	4	4	14	16	17	5
2013 年排名	4	14	4	4	13	21	18	8
升降	0	1	0	0	1	-5	-1	-3
优势度	优势	中势	优势	优势	中势	劣势	中势	优势
2013 年全排名	7	15	6	6	16	26	21	11

续表

年份	人均教育经费	教育指数	人均城市公园绿地面积	人均城市道路面积	万人城市公共汽车数	城市生活环境指数	社会环境发展指数
2011	19.94	38.55	15.99	26.61	67.74	18.05	29.72
2012	23.59	38.94	14.65	36.29	134.30	21.56	33.50
2013	22.65	36.14	42.95	58.94	13.13	54.05	37.09
2012 年排名	10	6	16	22	1	23	5
2013 年排名	10	9	7	8	6	6	2
升降	0	-3	9	14	-5	17	3
优势度	优势	优势	优势	优势	优势	优势	优势
2013 年全排名	12	12	9	10	9	7	3

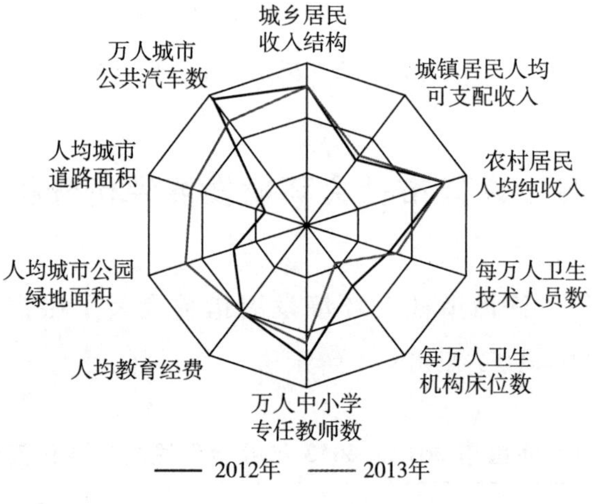

图 11-4 许昌市 2012～2013 年社会环境发展指数下层指标排位比较雷达图

（1）2013 年许昌市社会环境发展指数排位处于第 2 位，表明其在中原经济区处于优势地位，与 2012 年相比排位上升 3 位。其中教育指数排位处于第 9 位，与 2012 年相比排位下降 3 位；城市生活环境指数排位处于第 6 位，与 2012 年相比排位上升 17 位；健康指数排位处于第 18 位，与 2012 年相比排位下降 1 位；收入指数排位处于第 4 位，与 2012 年相比排位没有变化。

（2）从方案层指标的优势度看，城乡居民收入结构、农村居民人均纯收入、收入指数、万人中小学专任教师数、人均教育经费、教育指数、人均城市公园绿地面积、人均城市道路面积、万人城市公共汽车数、城市生活环境指数是许昌市社会环境发展指数中的优势指标，每万人卫生机构床位数是许昌市社会环境发展指数中的劣势指标。

（3）从雷达图图形变化看，2013 年与 2012 年相比，面积有所扩大，社会环境发展指数排位呈现上升趋势。

（4）从排位变化的动因看，在城镇居民人均可支配收入、人均城市公园绿地面积等指标排位上升和万人中小学专任教师数、健康指数、每万人卫生机构床位数、教育指数等指标排位下降的综合作用下，2013 年许昌市社会环境发展指数排位上升 3 位，居中原经济区第 2 位。

第十二章
漯河市发展指数分析

一　漯河市发展评价分析

2012～2013年，漯河市发展指数及其下层指标评价值和排位变化情况，如表12－1和图12－1所示。

表12－1　漯河市2012～2013年发展评价值及排名

年份	经济发展指数	生态环境发展指数	社会环境发展指数	漯河市发展指数
2011	33.76	86.46	26.28	37.36
2012	35.88	87.84	29.78	39.76
2013	38.23	88.75	29.83	44.03
2012年排名	15	8	12	12
2013年排名	13	8	20	12
升降	2	0	－8	0
优势度	中势	优势	中势	中势
2013年全排名	15	15	26	14

（1）2013年漯河市发展指数排位处于第12位，表明其在中原经济区处于中势地位，与2012年相比排位没有发生变化。

（2）从准则层指标的优势度看，经济发展指数、社会环境发展指数是漯河市发展指数中的中势指标，生态环境发展指数是漯河市发展指数中的优势指标。

（3）从雷达图图形变化看，2013年与2012年相比，面积略有缩小，漯河市发展指数排位呈现平稳趋势。

（4）从排位变化的动因看，在社会环境发展指数排位下降和经济发展

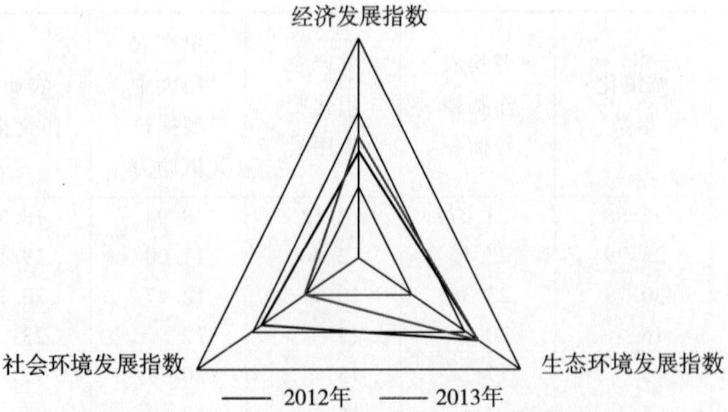

图 12－1　漯河市 2012～2013 年发展指数下层指标排位比较雷达图

指数排位上升的综合作用下，2013 年漯河市发展指数排位没有发生变化，居中原经济区第 12 位。

二　漯河市经济发展评价分析

2012～2013 年，漯河市经济发展指数及其下层指标评价值和排位变化情况，如表 12－2 和图 12－2 所示。

表 12－2　漯河市 2012～2013 年经济发展评价值及排名

年份	人均GDP	三次产业结构	非国有工业增加值占比	工业化指数	城镇化率	第一产业就业人数比重	人均全社会消费品零售总额
2011	45.55	61.31	72.06	54.00	21.55	33.43	33.20
2012	47.79	62.48	67.65	54.70	24.97	34.19	38.34
2013	48.06	61.84	84.42	58.09	27.14	35.62	40.29
2012 年排名	12	14	12	11	14	16	8
2013 年排名	11	15	6	9	14	16	7
升降	1	－1	6	2	0	0	1
优势度	中势	中势	优势	优势	中势	中势	优势
2013 年全排名	13	17	14	10	15	22	8

续表

年份	城镇化指数	劳均农作物播种面积	单产农用化肥施用量	单产农用大中型拖拉机动力	农业现代化指数	经济发展指数
2011	25.88	23.07	2.54	8.94	18.77	33.76
2012	28.79	23.15	2.40	11.00	19.15	35.88
2013	30.79	23.36	10.11	12.47	20.11	38.23
2012 年排名	16	20	29	22	23	15
2013 年排名	15	17	13	20	17	13
升降	1	3	16	2	6	2
优势度	中势	中势	中势	中势	中势	中势
2013 年全排名	17	26	18	24	26	15

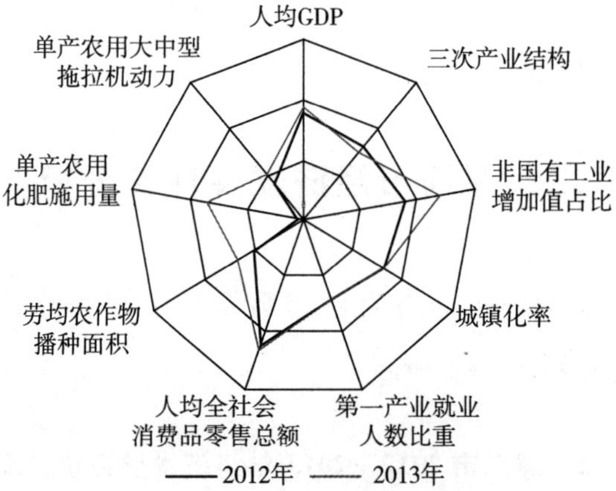

图 12－2　漯河市 2012～2013 年经济发展指数下层指标排位比较雷达图

（1）2013 年漯河市经济发展指数排位处于第 13 位，表明其在中原经济区处于中势地位，与 2012 年相比排位上升了 2 位。其中工业化指数排位处于第 9 位，与 2012 年相比排位上升了 2 位；城镇化指数排位处于第 15 位，与 2012 年相比排位上升了 1 位；农业现代化指数排位处于第 17 位，与 2012 年相比排位上升了 6 位。

（2）从方案层指标的优势度看，非国有工业增加值占比、工业化指数、人均全社会消费品零售总额是漯河市经济发展指数中的优势指标，其余均是漯河市经济发展指数中的中势指标。

（3）从雷达图图形变化看，2013 年与 2012 年相比，面积有所增大，经济发展指数排位呈现上升趋势。

（4）从排位变化的动因看，在工业化指数、城镇化指数、农业现代化指数等指标排位上升和三次产业结构指标排位下降的综合作用下，2013 年漯河市经济发展指数排位上升 2 位，居中原经济区第 13 位。

三　漯河市生态环境发展评价分析

2012～2013 年，漯河市生态环境发展指数及其下层指标评价值和排位变化情况，如表 12－3 和图 12－3 所示。

表 12－3　漯河市 2012～2013 年生态环境发展评价值及排名

年份	万元 GDP 能耗	按辖区面积平均的工业烟尘排放量	工业固体废物综合利用率	生态环境发展指数
2011	80.88	92.58	98.92	86.46
2012	83.25	92.00	99.00	87.84
2013	83.91	93.68	99.97	88.75
2012 年排名	11	12	5	8
2013 年排名	11	9	3	8
升降	0	3	2	0
优势度	中势	优势	优势	优势
2013 年全排名	17	15	11	15

（1）2013 年漯河市生态环境发展指数排位处于第 8 位，表明其在中原经济区处于优势地位，与 2012 年相比排位保持不变。

（2）从方案层指标的优势度看，按辖区面积平均的工业烟尘排放量、工业固体废物综合利用率是漯河市生态环境发展指数中的优势指标，万元 GDP 能耗是漯河市生态环境发展指数中的中势指标。

（3）从雷达图图形变化看，2013 年与 2012 年相比，面积基本不变，生态环境发展指数排位呈平稳发展趋势。

（4）从排位变化的动因看，在按辖区面积平均的工业烟尘排放量、工

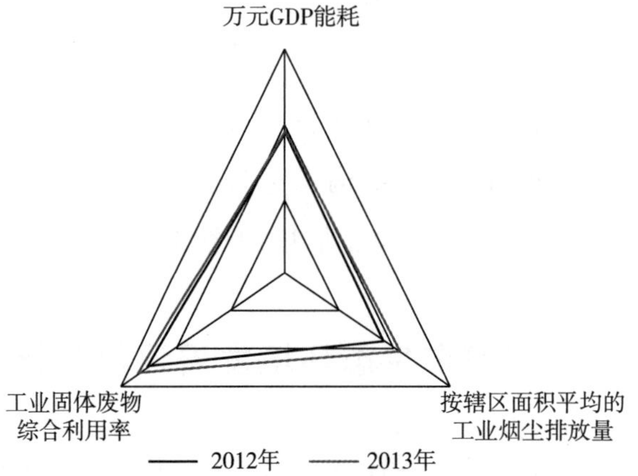

图 12－3　漯河市 2012～2013 年生态环境发展指数下层指标排位比较雷达图

业固体废物综合利用率指标排位上升和万元 GDP 能耗指标排位不变的综合作用下，2013 年漯河市生态环境发展指数排位不变，居中原经济区第 8 位。

四　漯河市社会环境发展评价分析

2012～2013 年，漯河市社会环境发展指数及其下层指标评价值和排位变化情况，如表 12－4 和图 12－4 所示。

表 12－4　漯河市 2012～2013 年社会环境发展评价值及排名

年份	城乡居民收入结构	城镇居民人均可支配收入	农村居民人均纯收入	收入指数	每万人卫生技术人员数	每万人卫生机构床位数	健康指数	万人中小学专任教师数
2011	21.92	19.05	24.78	21.69	32.74	42.92	37.83	33.56
2012	22.56	27.07	29.73	25.98	36.55	54.97	45.76	31.05
2013	23.83	29.24	31.88	28.32	40.09	60.15	50.12	28.51
2012 年排名	6	22	7	7	13	10	11	18
2013 年排名	6	20	7	7	11	11	11	23
升降	0	2	0	0	2	－1	0	－5
优势度	优势	中势	优势	优势	中势	中势	中势	劣势
2013 年全排名	9	22	10	10	14	13	13	29

续表

年份	人均教育经费	教育指数	人均城市公园绿地面积	人均城市道路面积	万人城市公共汽车数	城市生活环境指数	社会环境发展指数
2011	18.31	25.93	34.15	44.93	30.14	30.25	26.28
2012	22.55	26.80	27.12	47.71	29.82	29.99	29.78
2013	20.14	24.32	14.37	15.18	6.79	18.98	29.83
2012 年排名	12	17	7	16	23	15	12
2013 年排名	18	21	24	27	16	24	20
升降	-6	-4	-17	-11	7	-9	-8
优势度	中势	劣势	劣势	劣势	中势	劣势	中势
2013 年全排名	23	27	32	37	22	34	26

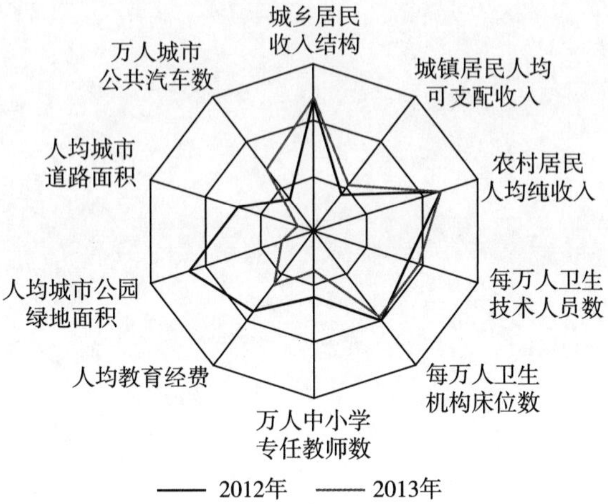

图 12-4　漯河市 2012～2013 年社会环境发展指数下层指标排位比较雷达图

（1）2013 年漯河市社会环境发展指数排位处于第 20 位，表明其在中原经济区处于中势地位，与 2012 年相比排位下降了 8 位。其中教育指数排位处于第 21 位，与 2012 年相比排位下降了 4 位；城市生活环境指数排位处于第 24 位，与 2012 年相比排位下降了 9 位；健康指数排位处于第 11 位，与 2012 年相比排位保持不变；收入指数排位处于第 7 位，与 2012 年相比排位保持不变。

（2）从方案层指标的优势度看，城乡居民收入结构、农村居民人均纯收入、收入指数是漯河市社会环境发展指数中的优势指标，万人中小学专任教师数、教育指数、人均城市公园绿地面积、人均城市道路面积、城市生活环境指数是漯河市社会环境发展指数中的劣势指标。

（3）从雷达图图形变化看，2013 年与 2012 年相比，面积明显缩小，社会环境发展指数排位呈现下降趋势。

（4）从排位变化的动因看，在城镇居民人均可支配收入、万人城市公共汽车数等指标排位上升和人均教育经费、万人中小学专任教师数、教育指数、城市生活环境指数等指标排位下降的综合作用下，2013 年漯河市社会环境发展指数排位下降了 8 位，居中原经济区第 20 位。

第十三章

三门峡市发展指数分析

一　三门峡市发展评价分析

2012～2013年，三门峡市发展指数及其下层指标评价值和排位变化情况，如表13－1和图13－1所示。

表13－1　三门峡市2012～2013年发展评价值及排名

年份	经济发展指数	生态环境发展指数	社会环境发展指数	三门峡市发展指数
2011	36.54	65.78	28.35	38.06
2012	39.22	64.29	32.65	41.47
2013	42.96	65.13	36.05	44.51
2012年排名	10	24	6	9
2013年排名	8	25	5	11
升降	2	－1	1	－2
优势度	优势	劣势	优势	中势
2013年全排名	10	34	8	13

（1）2013年三门峡市发展指数排位处于第11位，表明其在中原经济区处于中势地位，与2012年相比排位下降2位。

（2）从准则层指标的优势度看，经济发展指数、社会环境发展指数是三门峡市发展指数中的优势指标，生态环境发展指数是三门峡市发展指数中的劣势指标。

（3）从雷达图图形变化看，2013年与2012年相比，面积略微缩小，三门峡市发展指数排位呈现下降态势。

（4）从排位变化的动因看，在社会环境发展指数、经济发展指数指标

图 13－1　三门峡市 2012～2013 年发展指数下层指标排位比较雷达图

排位上升和生态环境发展指数排位下降的综合作用下，2013 年三门峡市发展指数排位下降 2 位，居中原经济区第 11 位。

二　三门峡市经济发展评价分析

2012～2013 年，三门峡市经济发展指数及其下层指标评价值和排位变化情况，如表 13－2 和图 13－2 所示。

表 13－2　三门峡市 2012～2013 年经济发展评价值及排名

年份	人均GDP	三次产业结构	非国有工业增加值占比	工业化指数	城镇化率	第一产业就业人数比重	人均全社会消费品零售总额
2011	61.22	78.20	22.06	56.78	30.59	26.31	35.02
2012	64.64	77.67	23.53	59.02	33.44	28.88	40.22
2013	64.68	76.80	68.53	67.87	35.54	28.58	42.40
2012 年排名	3	7	28	7	9	24	6
2013 年排名	3	8	14	4	9	27	6
升降	0	－1	14	3	0	－3	0
优势度	优势	优势	中势	优势	优势	劣势	优势
2013 年全排名	4	9	22	5	10	34	7

续表

年份	城镇化指数	劳均农作物播种面积	单产农用化肥施用量	单产农用大中型拖拉机动力	农业现代化指数	经济发展指数
2011	29.95	4.25	16.99	11.79	6.72	36.54
2012	32.97	6.12	15.83	11.03	7.86	39.22
2013	34.48	5.58	30.39	12.90	10.43	42.96
2012 年排名	12	28	4	20	29	10
2013 年排名	12	25	2	19	24	8
升降	0	3	2	1	5	2
优势度	中势	劣势	优势	中势	劣势	优势
2013 年全排名	13	35	4	23	34	10

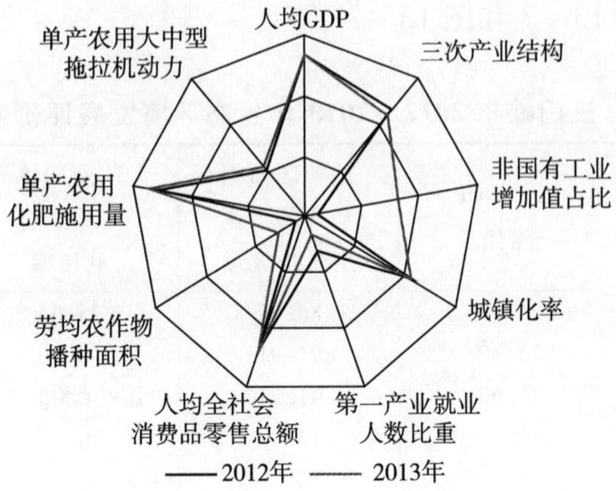

图 13-2 三门峡市 2012~2013 年经济发展指数下层指标排位比较雷达图

（1）2013 年三门峡市经济发展指数排位处于第 8 位，表明其在中原经济区处于优势地位，与 2012 年相比排位上升 2 位。其中工业化指数排位处于第 4 位，与 2012 年相比排位上升 3 位；城镇化指数排位处于第 12 位，与 2012 年相比排位保持不变；农业现代化指数排位处于第 24 位，与 2012 年相比排位上升 5 位。

（2）从方案层指标的优势度看，人均 GDP、三次产业结构、工业化指数、城镇化率、人均全社会消费品零售总额、单产农用化肥施用量是三门峡市经济发展指数中的优势指标，第一产业就业人数比重、劳均农作物播种面积、农业现代化指数是三门峡市经济发展指数中的劣势指标。

（3）从雷达图图形变化看，2013 年与 2012 年相比，面积有所增大，经济发展指数排位呈现上升态势。

（4）从排位变化的动因看，在工业化指数、非国有工业增加值占比、农业现代化指数等指标排位上升和三次产业结构、第一产业就业人数比重指标排位下降的综合作用下，2013 年三门峡市经济发展指数排位上升 2 位，居中原经济区第 8 位。

三　三门峡市生态环境发展评价分析

2012～2013 年，三门峡市生态环境发展指数及其下层指标评价值和排位变化情况，如表 13－3 和图 13－3 所示。

表 13－3　三门峡市 2012～2013 年生态环境发展评价值及排名

年份	万元 GDP 能耗	按辖区面积平均的工业烟尘排放量	工业固体废物综合利用率	生态环境发展指数
2011	71.50	86.87	25.64	65.78
2012	75.30	91.91	0.00	64.29
2013	76.63	91.91	0.00	65.13
2012 年排名	17	13	30	24
2013 年排名	17	12	30	25
升降	0	1	0	－1
优势度	中势	中势	劣势	劣势
2013 年全排名	25	19	40	34

（1）2013 年三门峡市生态环境发展指数排位处于第 25 位，表明其在中原经济区处于劣势地位，与 2012 年相比排位下降 1 位。

（2）从方案层指标的优势度看，按辖区面积平均的工业烟尘排放量、万元 GDP 能耗是三门峡市生态环境发展指数中的中势指标，工业固体废物综合利用率是三门峡市生态环境发展指数中的劣势指标。

（3）从雷达图图形变化看，2013 年与 2012 年相比，面积基本不变，生态环境发展指数排位呈下降态势。

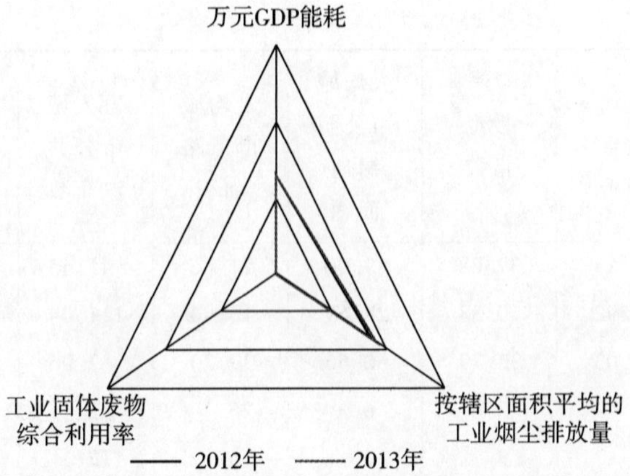

图 13-3 三门峡市 2012~2013 年生态环境发展指数下层指标排位比较雷达图

(4) 从排位变化的动因看，在按辖区面积平均的工业烟尘排放量指标排位上升和其他指标排位不变的综合作用下，2013 年三门峡市生态环境发展指数排位下降 1 位，居中原经济区第 25 位。

四 三门峡市社会环境发展评价分析

2012~2013 年，三门峡市社会环境发展指数及其下层指标评价值和排位变化情况，如表 13-4 和图 13-4 所示。

表 13-4 三门峡市 2012~2013 年社会环境发展评价值及排名

年份	城乡居民收入结构	城镇居民人均可支配收入	农村居民人均纯收入	收入指数	每万人卫生技术人员数	每万人卫生机构床位数	健康指数	万人中小学专任教师数
2011	15.22	19.29	20.93	18.23	37.59	51.84	44.72	48.38
2012	16.08	27.23	26.00	22.59	44.38	67.64	56.01	50.85
2013	18.11	28.52	28.19	24.94	47.63	69.30	58.46	48.55
2012 年排名	10	20	14	15	2	2	2	6
2013 年排名	11	21	14	14	2	2	2	9
升降	-1	-1	0	1	0	0	0	-3
优势度	中势	劣势	中势	中势	优势	优势	优势	优势
2013 年全排名	17	23	18	18	4	4	3	12

续表

年份	人均教育经费	教育指数	人均城市公园绿地面积	人均城市道路面积	万人城市公共汽车数	城市生活环境指数	社会环境发展指数
2011	26.18	37.28	39.00	21.86	45.55	24.19	28.35
2012	29.92	40.38	28.69	18.96	111.04	19.97	32.65
2013	29.03	38.79	60.66	39.20	7.96	44.44	36.05
2012 年排名	4	3	6	26	2	26	6
2013 年排名	2	8	2	15	12	8	5
升降	2	-5	4	11	-10	18	1
优势度	优势	优势	优势	中势	中势	优势	优势
2013 年全排名	2	11	3	22	17	10	8

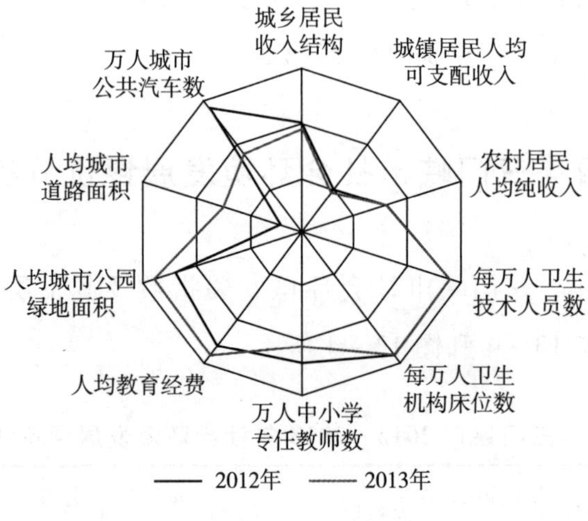

图 13-4　三门峡市 2012～2013 年社会环境发展指数下层指标排位比较雷达图

（1）2013 年三门峡市社会环境发展指数排位处于第 5 位，表明其在中原经济区处于优势地位，与 2012 年相比排位上升 1 位。其中教育指数排位处于第 8 位，与 2012 年相比排位下降 5 位；城市生活环境指数排位处于第 8 位，与 2012 年相比排位上升 18 位；健康指数排位处于第 2 位，与 2012 年相比排位保持不变；收入指数排位处于第 14 位，与 2012 年相比排位上升 1 位。

（2）从方案层指标的优势度看，每万人卫生技术人员数、每万人卫生机构床位数、健康指数、万人中小学专任教师数、人均教育经费、教育指数、人均城市公园绿地面积、城市生活环境指数是三门峡市社会环境发展中的优势指标，城镇居民人均可支配收入是三门峡市社会环境发展指数中的劣势指标。

（3）从雷达图图形变化看，2013 年与 2012 年相比，面积略有增大，社会环境发展指数排位呈现上升态势。

（4）从排位变化的动因看，在收入指数、人均教育经费、人均城市道路面积等指标排位上升和城乡居民收入结构、万人城市公共汽车数、教育指数等指标排位下降的综合作用下，2013 年三门峡市社会环境发展指数上升 1 位，居中原经济区第 5 位。

第十四章
南阳市发展指数分析

一　南阳市发展评价分析

2012 ~ 2013 年，南阳市发展指数及其下层指标评价值和排位变化情况，如表 14 - 1 和图 14 - 1 所示。

表 14 - 1　南阳市 2012 ~ 2013 年发展评价值及排名

年份	经济发展指数	生态环境发展指数	社会环境发展指数	南阳市发展指数
2011	23.18	87.52	20.56	31.16
2012	25.96	86.81	22.90	33.58
2013	27.97	87.28	28.45	37.83
2012 年排名	24	9	27	22
2013 年排名	24	9	24	22
升降	0	0	3	0
优势度	劣势	优势	劣势	劣势
2013 年全排名	30	16	30	26

（1）2013 年南阳市发展指数排位处于第 22 位，表明其在中原经济区处于劣势地位，与 2012 年相比排位保持不变。

（2）从准则层指标的优势度看，生态环境发展指数是南阳市发展指数中的优势指标，经济发展指数、社会环境发展指数是南阳市发展指数中的劣势指标。

（3）从雷达图图形变化看，2013 年与 2012 年相比，面积略有增大，南阳市发展指数排位呈平稳发展趋势。

（4）从排位变化的动因看，在社会环境发展指数指标排位上升和生态

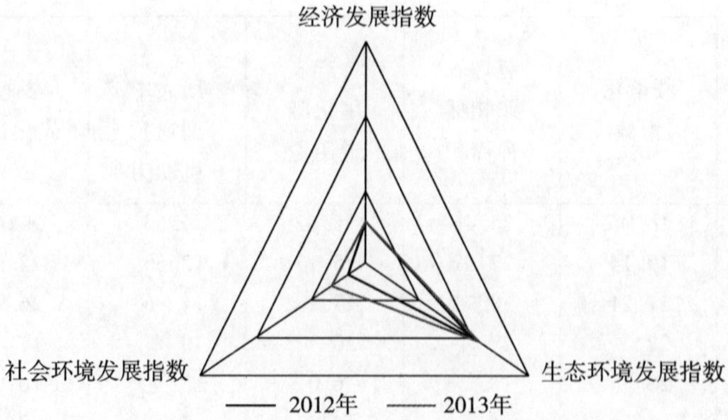

图 14－1　南阳市 2012～2013 年发展指数下层指标排位比较雷达图

环境发展指数、经济发展指数指标排位不变的综合作用下，2013 年南阳市发展指数排位保持不变，居中原经济区第 22 位。

二　南阳市经济发展评价分析

2012～2013 年，南阳市经济发展指数及其下层指标评价值和排位变化情况，如表 14－2 和图 14－2 所示。

表 14－2　南阳市 2012～2013 年经济发展评价值及排名

年份	人均GDP	三次产业结构	非国有工业增加值占比	工业化指数	城镇化率	第一产业就业人数比重	人均全社会消费品零售总额
2011	34.59	39.08	52.94	39.16	10.75	23.25	30.14
2012	37.19	41.86	54.41	41.57	14.24	24.39	35.50
2013	37.26	42.21	61.28	43.05	16.61	25.41	37.64
2012 年排名	20	21	21	22	22	30	14
2013 年排名	21	22	20	20	23	29	14
升降	－1	－1	1	2	－1	1	0
优势度	劣势	劣势	中势	中势	劣势	劣势	中势
2013 年全排名	27	26	28	25	25	37	15

续表

年份	城镇化指数	劳均农作物播种面积	单产农用化肥施用量	单产农用大中型拖拉机动力	农业现代化指数	经济发展指数
2011	16.06	26.46	5.02	9.63	21.61	23.18
2012	19.14	27.52	5.17	12.65	22.92	25.96
2013	21.21	30.73	17.23	14.86	26.97	27.97
2012 年排名	22	17	20	19	17	24
2013 年排名	23	13	6	18	10	24
升降	-1	4	14	1	7	0
优势度	劣势	中势	优势	中势	优势	劣势
2013 年全排名	27	22	11	22	16	30

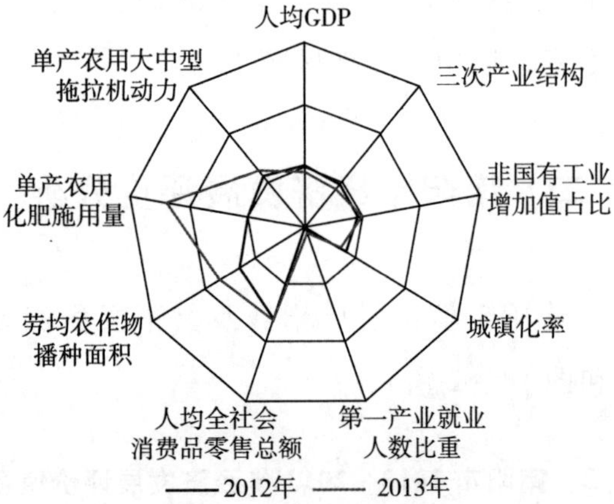

图 14－2　南阳市 2012～2013 年经济发展指数下层指标排位比较雷达图

（1）2013 年南阳市经济发展指数排位处于第 24 位，表明其在中原经济区处于劣势地位，与 2012 年相比排位保持不变。其中工业化指数排位处于第 20 位，与 2012 年相比排位上升 2 位；城镇化指数排位处于第 23 位，与 2012 年相比排位下降 1 位；农业现代化指数排位处于第 10 位，与 2012 年相比排位上升 7 位。

（2）从方案层指标的优势度看，单产农用化肥施用量、农业现代化指数是南阳市经济发展指数中的优势指标，人均 GDP、三次产业结构、城镇化率、第一产业就业人数比重、城镇化指数指标均为南阳市经济发展指数中的劣势指标。

（3）从雷达图图形变化看，2013 年与 2012 年相比，面积有所增大，经济发展指数排位呈平稳态势。

（4）从排位变化的动因看，在工业化指数、单产农用化肥施用量、非国有工业增加值占比等指标排位上升和人均 GDP、三次产业结构等指标排位下降的综合作用下，2013 年南阳市经济发展指数排位没有发生变化，居中原经济区第 24 位。

三 南阳市生态环境发展评价分析

2012～2013 年，南阳市生态环境发展指数及其下层指标评价值和排位变化情况，如表 14－3 和图 14－3 所示。

表 14－3 南阳市 2012～2013 年生态环境发展评价值及排名

年份	万元 GDP 能耗	按辖区面积平均的工业烟尘排放量	工业固体废物综合利用率	生态环境发展指数
2011	91.67	97.56	63.64	87.52
2012	93.18	98.10	54.28	86.81
2013	93.87	98.30	54.31	87.28
2012 年排名	2	3	22	9
2013 年排名	2	2	24	9
升降	0	1	－2	0
优势度	优势	优势	劣势	优势
2013 年全排名	7	4	34	16

（1）2013 年南阳市生态环境发展指数排位处于第 9 位，表明其在中原经济区处于优势地位，与 2012 年相比排位保持不变。

（2）从方案层指标的优势度看，万元 GDP 能耗、按辖区面积平均的工业烟尘排放量是南阳市生态环境发展指数中的优势指标，工业固体废物综合利用率是南阳市生态环境发展指数中的劣势指标。

（3）从雷达图图形变化看，2013 年与 2012 年相比，面积基本不变，南阳市生态环境发展指数排位呈平稳发展态势。

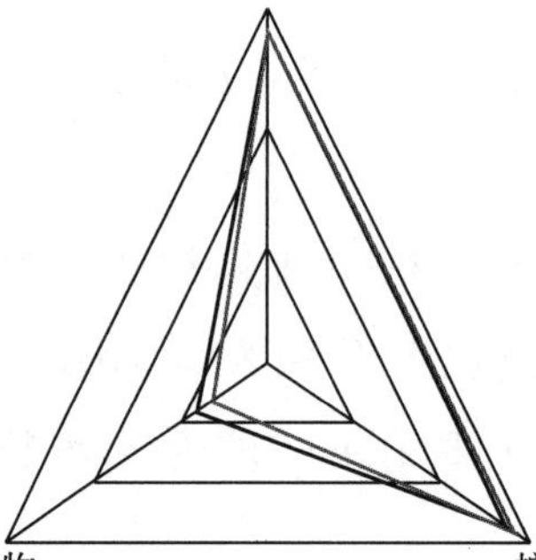

图 14－3　南阳市 2012～2013 年生态环境发展指数下层指标排位比较雷达图

（4）从排位变化的动因看，在按辖区面积平均的工业烟尘排放量指标排位上升和工业固体废物综合利用率指标排位下降的综合作用下，2013 年南阳市生态环境发展指数排位保持不变，居中原经济区第 9 位。

四　南阳市社会环境发展评价分析

2012～2013 年，南阳市社会环境发展指数及其下层指标评价值和排位变化情况，如表 14－4 和图 14－4 所示。

表 14－4　南阳市 2012～2013 年社会环境发展评价值及排名

年份	城乡居民收入结构	城镇居民人均可支配收入	农村居民人均纯收入	收入指数	每万人卫生技术人员数	每万人卫生机构床位数	健康指数	万人中小学专任教师数
2011	13.20	20.14	20.11	17.56	21.61	28.89	25.25	32.93
2012	13.87	28.42	25.28	22.00	24.41	38.28	31.34	18.59
2013	14.80	30.68	27.37	24.28	29.30	44.92	37.11	39.77
2012 年排名	13	17	16	16	24	22	24	21
2013 年排名	15	16	17	17	23	25	24	16
升降	-2	1	-1	-1	1	-3	0	5
优势度	中势	中势	中势	中势	劣势	劣势	劣势	中势
2013 年全排名	23	17	21	21	26	31	30	20

续表

年份	人均教育经费	教育指数	人均城市公园绿地面积	人均城市道路面积	万人城市公共汽车数	城市生活环境指数	社会环境发展指数
2011	15.68	24.30	19.10	26.14	10.23	16.42	20.56
2012	18.08	18.34	34.90	37.28	17.40	26.32	22.90
2013	18.86	29.32	52.60	37.74	2.41	31.69	28.45
2012 年排名	21	22	4	21	26	17	27
2013 年排名	20	18	4	17	27	16	24
升降	1	4	0	4	-1	1	3
优势度	中势	中势	优势	中势	劣势	中势	劣势
2013 年全排名	27	23	5	24	36	23	30

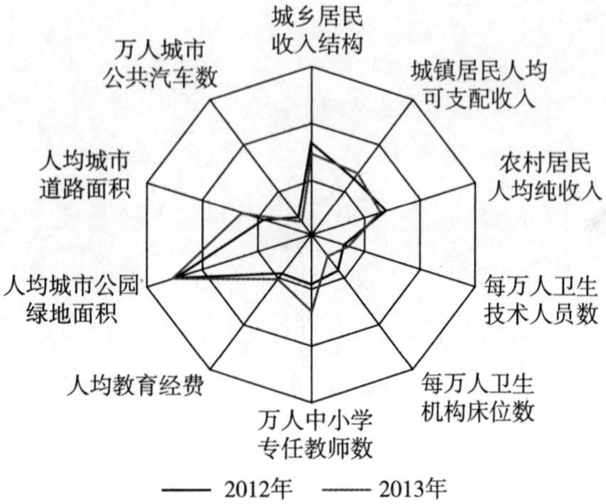

图 14－4 南阳市 2012～2013 年社会环境发展指数下层指标排位比较雷达图

（1）2013 年南阳市社会环境发展指数排位处于第 24 位，表明其在中原经济区处于劣势地位，与 2012 年相比排位上升 3 位。其中教育指数排位处于第 18 位，与 2012 年相比排位上升 4 位；城市生活环境指数排位处于第 16 位，与 2012 年相比排位上升了 1 位；健康指数排位处于第 24 位，与 2012 年相比排位保持不变；收入指数排位处于第 17 位，与 2012 年相比排位下降 1 位。

（2）从方案层指标的优势度看，人均城市公园绿地面积是南阳市社会环境发展指数中的优势指标，每万人卫生技术人员数、每万人卫生机构床位数、健康指数、万人城市公共汽车数是南阳市社会环境发展指数中的劣势指标。

（3）从雷达图图形变化看，2013 年与 2012 年相比，面积有所增大，社会环境发展指数排位呈上升趋势。

（4）从排位变化的动因看，在城镇居民人均可支配收入、万人中小学专任教师数、人均城市道路面积等指标排位上升和城乡居民收入结构、农村居民人均纯收入、每万人卫生机构床位数等指标排位下降的综合作用下，2013 年南阳市社会环境发展指数排位上升 3 位，居中原经济区第 24 位。

第十五章

商丘市发展指数分析

一　商丘市发展评价分析

2012～2013年，商丘市发展指数及其下层指标评价值和排位变化情况，如表15－1和图15－1所示。

表15－1　商丘市2012～2013年发展评价值及排名

年份	经济发展指数	生态环境发展指数	社会环境发展指数	商丘市发展指数
2011	17.79	85.34	24.88	27.93
2012	21.15	85.53	24.36	29.81
2013	24.11	86.19	31.12	36.38
2012年排名	28	10	23	27
2013年排名	27	10	16	25
升降	1	0	7	2
优势度	劣势	优势	中势	劣势
2013年全排名	34	17	22	32

（1）2013年商丘市发展指数排位处于第25位，表明其在中原经济区处于劣势地位，与2012年相比排位上升2位。

（2）从准则层指标的优势度看，生态环境发展指数是商丘市发展指数中的优势指标，经济发展指数是商丘市发展指数中的劣势指标。

（3）从雷达图图形变化看，2013年与2012年相比，面积有所增大，商丘发展指数排位呈现上升态势。

（4）从排位变化的动因看，在经济发展指数、社会环境发展指数指标

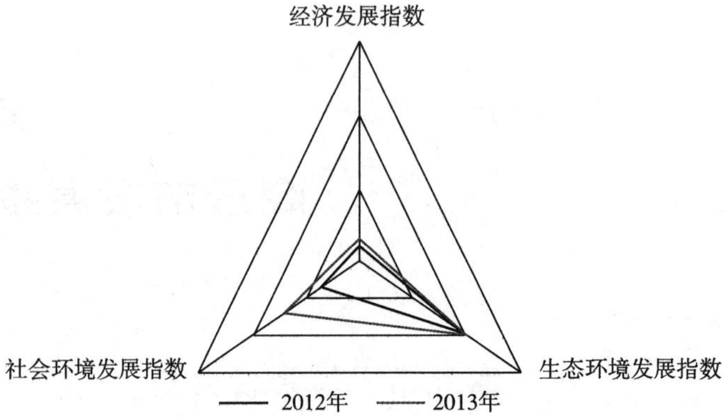

图 15－1　商丘市 2012～2013 年发展指数下层指标排位比较雷达图

排位上升和生态环境发展指数排位不变的综合作用下，2013 年商丘市发展指数排位上升 2 位，居中原经济区第 25 位。

二　商丘市经济发展评价分析

2012～2013 年，商丘市经济发展指数及其下层指标评价值和排位变化情况，如表 15－2 和图 15－2 所示。

表 15－2　商丘市 2012～2013 年经济发展评价值及排名

年份	人均GDP	三次产业结构	非国有工业增加值占比	工业化指数	城镇化率	第一产业就业人数比重	人均全社会消费品零售总额
2011	27.76	20.06	32.35	27.14	4.86	29.61	18.25
2012	30.39	23.97	38.24	30.68	8.33	32.17	23.52
2013	31.69	26.89	53.94	35.18	10.71	34.04	26.14
2012 年排名	26	24	24	28	26	19	26
2013 年排名	26	24	23	27	27	20	26
升降	0	0	1	1	－1	－1	0
优势度	劣势	劣势	劣势	劣势	劣势	中势	劣势
2013 年全排名	34	30	32	35	31	26	32

续表

年份	城镇化指数	劳均农作物播种面积	单产农用化肥施用量	单产农用大中型拖拉机动力	农业现代化指数	经济发展指数
2011	12.73	33.65	7.87	9.35	27.14	17.79
2012	16.15	35.60	7.37	10.96	28.81	21.15
2013	18.48	36.70	16.76	11.66	30.99	24.11
2012 年排名	26	8	15	23	11	28
2013 年排名	26	8	7	22	7	27
升降	0	0	8	1	4	1
优势度	劣势	优势	优势	劣势	优势	劣势
2013 年全排名	32	12	12	26	13	34

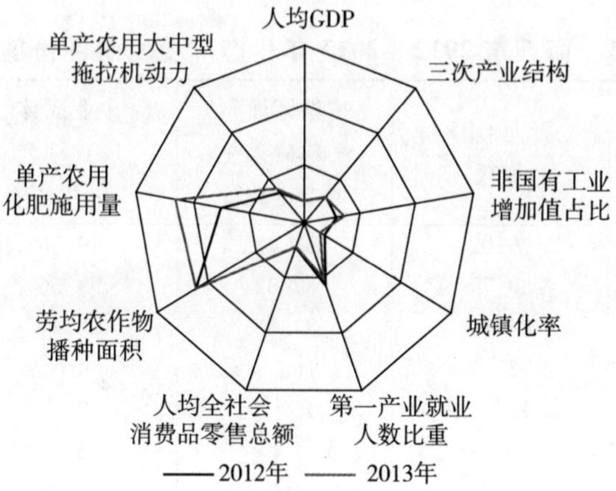

图 15－2　商丘市 2012～2013 年经济发展指数下层指标排位比较雷达图

（1）2013 年商丘市经济发展指数排位处于第 27 位，表明其在中原经济区处于劣势地位，与 2012 年相比排位上升 1 位。其中工业化指数排位处于第 27 位，与 2012 年相比排位上升 1 位；城镇化指数排位处于第 26 位，与 2012 年相比排位保持不变；农业现代化指数排位处于第 7 位，与 2012 年相比排位上升 4 位。

（2）从方案层指标的优势度看，劳均农作物播种面积、单产农用化肥施用量是商丘市经济发展指数中的优势指标，第一产业就业人数比重是商丘市经济发展指数中的中势指标，其余均为劣势指标。

（3）从雷达图图形变化看，2013 年与 2012 年相比，面积基本有所增大，经济发展指数排位呈现上升态势。

（4）从排位变化的动因看，在城镇化率、第一产业就业人数比重指标排位下降和非国有工业增加值占比、单产农用化肥施用量、单产农用大中型拖拉机动力等指标排位上升的综合作用下，2013 年商丘市经济发展指数排位上升 1 位，居中原经济区第 27 位。

三 商丘市生态环境发展评价分析

2012 ~ 2013 年，商丘市生态环境发展指数及其下层指标评价值和排位变化情况，如表 15 - 3 和图 15 - 3 所示。

表 15 - 3 商丘市 2012 ~ 2013 年生态环境发展评价值及排名

年份	万元 GDP 能耗	按辖区面积平均的工业烟尘排放量	工业固体废物综合利用率	生态环境发展指数
2011	79.02	92.28	99.50	85.34
2012	80.79	87.32	99.56	85.53
2013	81.99	87.88	98.47	86.19
2012 年排名	13	16	4	10
2013 年排名	13	15	7	10
升降	0	1	-3	0
优势度	中势	中势	优势	优势
2013 年全排名	21	22	16	17

（1）2013 年商丘市生态环境发展指数排位处于第 10 位，表明其在中原经济区处于优势地位，与 2012 年相比排位保持不变。

（2）从方案层指标的优势度看，万元 GDP 能耗、按辖区面积平均的工业烟尘排放量是商丘市生态环境发展指数中的中势指标，工业固体废物综合利用率是商丘市生态环境发展指数中的优势指标。

（3）从雷达图图形变化看，2013 年与 2012 年相比，面积基本不变，生态环境发展指数排位呈平稳态势。

（4）从排位变化的动因看，在工业固体废物综合利用率指标排位下降

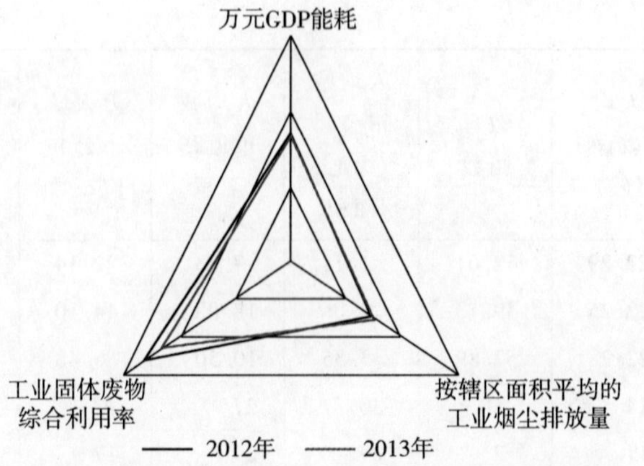

图 15－3　商丘市 2012～2013 年生态环境发展指数下层指标排位比较雷达图

和按辖区面积平均的工业烟尘排放量指标排位上升的综合作用下，2013 年商丘市生态环境发展指数排位保持不变，居中原经济区第 10 位。

四　商丘市社会环境发展评价分析

2012～2013 年，商丘市社会环境发展指数及其下层指标评价值和排位变化情况，如表 15－4 和图 15－4 所示。

表 15－4　商丘市 2012～2013 年社会环境发展评价值及排名

年份	城乡居民收入结构	城镇居民人均可支配收入	农村居民人均纯收入	收入指数	每万人卫生技术人员数	每万人卫生机构床位数	健康指数	万人中小学专任教师数
2011	7.07	15.78	13.38	11.80	24.96	30.39	27.68	82.93
2012	7.35	24.26	18.43	16.11	28.48	36.39	32.44	56.01
2013	8.22	26.27	20.43	18.31	34.92	47.89	41.41	83.49
2012 年排名	25	25	27	28	20	25	23	4
2013 年排名	25	25	27	28	20	20	21	2
升降	0	0	0	0	0	5	2	2
优势度	劣势	劣势	劣势	劣势	中势	中势	劣势	优势
2013 年全排名	35	27	34	35	23	25	24	3

续表

年份	人均教育经费	教育指数	人均城市公园绿地面积	人均城市道路面积	万人城市公共汽车数	城市生活环境指数	社会环境发展指数
2011	22.29	52.61	1.11	7.83	22.14	3.55	24.88
2012	22.25	39.13	2.06	18.03	44.10	8.15	24.36
2013	22.28	52.89	3.35	10.50	6.48	13.22	31.12
2012 年排名	14	5	30	27	17	30	23
2013 年排名	11	2	29	29	17	26	16
升降	3	3	1	-2	0	4	7
优势度	中势	优势	劣势	劣势	中势	劣势	中势
2013 年全排名	15	3	39	39	24	36	22

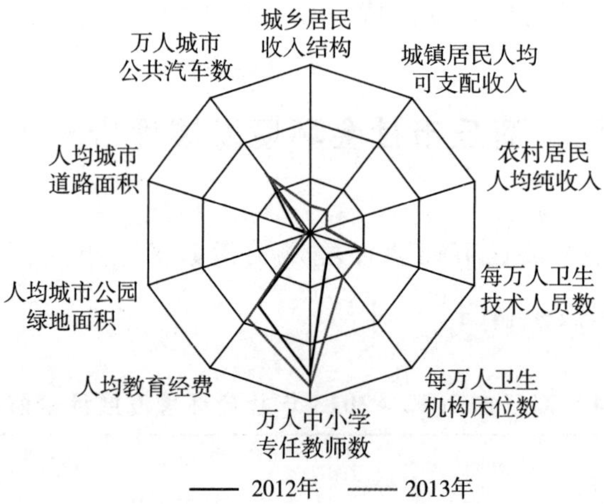

图 15-4　商丘市 2012~2013 年社会环境发展指数下层指标排位比较雷达图

（1）2013 年商丘市社会环境发展指数排位处于第 16 位，表明其在中原经济区处于中势地位，与 2012 年相比排位上升 7 位。其中教育指数排位处于第 2 位，与 2012 年相比排位上升 3 位；城市生活环境指数排位处于第 26 位，与 2012 年相比排位上升 4 位；健康指数排位处于第 21 位，与 2012 年相比排位上升 2 位；收入指数排位处于第 28 位，与 2012 年相比排位没有变化。

（2）从方案层指标的优势度看，万人中小学专任教师数是商丘市社会环境发展指数中的优势指标，每万人卫生技术人员数、每万人卫生机构床位数、人均教育经费、万人城市公共汽车数是商丘市社会环境发展指数中的中势指标，其余均为商丘市社会环境发展指数中的劣势指标。

（3）从雷达图图形变化看，2013 年与 2012 年相比，面积有所增大，社会环境发展指数排位呈现上升态势。

（4）从排位变化的动因看，在城镇居民人均可支配收入、万人中小学专任教师数、人均教育经费等指标排位上升和人均城市道路面积指标排位下降的综合作用下，2013 年商丘市社会环境发展指数排位上升 7 位，居中原经济区第 16 位。

第十六章
信阳市发展指数分析

一　信阳市发展评价分析

2012~2013 年，信阳市发展指数及其下层指标评价值和排位变化情况，如表 16-1 和图 16-1 所示。

表 16-1　信阳市 2012~2013 年发展评价值及排名

年份	经济发展指数	生态环境发展指数	社会环境发展指数	信阳市发展指数
2011	25.19	90.11	30.12	34.14
2012	27.51	91.01	27.55	34.89
2013	30.18	91.55	30.20	40.26
2012 年排名	22	4	17	18
2013 年排名	22	3	18	19
升降	0	1	-1	-1
优势度	劣势	优势	中势	中势
2013 年全排名	26	9	24	23

（1）2013 年信阳市发展指数排位处于第 19 位，表明其在中原经济区处于中势地位，与 2012 年相比排位下降 1 位。

（2）从准则层指标的优势度看，生态环境发展指数是信阳市发展指数中的优势指标，经济发展指数是信阳市发展指数中的劣势指标。

（3）从雷达图图形变化看，2013 年与 2012 年相比，面积有所缩小，信阳发展指数排位呈下降趋势。

（4）从排位变化的动因看，在生态环境发展指数指标排位上升和社会

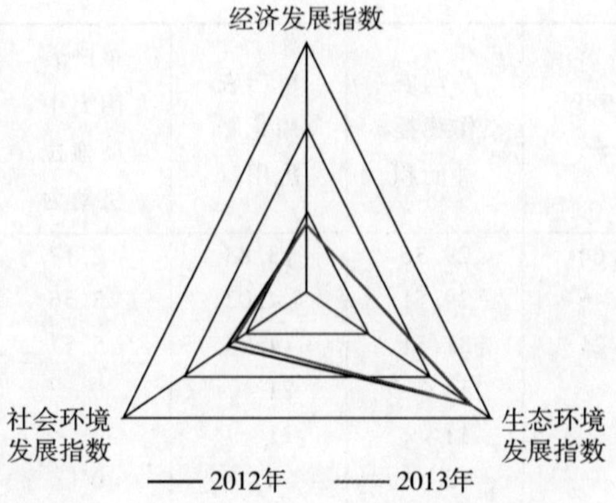

图 16－1　信阳市 2012～2013 年发展指数下层指标排位比较雷达图

环境发展指数指标排位下降的综合作用下，2013 年信阳市发展指数排位下降 1 位，居中原经济区第 19 位。

二　信阳市经济发展评价分析

2012～2013 年，信阳市经济发展指数及其下层指标评价值和排位变化情况，如表 16－2 和图 16－2 所示。

表 16－2　信阳市 2012～2013 年经济发展评价值及排名

年份	人均 GDP	三次产业结构	非国有工业增加值占比	工业化指数	城镇化率	第一产业就业人数比重	人均全社会消费品零售总额
2011	32.94	12.91	77.94	37.94	13.24	31.97	27.56
2012	36.04	10.10	79.41	39.53	16.69	32.64	31.92
2013	37.35	11.87	86.99	42.18	19.11	36.50	33.47
2012 年排名	21	30	5	24	21	18	17
2013 年排名	20	30	5	22	22	14	18
升降	1	0	0	2	－1	4	－1
优势度	中势	劣势	优势	劣势	劣势	中势	中势
2013 年全排名	26	36	13	27	23	20	20

续表

年份	城镇化指数	劳均农作物播种面积	单产农用化肥施用量	单产农用大中型拖拉机动力	农业现代化指数	经济发展指数
2011	19.64	29.36	3.83	2.17	22.39	25.19
2012	22.46	29.51	4.02	3.56	22.75	27.51
2013	25.21	31.51	4.96	5.57	24.61	30.18
2012 年排名	21	14	21	30	18	22
2013 年排名	22	11	21	30	13	22
升降	-1	3	0	0	5	0
优势度	劣势	中势	劣势	劣势	中势	劣势
2013 年全排名	25	20	30	38	22	26

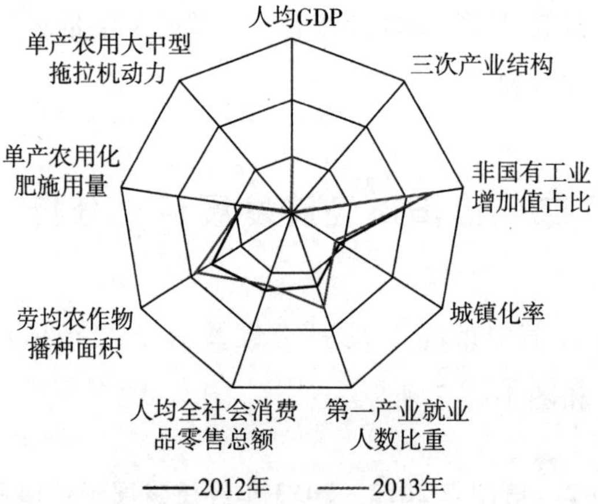

图 16-2　信阳市 2012~2013 年经济发展指数下层指标排位比较雷达图

（1）2013 年信阳市经济发展指数排位处于第 22 位，表明其在中原经济区处于劣势地位，与 2012 年相比排位保持不变。其中工业化指数排位处于第 22 位，与 2012 年相比排位上升 2 位；城镇化指数排位处于第 22 位，与 2012 年相比排位下降 1 位；农业现代化指数排位处于第 13 位，与 2012 年相比排位上升 5 位。

（2）从方案层指标的优势度看，非国有工业增加值占比是信阳市经济发展指数中的优势指标，三次产业结构、工业化指数城镇化率、城镇化指数、单产农用化肥施用量、单产农用大中型拖拉机动力是信阳市经济发展指数中的劣势指标。

（3）从雷达图图形变化看，2013 年与 2012 年相比，面积基本不变，经济发展指数排位呈平稳发展趋势。

（4）从排位变化的动因看，在人均 GDP、第一产业就业人数比重、劳均农作物播种面积指标排位上升和人均全社会消费品零售总额等指标排位下降的综合作用下，2013 年信阳市经济发展指数排位保持不变，居中原经济区第 22 位。

三　信阳市生态环境发展评价分析

2012 ~ 2013 年，信阳市生态环境发展指数及其下层指标评价值和排位变化情况，如表 16 – 3 和图 16 – 3 所示。

表 16 – 3　信阳市 2012 ~ 2013 年生态环境发展评价值及排名

年份	万元 GDP 能耗	按辖区面积平均的工业烟尘排放量	工业固体废物综合利用率	生态环境发展指数
2011	85.03	98.21	98.91	90.11
2012	86.37	99.46	98.04	91.01
2013	87.36	98.89	98.18	91.55
2012 年排名	7	1	7	4
2013 年排名	8	1	8	3
升降	–1	0	–1	1
优势度	优势	优势	优势	优势
2013 年全排名	13	3	17	9

（1）2013 年信阳市生态环境发展指数排位处于第 3 位，表明其在中原经济区处于优势地位，与 2012 年相比排位上升 1 位。

（2）从方案层指标的优势度看，万元 GDP 能耗、按辖区面积平均的工业烟尘排放量、工业固体废物综合利用率指标均是信阳市生态环境发展指数中的优势指标。

（3）从雷达图图形变化看，2013 年与 2012 年相比，面积略有增大，生态环境发展指数排位呈现上升态势。

（4）从排位变化的动因看，在万元 GDP 能耗、工业固体废物综合利用

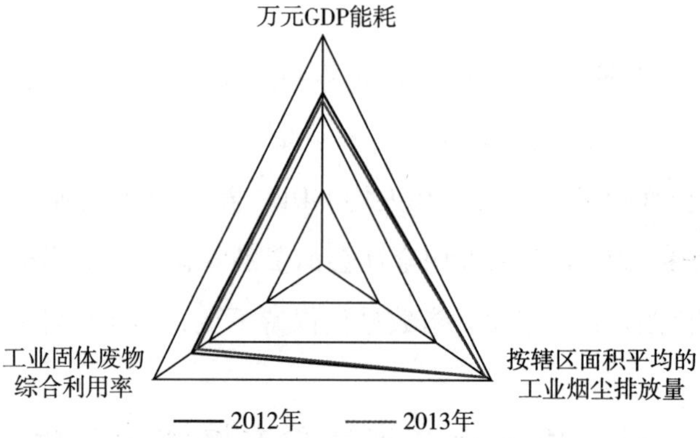

图 16－3　信阳市 2012～2013 年生态环境发展指数下层指标排位比较雷达图

率指标排位下降和按辖区面积平均的工业烟尘排放量指标排位保持不变的综合作用下，2013 年信阳市生态环境发展指数排位上升 1 位，居中原经济区第 3 位。

四　信阳市社会环境发展评价分析

2012～2013 年，信阳市社会环境发展指数及其下层指标评价值和排位变化情况，如表 16－4 和图 16－4 所示。

表 16－4　信阳市 2012～2013 年社会环境发展评价值及排名

年份	城乡居民收入结构	城镇居民人均可支配收入	农村居民人均纯收入	收入指数	每万人卫生技术人员数	每万人卫生机构床位数	健康指数	万人中小学专任教师数
2011	14.77	12.20	16.58	14.26	16.47	22.12	19.29	100.00
2012	15.22	20.46	21.59	18.57	17.11	25.29	21.2	65.18
2013	16.75	22.80	24.11	21.22	20.77	31.18	25.98	89.92
2012 年排名	12	29	21	22	29	29	29	2
2013 年排名	13	28	21	22	29	28	29	1
升降	－1	1	0	0	0	1	0	1
优势度	中势	劣势	劣势	劣势	劣势	劣势	劣势	优势
2013 年全排名	20	32	27	28	37	35	37	2

续表

年份	人均教育经费	教育指数	人均城市公园绿地面积	人均城市道路面积	万人城市公共汽车数	城市生活环境指数	社会环境发展指数
2011	22.36	61.18	31.42	65.80	5.78	35.52	30.12
2012	23.27	44.23	24.95	65.51	20.45	33.63	27.55
2013	23.78	56.85	9.89	0.00	1.83	3.86	30.20
2012 年排名	11	2	10	11	25	12	17
2013 年排名	7	1	26	30	28	30	18
升降	4	1	-16	-19	-3	-18	-1
优势度	优势	优势	劣势	劣势	劣势	劣势	中势
2013 年全排名	7	1	36	40	38	40	24

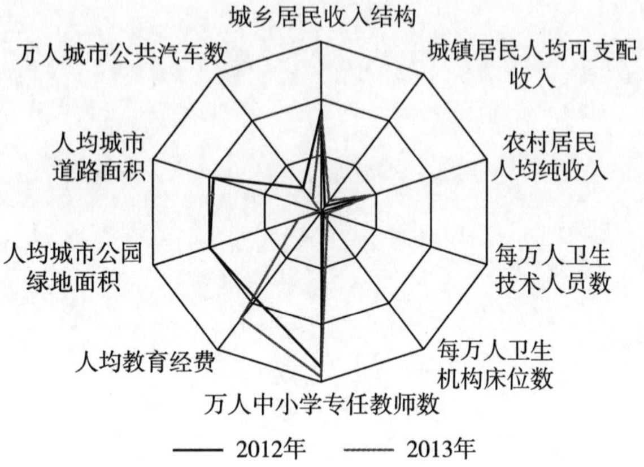

图 16-4 信阳市 2012~2013 年社会环境发展指数下层指标排位比较雷达图

（1）2013 年信阳市社会环境发展指数排位处于第 18 位，表明其在中原经济区处于中势地位，与 2012 年相比排位下降 1 位。其中教育指数排位处于第 1 位，与 2012 年相比排位上升 1 位；城市生活环境指数排位处于第 30 位，与 2012 年相比排位下降了 18 位；健康指数排位处于第 29 位，与 2012 年相比排位保持不变；收入指数排位处于第 22 位，与 2012 年相比排位保持不变。

（2）从方案层指标的优势度看，万人中小学专任教师数、人均教育经费、教育指数是信阳市社会环境发展指数中的优势指标，城乡居民收入结构是信阳市社会环境发展指数中的中势指标，其余均为信阳市社会环境发展指数中的劣势指标。

（3）从雷达图图形变化看，2013 年与 2012 年相比，面积有所缩小，社会环境发展指数排位呈下降趋势。

（4）从排位变化的动因看，在城镇居民人均可支配收入、每万人卫生机构床位数、人均教育经费、万人中小学专任教师数等指标排位上升和城乡居民收入结构、人均城市公园绿地面积、人均城市道路面积等指标排位下降的综合作用下，2013 年信阳市社会环境发展指数排位下降 1 位，居中原经济区第 18 位。

第十七章

周口市发展指数分析

一　周口市发展评价分析

2012~2013 年，周口市发展指数及其下层指标评价值和排位变化情况，如表 17-1 和图 17-1 所示。

表 17-1　周口市 2012~2013 年发展评价值及排名

年份	经济发展指数	生态环境发展指数	社会环境发展指数	周口市发展指数
2011	18.44	94.49	23.96	29.80
2012	21.90	95.31	24.99	32.05
2013	24.52	95.53	27.21	36.97
2012 年排名	26	1	21	24
2013 年排名	26	1	26	24
升降	0	0	-5	0
优势度	劣势	优势	劣势	劣势
2013 年全排名	33	5	32	31

（1）2013 年周口市发展指数排位处于第 24 位，表明其在中原经济区处于劣势地位，与 2012 年相比排位没有发生变化。

（2）从准则层指标的优势度看，生态环境发展指数是周口市发展指数中的优势指标，经济发展指数和社会环境发展指数是周口市发展指数中的劣势指标。

（3）从雷达图图形变化看，2013 年与 2012 年相比，面积有所缩小，周口市发展指数排位没有发生变化。

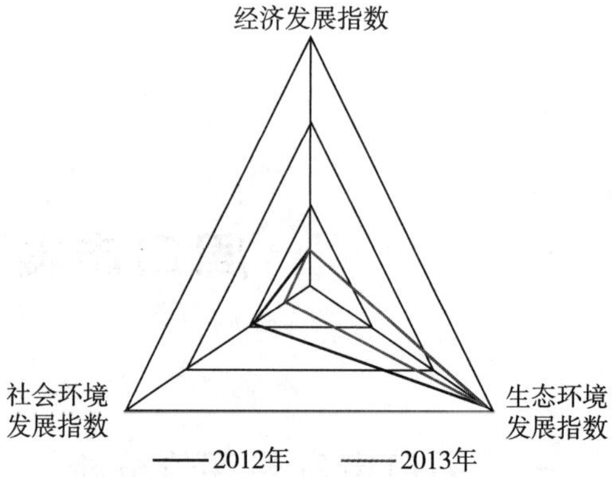

图 17－1　周口市 2012～2013 年发展指数下层指标排位比较雷达图

（4）从排位变化的动因看，在生态环境发展指数和经济发展指数排位保持不变、社会环境发展指数排位下降的综合作用下，2013 年周口市发展指数排位没有发生变化，居中原经济区第 24 位。

二　周口市经济发展评价分析

2012～2013 年，周口市经济发展指数及其下层指标评价值和排位变化情况，如表 17－2 和图 17－2 所示。

表 17－2　周口市 2012～2013 年经济发展评价值及排名

年份	人均GDP	三次产业结构	非国有工业增加值占比	工业化指数	城镇化率	第一产业就业人数比重	人均全社会消费品零售总额
2011	23.464	7.72	94.12	34.45	4.79	24.18	18.12
2012	27.914	11.91	94.12	37.96	8.24	27.24	23.65
2013	30.477	17.66	97.08	41.23	10.36	29.81	26.29
2012 年排名	27	28	3	25	27	28	25
2013 年排名	27	27	1	24	29	25	25
升降	0	1	2	1	－2	3	0
优势度	劣势	劣势	优势	劣势	劣势	劣势	劣势
2013 年全排名	35	33	4	29	33	32	31

续表

年份	城镇化指数	劳均农作物播种面积	单产农用化肥施用量	单产农用大中型拖拉机动力	农业现代化指数	经济发展指数
2011	11.26	21.86	2.76	6.70	17.52	18.44
2012	14.83	24.09	2.49	8.50	19.44	21.90
2013	17.17	26.69	7.30	9.08	21.78	24.52
2012 年排名	28	19	28	27	22	26
2013 年排名	28	14	17	27	16	26
升降	0	5	11	0	6	0
优势度	劣势	中势	中势	劣势	中势	劣势
2013 年全排名	35	23	25	32	25	33

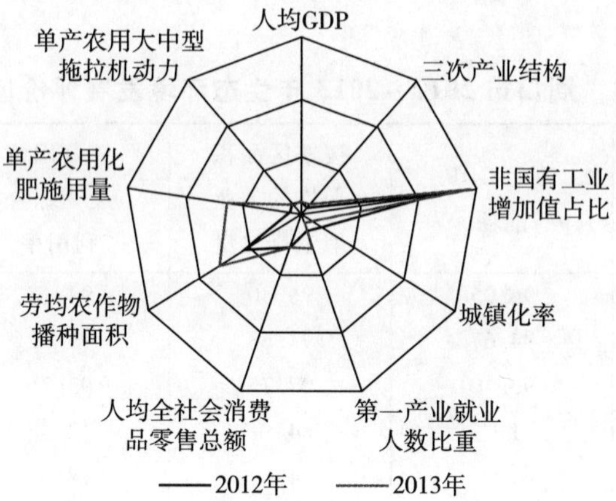

图 17－2 周口市 2012～2013 年经济发展指数下层指标排位比较雷达图

（1）2013 年周口市经济发展指数排位处于第 26 位，表明其在中原经济区处于劣势地位，与 2012 年相比排位没有发生变化。其中工业化指数排位处于第 24 位，与 2012 年相比排位上升 1 位；城镇化指数排位处于第 28 位，与 2012 年相比没有发生变化；农业现代化指数排位处于第 16 位，与 2012 年相比排位上升 6 位。

（2）从方案层指标的优势度看，非国有工业增加值占比是周口市经济发展指数中的优势指标，劳均农作物播种面积、单产农用化肥施用量、农业现代化指数是周口市经济发展指数中的中势指标，其余指标为劣势指标。

（3）从雷达图图形变化看，2013 年与 2012 年相比，面积略微变大，经济发展指数呈平稳态势。

（4）从排位变化的动因看，在三次产业结构、非国有工业增加值占比、劳均农作物播种面积、单产农用化肥施用量、农业现代化指数等指标排位上升和城镇化率指标排位下降的综合作用下，2013 年周口市经济发展指数排位没有发生变化，居中原经济区第 26 位。

三 周口市生态环境发展评价分析

2012～2013 年，周口市生态环境发展指数及其下层指标评价值和排位变化情况，如表 17－3 和图 17－3 所示。

表 17－3 周口市 2012～2013 年生态环境发展评价值及排名

年份	万元 GDP 能耗	按辖区面积平均的工业烟尘排放量	工业固体废物综合利用率	生态环境发展指数
2011	94.05	96.30	94.17	94.49
2012	94.67	97.63	95.12	95.31
2013	95.40	97.75	93.76	95.53
2012 年排名	1	4	12	1
2013 年排名	1	4	14	1
升降	0	0	－2	0
优势度	优势	优势	中势	优势
2013 年全排名	5	6	24	5

（1）2013 年周口市生态环境发展指数排位处于第 1 位，表明其在中原经济区处于优势地位，与 2012 年相比排位不变。

（2）从方案层指标的优势度看，万元 GDP 能耗、按辖区面积平均的工业烟尘排放量是周口市生态环境发展指数中的优势指标，工业固体废物综合利用率是周口市生态环境发展指数中的中势指标。

（3）从雷达图图形变化看，2013 年与 2012 年相比，面积基本不变，生态环境发展指数排位呈平稳态势。

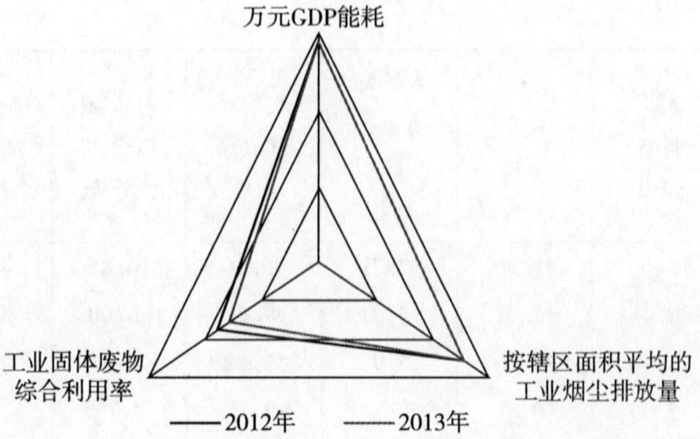

图 17－3　周口市 2012～2013 年生态环境发展指数下层指标排位比较雷达图

（4）从排位变化的动因看，在工业固体废物综合利用率指标排位下降，以及万元 GDP 能耗、按辖区面积平均的工业烟尘排放量指标排位不变的综合作用下，2013 年周口市生态环境发展指数排位不变，仍居中原经济区第 1 位。

四　周口市社会环境发展评价分析

2012～2013 年，周口市社会环境发展指数及其下层指标评价值和排位变化情况，如表 17－4 和图 17－4 所示。

表 17－4　周口市 2012～2013 年社会环境发展评价值及排名

年份	城乡居民收入结构	城镇居民人均可支配收入	农村居民人均纯收入	收入指数	每万人卫生技术人员数	每万人卫生机构床位数	健康指数	万人中小学专任教师数
2011	10.57	9.25	12.13	10.39	20.22	24.96	22.59	65.17
2012	10.87	17.61	17.11	14.65	24.20	32.66	28.43	48.50
2013	12.23	18.99	19.06	16.76	25.80	37.21	31.51	62.43
2012 年排名	15	30	29	29	25	27	26	9
2013 年排名	19	30	30	30	26	27	26	6
升降	－4	0	－1	－1	－1	0	0	3
优势度	中势	劣势	劣势	劣势	劣势	劣势	劣势	优势
2013 年全排名	29	37	38	38	32	33	33	9

续表

年份	人均教育经费	教育指数	人均城市公园绿地面积	人均城市道路面积	万人城市公共汽车数	城市生活环境指数	社会环境发展指数
2011	18.63	41.90	17.79	90.20	16.85	40.36	23.96
2012	22.46	35.48	14.21	89.68	100.00	39.07	24.99
2013	21.56	42.00	15.92	53.32	4.33	27.97	27.21
2012 年排名	13	10	20	3	3	7	21
2013 年排名	14	6	22	9	24	22	26
升降	-1	4	-2	-6	-21	-15	-5
优势度	中势	优势	劣势	优势	劣势	劣势	劣势
2013 年全排名	19	9	30	11	32	30	32

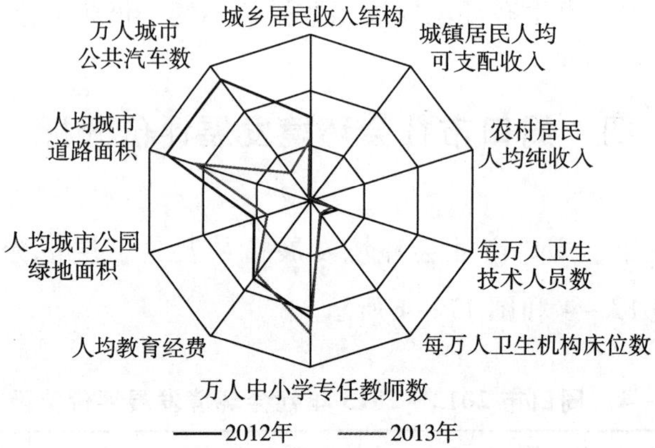

图 17-4　周口市 2012～2013 年社会环境发展指数下层指标排位比较雷达图

（1）2013 年周口市社会环境发展指数排位处于第 26 位，表明其在中原经济区处于劣势地位，与 2012 年相比排位下降 5 位。其中城市生活环境指数排位处于第 22 位，与 2012 年相比排位下降 15 位；健康指数排位处于第 26 位，与 2012 年相比排位没有变化；收入指数排位处于第 30 位，与 2012 年相比排位下降 1 位；教育指数排位处于第 6 位，与 2012 年相比排位上升 4 位。

（2）从方案层指标的优势度看，万人中小学专任教师数、教育指数、人均城市道路面积是周口市社会环境发展指数中的优势指标，城乡居民收入结构、人均教育经费是周口市社会环境发展指数中的中势指标，其余指标是周口市社会环境发展指数中的劣势指标。

（3）从雷达图图形变化看，2013 年与 2012 年相比，面积明显缩小，社会环境发展指数排位呈下降趋势。

（4）从排位变化的动因看，在万人中小学专任教师数指标排位上升和城乡居民收入结构、人均城市公园绿地面积等指标排位下降的综合作用下，2013 年周口市社会环境发展指数下降 5 位，居中原经济区第 26 位。

第十八章
驻马店市发展指数分析

一　驻马店市发展评价分析

2012~2013年，驻马店市发展指数及其下层指标评价值和排位变化情况，如表18-1和图18-1所示。

表18-1　驻马店市2012~2013年发展评价值及排名

年份	经济发展指数	生态环境发展指数	社会环境发展指数	驻马店市发展指数
2011	18.34	86.11	24.03	28.33
2012	21.69	89.69	25.89	30.99
2013	24.63	90.55	29.82	36.99
2012年排名	27	6	20	25
2013年排名	25	6	21	23
升降	2	0	-1	2
优势度	劣势	优势	劣势	劣势
2013年全排名	32	12	27	30

（1）2013年驻马店市发展指数排位处于第23位，表明其在中原经济区处于劣势地位，与2012年相比排位上升2位。

（2）从准则层指标的优势度看，生态环境发展指数是驻马店市发展指数中的优势指标，经济发展指数和社会环境发展指数是驻马店市发展指数中的劣势指标。

（3）从雷达图图形变化看，2013年与2012年相比，面积变化不明显，驻马店发展指数排位呈下降态势。

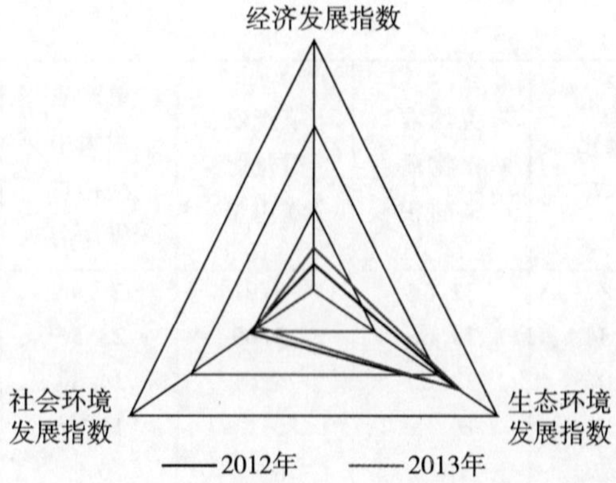

图 18－1　驻马店市 2012～2013 年发展指数下层指标排位比较雷达图

（4）从排位变化的动因看，在经济发展指数排位上升、生态环境发展指数排位不变和社会环境发展指数排位下降的综合作用下，2013 年驻马店市发展指数排位上升 2 位，居中原经济区第 23 位。

二　驻马店市经济发展评价分析

2012～2013 年，驻马店市经济发展指数及其下层指标评价值和排位变化情况，如表 18－2 和图 18－2 所示。

表 18－2　驻马店市 2012～2013 年经济发展评价值及排名

年份	人均GDP	三次产业结构	非国有工业增加值占比	工业化指数	城镇化率	第一产业就业人数比重	人均全社会消费品零售总额
2011	26.99	9.10	75.00	33.02	4.86	22.85	16.90
2012	31.42	11.49	76.47	36.44	8.24	25.71	22.79
2013	33.67	15.40	83.25	39.93	10.54	29.28	25.56
2012 年排名	25	29	6	26	27	29	27
2013 年排名	23	28	9	26	28	26	27
升降	2	1	－3	0	－1	3	0
优势度	劣势	劣势	优势	劣势	劣势	劣势	劣势
2013 年全排名	29	34	17	31	32	33	33

续表

年份	城镇化指数	劳均农作物播种面积	单产农用化肥施用量	单产农用大中型拖拉机动力	农业现代化指数	经济发展指数
2011	10.82	32.56	3.01	21.96	27.99	18.34
2012	14.34	33.66	3.09	23.56	29.08	21.69
2013	17.06	38.20	6.61	24.34	31.59	24.63
2012 年排名	30	10	26	11	10	27
2013 年排名	29	6	18	10	6	25
升降	1	4	8	1	4	2
优势度	劣势	优势	中势	优势	优势	劣势
2013 年全排名	36	10	26	14	12	32

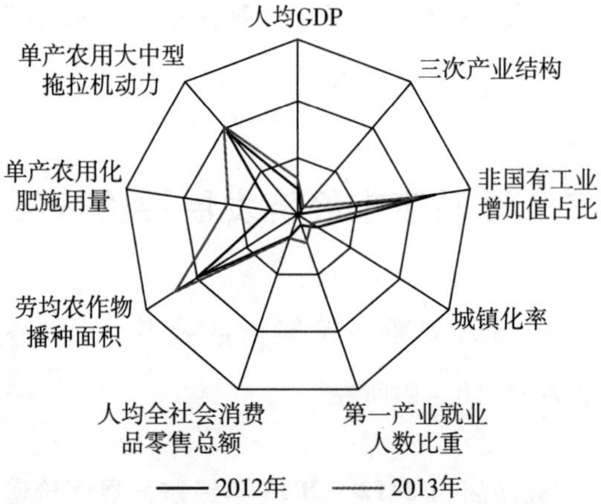

图 18－2　驻马店市 2012～2013 年经济发展指数下层指标排位比较雷达图

（1）2013 年驻马店市经济发展指数排位处于第 25 位，表明其在中原经济区处于劣势地位，与 2012 年相比排位上升了 2 位。其中工业化指数排位处于第 26 位，与 2012 年相比排位没有发生变化；城镇化指数排位处于第 29 位，与 2012 年相比上升 1 位；农业现代化指数排位处于第 6 位，与 2012 年相比排位上升 4 位。

（2）从方案层指标的优势度看，非国有工业增加值占比、劳均农作物播种面积和单产农用大中型拖拉机动力、农业现代化指数是驻马店市经济发展指数中的优势指标，单产农用化肥施用量是驻马店市经济发展指数中的中势指标，其余为劣势指标。

（3）从雷达图图形变化看，2013 年与 2012 年相比，面积略有增大，经济发展指数排位呈上升态势。

（4）从排位变化的动因看，在人均 GDP、劳均农作物播种面积、第一产业就业人数比重等指标排位上升和非国有工业增加值占比等指标排位下降的综合作用下，2013 年驻马店市经济发展指数排位上升 2 位，居中原经济区第 25 位。

三 驻马店市生态环境发展评价分析

2012～2013 年，驻马店市生态环境发展指数及其下层指标评价值和排位变化情况，如表 18－3 和图 18－3 所示。

表 18－3 驻马店市 2012～2013 年生态环境发展评价值及排名

年份	万元 GDP 能耗	按辖区面积平均的工业烟尘排放量	工业固体废物综合利用率	生态环境发展指数
2011	83.03	94.60	87.89	86.11
2012	85.76	95.81	96.69	89.69
2013	86.97	95.13	97.87	90.55
2012 年排名	9	6	11	6
2013 年排名	9	6	10	6
升降	0	0	1	0
优势度	优势	优势	优势	优势
2013 年全排名	15	11	19	12

（1）2013 年驻马店市生态环境发展指数排位处于第 6 位，表明其在中原经济区处于优势地位，与 2012 年相比排位没有发生变化。

（2）从方案层指标的优势度看，万元 GDP 能耗、按辖区面积平均的工业烟尘排放量、工业固体废物综合利用率是驻马店市生态环境发展指数中的优势指标。

（3）从雷达图图形变化看，2013 年与 2012 年相比，面积变化不大，生态环境发展指数排位呈平稳趋势。

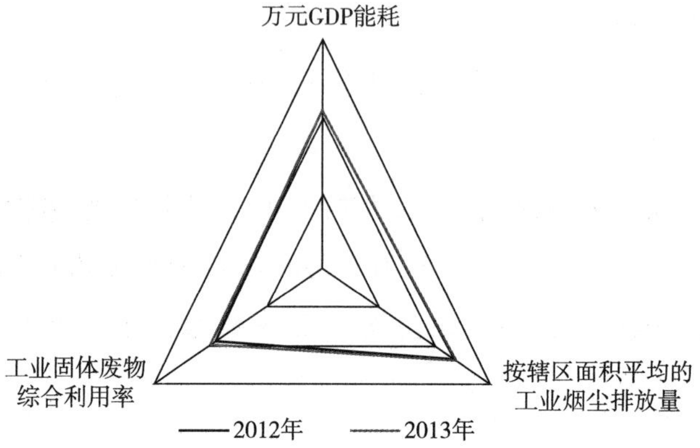

图 18－3 驻马店市 2012～2013 年生态环境发展指数下层指标排位比较雷达图

（4）从排位变化的动因看，在工业固体废物综合利用率指标排位上升，以及万元 GDP 能耗、按辖区面积平均的工业烟尘排放量指标排位不变的综合作用下，2013 年驻马店市生态环境发展指数排位不变，居中原经济区第 6 位。

四 驻马店市社会环境发展评价分析

2012～2013 年，驻马店市社会环境发展指数及其下层指标评价值和排位变化情况，如表 18－4 和图 18－4 所示。

表 18－4 驻马店市 2012～2013 年社会环境发展评价值及排名

年份	城乡居民收入结构	城镇居民人均可支配收入	农村居民人均纯收入	收入指数	每万人卫生技术人员数	每万人卫生机构床位数	健康指数	万人中小学专任教师数
2011	9.70	14.36	14.45	12.57	22.52	32.12	27.32	55.01
2012	10.56	21.98	19.40	16.76	25.74	39.91	32.82	44.15
2013	11.89	23.73	21.53	19.05	31.45	45.58	38.51	65.15
2012 年排名	18	27	25	26	22	21	22	11
2013 年排名	21	27	26	25	22	23	22	5
升降	－3	0	－1	1	0	－2	0	6
优势度	劣势	劣势	劣势	劣势	劣势	劣势	劣势	优势
2013 年全排名	31	30	33	32	25	29	26	8

续表

年份	人均教育经费	教育指数	人均城市公园绿地面积	人均城市道路面积	万人城市公共汽车数	城市生活环境指数	社会环境发展指数
2011	17.70	36.35	15.02	89.68	19.24	38.59	24.03
2012	20.50	32.33	13.05	93.57	33.69	39.97	25.89
2013	20.76	42.96	14.85	51.36	5.83	29.55	29.82
2012 年排名	17	13	23	2	20	6	20
2013 年排名	16	5	23	10	18	21	21
升降	1	8	0	-8	2	-15	-1
优势度	中势	优势	劣势	优势	中势	劣势	劣势
2013 年全排名	21	8	31	12	25	29	27

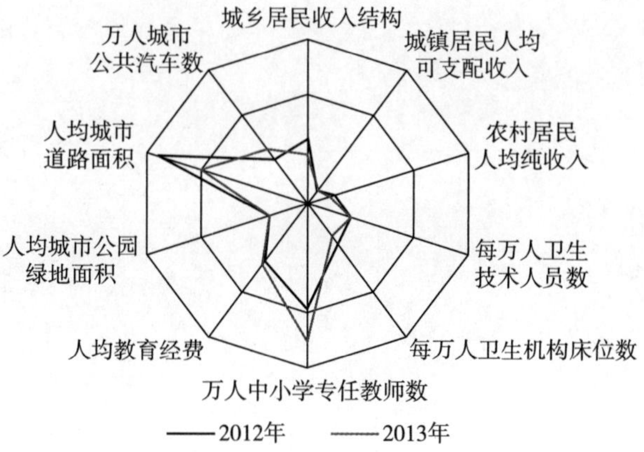

图 18-4 驻马店市 2012~2013 年社会环境发展指数下层指标排位比较雷达图

（1）2013 年驻马店市社会环境发展指数排位处于第 21 位，表明其在中原经济区处于劣势地位，与 2012 年相比排位下降 1 位。其中教育指数排位处于第 5 位，与 2012 年相比上升 8 位；收入指数处于第 25 位，与 2012 年相比排位上升 1 位；城市生活环境指数处于第 21 位，与 2012 年相比排位下降 15 位；健康指数处于第 22 位，与 2013 年相比排位没有变化。

（2）从方案层指标的优势度看，万人中小学专任教师数、教育指数、人均城市道路面积是驻马店市社会环境发展指数中的优势指标，万人城市公共汽车数、人均教育经费是驻马店市社会环境发展指数中的中势指标，其余是驻马店市社会环境发展指数中的劣势指标。

（3）从雷达图图形变化看，2013 年与 2012 年相比，面积基本不变，社会环境发展指数排位呈下降趋势。

（4）从排位变化的动因看，在万人中小学专任教师数、人均教育经费、万人城市公共汽车数等指标排位上升和城乡居民收入结构、农村居民人均纯收入、每万人卫生机构床位数、人均城市道路面积等指标排位下降的综合作用下，2013 年驻马店市社会环境发展指数下降 1 位，居中原经济区第 21 位。

第十九章
济源市发展指数分析

一　济源市发展评价分析

2012～2013年，济源市发展指数及其下层指标评价值和排位变化情况，如表19－1和图19－1所示。

表19－1　济源市2012～2013年发展评价值及排名

年份	经济发展指数	生态环境发展指数	社会环境发展指数	济源市发展指数
2011	48.91	58.57	31.76	44.40
2012	53.02	60.56	34.27	47.99
2013	54.69	61.47	36.89	50.52
2012年排名	2	26	2	2
2013年排名	2	27	3	2
升降	0	－1	－1	0
优势度	优势	劣势	优势	优势
2013年全排名	3	36	4	4

（1）2013年济源市发展指数排位处于第2位，表明其在中原经济区处于优势地位，与2012年相比排位没有变化。

（2）从准则层指标的优势度看，经济发展指数、社会环境发展指数是济源市发展指数中的优势指标，生态环境发展指数是济源市发展指数中的劣势指标。

（3）从雷达图图形变化看，2013年与2012年相比，面积基本不变，济源市发展指数排位呈稳定态势。

（4）从排位变化的动因看，生态环境发展指数、社会环境发展指数排

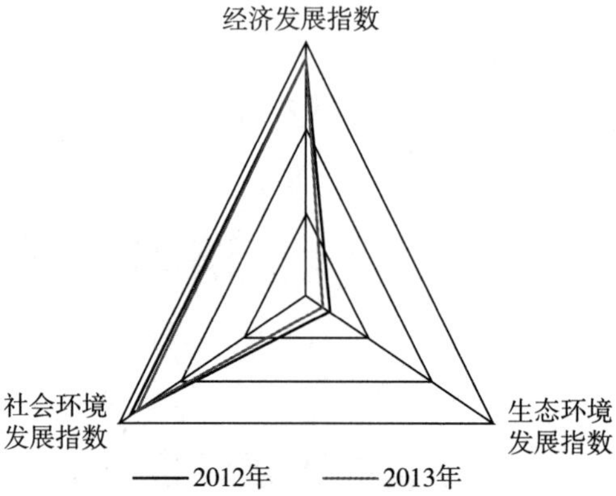

图 19－1　济源市 2012～2013 年发展指数下层指标排位比较雷达图

位均下降 1 位，经济发展指数排位没有发生变化，2013 年济源市发展指数排位也没有发生变化，居中原经济区第 2 位。

二　济源市经济发展评价分析

2012～2013 年，济源市经济发展指数及其下层指标评价值和排位变化情况，如表 19－2 和图 19－2 所示。

表 19－2　济源市 2012～2013 年经济发展评价值及排名

年份	人均GDP	三次产业结构	非国有工业增加值占比	工业化指数	城镇化率	第一产业就业人数比重	人均全社会消费品零售总额
2011	67.52	88.73	64.71	71.20	40.27	47.79	39.51
2012	72.12	90.08	64.71	74.23	43.83	54.86	43.88
2013	71.23	89.60	70.43	74.75	46.07	58.51	44.46
2012 年排名	1	4	14	2	4	2	3
2013 年排名	2	4	12	2	4	3	3
升降	－1	0	2	0	0	－1	0
优势度	优势	优势	中势	优势	优势	优势	优势
2013 年全排名	3	5	20	3	4	5	4

续表

年份	城镇化指数	劳均农作物播种面积	单产农用化肥施用量	单产农用大中型拖拉机动力	农业现代化指数	经济发展指数
2011	42.15	1.22	13.08	49.50	10.43	48.91
2012	46.71	6.75	14.50	52.10	15.08	53.02
2013	49.13	8.43	13.79	58.18	14.03	54.69
2012 年排名	3	27	7	3	25	2
2013 年排名	2	24	8	1	21	2
升降	1	3	-1	2	4	0
优势度	优势	劣势	优势	优势	劣势	优势
2013 年全排名	3	34	13	1	31	3

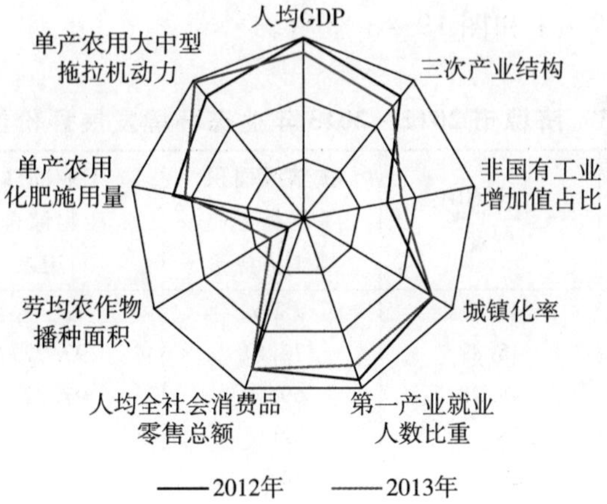

图 19-2　济源市 2012～2013 年经济发展指数下层指标排位比较雷达图

（1）2013 年济源市经济发展指数排位处于第 2 位，表明其在中原经济区处于优势地位，与 2012 年相比排位保持不变。其中工业化指数排位处于第 2 位，与 2012 年相比排位保持不变；城镇化指数排位处于第 2 位，与 2012 年相比排位上升 1 位；农业现代化指数排位处于第 21 位，与 2012 年相比排位上升 4 位。

（2）从方案层指标的优势度看，人均 GDP、三次产业结构、工业化指数、城镇化率、第一产业就业人数比重、人均全社会消费品零售总额、城镇化指数、单产农用化肥施用量和单产农用大中型拖拉机动力是济源市经济发展指数中的优势指标，劳均农作物播种面积、农业现代化指数是济源市经济发展指数中的劣势指标。

（3）从雷达图图形变化看，2013 年与 2012 年相比，面积变化不大，经济发展指数排位呈平稳态势。

（4）从排位变化的动因看，在非国有工业增加值占比、劳均农作物播种面积、单产农用大中型拖拉机动力等指标排位上升和人均 GDP、第一产业就业人数比重、单产农用化肥施用量指标排位下降的综合作用下，2013 年济源市经济发展指数排位保持不变，居中原经济区第 2 位。

三　济源市生态环境发展评价分析

2012～2013 年，济源市生态环境发展指数及其下层指标评价值和排位变化情况，如表 19－3 和图 19－3 所示。

表 19－3　济源市 2012～2013 年生态环境发展评价值及排名

年份	万元 GDP 能耗	按辖区面积平均的工业烟尘排放量	工业固体废物综合利用率	生态环境发展指数
2011	43.31	75.62	92.41	58.57
2012	45.89	72.81	97.22	60.56
2013	48.28	69.70	97.22	61.47
2012 年排名	28	22	8	26
2013 年排名	28	24	12	27
升降	0	－2	－4	－1
优势度	劣势	劣势	中势	劣势
2013 年全排名	37	33	21	36

（1）2013 年济源市生态环境发展指数排位处于第 27 位，表明其在中原经济区处于劣势地位，与 2012 年相比排位下降了 1 位。

（2）从方案层指标的优势度看，工业固体废物综合利用率是济源市生态环境发展指数中的中势指标，按辖区面积平均的工业烟尘排放量、万元 GDP 能耗是济源市生态环境发展指数中的劣势指标。

（3）从雷达图图形变化看，2013 年与 2012 年相比，面积略微缩小，生态环境发展指数排位呈下降态势。

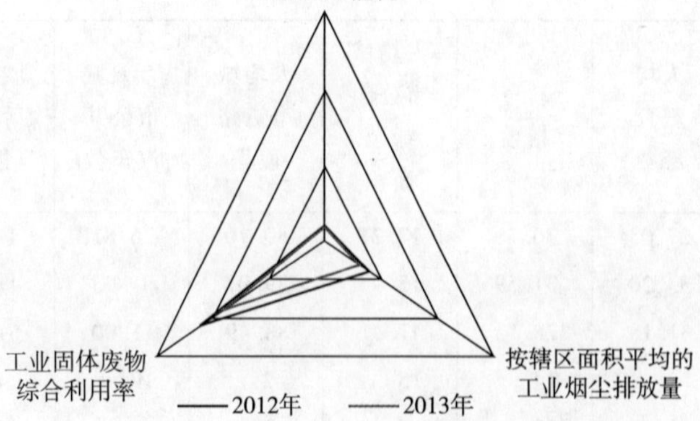

图 19－3　济源市 2012～2013 年生态环境发展指数下层指标排位比较雷达图

（4）从排位变化的动因看，在按辖区面积平均的工业烟尘排放量、工业固体废物综合利用率排位下降和万元 GDP 能耗排位保持不变的综合作用下，2013 年济源市生态环境发展指数排位下降 1 位，居中原经济区第 27 位。

四　济源市社会环境发展评价分析

2012～2013 年，济源市社会环境发展指数及其下层指标评价值和排位变化情况，如表 19－4 和图 19－4 所示。

表 19－4　济源市 2012～2013 年社会环境发展评价值及排名

年份	城乡居民收入结构	城镇居民人均可支配收入	农村居民人均纯收入	收入指数	每万人卫生技术人员数	每万人卫生机构床位数	健康指数	万人中小学专任教师数
2011	28.09	25.57	31.84	28.29	30.16	47.24	38.70	33.15
2012	28.82	33.74	36.89	32.71	31.48	46.16	38.82	29.98
2013	30.88	35.06	38.86	34.93	35.22	50.67	42.94	25.08
2012 年排名	3	8	2	2	18	17	18	19
2013 年排名	2	5	2	2	18	17	19	27
升降	1	3	0	0	0	0	－1	－8
优势度	优势	优势	优势	优势	中势	中势	中势	劣势
2013 年全排名	5	5	3	3	21	21	22	33

续表

年份	人均教育经费	教育指数	人均城市公园绿地面积	人均城市道路面积	万人城市公共汽车数	城市生活环境指数	社会环境发展指数
2011	27.08	30.11	17.27	80.70	26.81	41.69	31.76
2012	33.20	31.59	15.94	79.07	61.93	41.95	34.27
2013	31.18	28.13	47.01	88.49	11.00	61.57	36.89
2012 年排名	1	14	15	7	10	4	2
2013 年排名	1	20	5	2	9	3	3
升降	0	-6	10	5	1	1	-1
优势度	优势	中势	优势	优势	优势	优势	优势
2013 年全排名	1	25	7	2	12	4	4

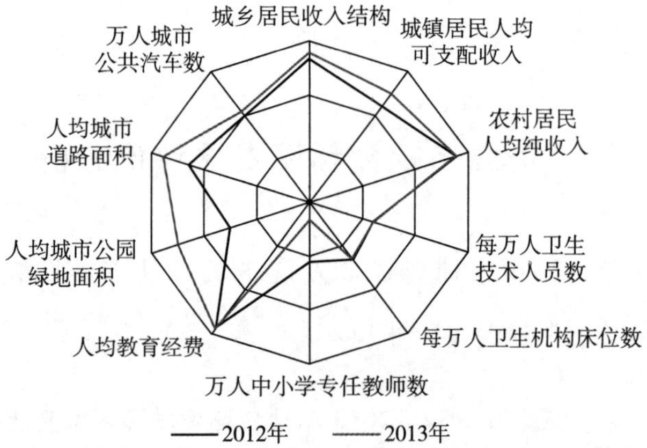

图 19-4　济源市 2012~2013 年社会环境发展指数下层指标排位比较雷达图

（1）2013 年济源市社会环境发展指数排位处于第 3 位，表明其在中原经济区处于优势地位，与 2012 年相比排位下降了 1 位。其中教育指数排位处于第 20 位，与 2012 年相比排位下降 6 位；城市生活环境指数排位处于第 3 位，与 2012 年相比排位上升 1 位；健康指数排位处于第 19 位，与 2012 年相比排位下降 1 位；收入指数排位处于第 2 位，与 2012 年相比排位没有变化。

（2）从方案层指标的优势度看，城乡居民收入结构、城镇居民人均可支配收入、农村居民人均纯收入、人均教育经费、人均城市公园绿地面积、人均城市道路面积等指标是济源市社会环境发展指数中的优势指标。

（3）从雷达图图形变化看，2013 年与 2012 年相比，面积有所变化，社会环境发展指数排位呈下降态势。

（4）从排位变化的动因看，在万人中小学专任教师数等指标排位下降和人均城市公园绿地面积等指标排位上升的综合作用下，2013 年济源市社会环境发展指数排位下降 1 位，居中原经济区第 3 位。

第二十章
运城市发展指数分析

一　运城市发展评价分析

2012～2013 年，运城市发展指数及其下层指标评价值和排位变化情况，如表 20－1 和图 20－1 所示。

表 20－1　运城市 2012～2013 年发展评价值及排名

年份	经济发展指数	生态环境发展指数	社会环境发展指数	运城市发展指数
2011	29.21	35.85	28.23	28.38
2012	30.65	38.57	30.39	30.45
2013	31.96	40.89	32.48	33.57
2012 年排名	20	30	10	26
2013 年排名	20	30	12	27
升降	0	0	－2	－1
优势度	中势	劣势	中势	劣势
2013 年全排名	23	40	16	34

（1）2013 年运城市发展指数排位处于第 27 位，表明其在中原经济区处于劣势地位，与 2012 年相比排位下降 1 位。

（2）从准则层指标的优势度看，社会环境发展指数、经济发展指数是运城市发展指数中的中势指标，生态环境发展指数是运城市发展指数中的劣势指标。

（3）从雷达图图形变化看，2013 年与 2012 年相比，面积基本不变，运城发展指数排位呈平稳态势。

（4）从排位变化的动因看，在社会环境发展指数排位下降和其他指数

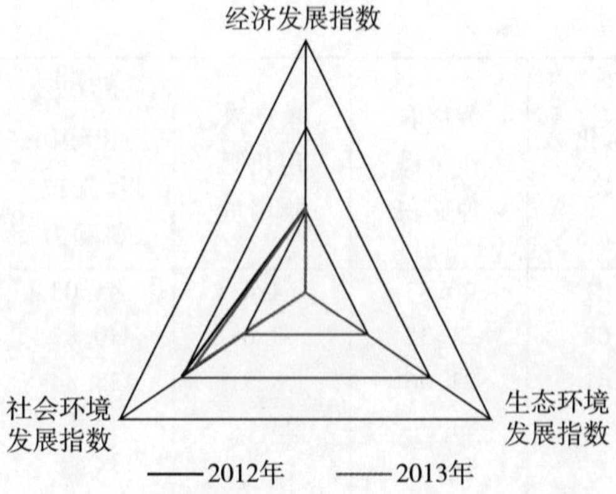

图 20－1　运城市 2012～2013 年发展指数下层指标排位比较雷达图

排位保持不变的综合作用下，2013 年运城市发展指数排位下降 1 位，居中原经济区第 27 位。

二　运城市经济发展评价分析

2012～2013 年，运城市经济发展指数及其下层指标评价值和排位变化情况，如表 20－2 和图 20－2 所示。

表 20－2　运城市 2012～2013 年经济发展评价值及排名

年份	人均GDP	三次产业结构	非国有工业增加值占比	工业化指数	城镇化率	第一产业就业人数比重	人均全社会消费品零售总额
2011	31.43	48.61	66.18	41.81	19.04	35.07	26.47
2012	33.23	47.33	57.35	40.87	22.42	35.17	31.29
2013	33.02	45.09	64.56	41.74	25.11	35.38	32.70
2012 年排名	24	20	19	23	18	14	19
2013 年排名	25	21	16	23	18	17	19
升降	－1	－1	3	0	0	－3	0
优势度	劣势	劣势	中势	劣势	中势	中势	中势
2013 年全排名	32	25	24	28	19	23	21

续表

年份	城镇化指数	劳均农作物播种面积	单产农用化肥施用量	单产农用大中型拖拉机动力	农业现代化指数	经济发展指数
2011	24.01	20.83	4.43	45.03	23.33	29.21
2012	26.68	21.35	3.61	40.87	22.95	30.65
2013	28.61	21.06	8.91	25.84	19.48	31.96
2012 年排名	19	21	23	4	16	20
2013 年排名	19	18	14	8	18	20
升降	0	3	9	-4	-2	0
优势度	中势	中势	中势	优势	中势	中势
2013 年全排名	22	27	21	12	27	23

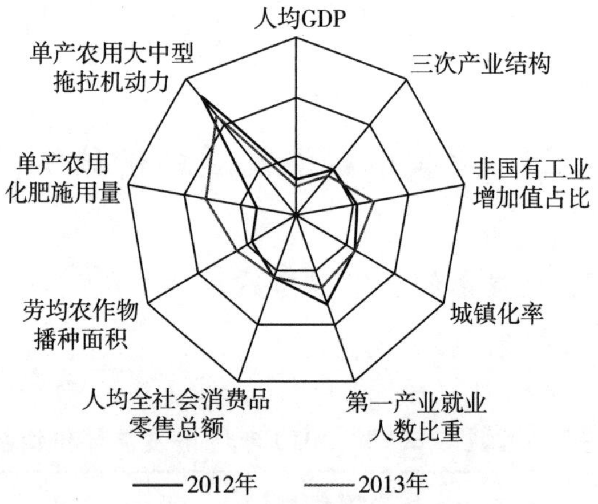

图 20-2　运城市 2012~2013 年经济发展指数下层指标排位比较雷达图

（1）2013 年运城市经济发展指数排位处于第 20 位，表明其在中原经济区处于中势地位，与 2012 年相比排位没有发生变化。其中工业化指数排位处于第 23 位，与 2012 年相比没有发生变化；城镇化指数排位处于第 19 位，与 2012 年相比没有发生变化；农业现代化指数排位处于第 18 位，与 2012 年相比排位下降 2 位。

（2）从方案层指标的优势度看，单产农用大中型拖拉机动力是运城市经济发展指数中的优势指标，人均 GDP、三次产业结构、工业化指数是运城市经济发展指数中的劣势指标。

（3）从雷达图图形变化看，2013 年与 2012 年相比，面积基本不变，经济发展指数排位呈平稳态势。

（4）从排位变化的动因看，在非国有工业增加值占比、劳均农作物播种面积、单产农用化肥施用量指标排位上升，以及人均 GDP、三次产业结构、第一产业就业人数比重、单产农用大中型拖拉机动力等指标排位下降的综合作用下，2013 年运城市经济发展指数排位保持不变，居中原经济区第 20 位。

三　运城市生态环境发展评价分析

2012 ~ 2013 年，运城市生态环境发展指数及其下层指标评价值和排位变化情况，如表 20 – 3 和图 20 – 3 所示。

表 20 – 3　运城市 2012 ~ 2013 年生态环境发展评价值及排名

年份	万元 GDP 能耗	按辖区面积平均的工业烟尘排放量	工业固体废物综合利用率	生态环境发展指数
2011	18.39	86.39	43.50	35.85
2012	22.99	84.59	44.47	38.57
2013	26.44	84.50	45.47	40.89
2012 年排名	30	19	24	30
2013 年排名	30	19	26	30
升降	0	0	– 2	0
优势度	劣势	中势	劣势	劣势
2013 年全排名	40	26	36	40

（1）2013 年运城市生态环境发展指数排位处于第 30 位，表明其在中原经济区处于劣势地位，与 2012 年相比排位保持不变。

（2）从方案层指标的优势度看，万元 GDP 能耗、工业固体废物综合利用率是运城市生态环境发展指数中的劣势指标，按辖区面积平均的工业烟尘排放量是运城市生态环境发展指数中的中势指标。

（3）从雷达图图形变化看，2013 年与 2012 年相比，面积基本保持不变，生态环境发展指数排位呈平稳态势。

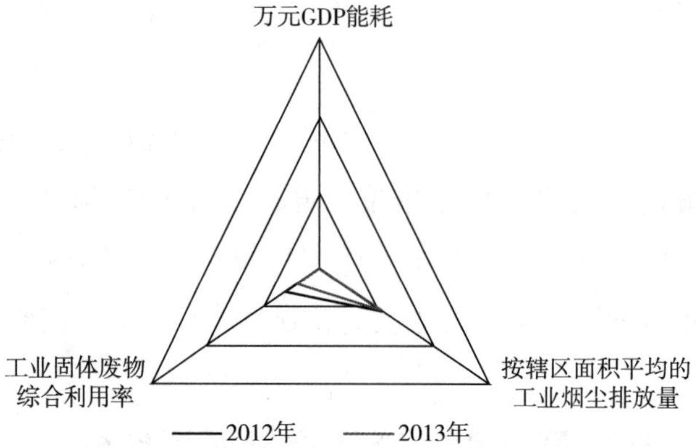

图 20－3　运城市 2012～2013 年生态环境发展指数下层指标排位比较雷达图

（4）从排位变化的动因看，在工业固体废物综合利用率指标排位下降和其他指标排位不变的综合作用下，2013 年运城市生态环境发展指数排位保持不变，居中原经济区第 30 位。

四　运城市社会环境发展评价分析

2012～2013 年，运城市社会环境发展指数及其下层指标评价值和排位变化情况，如表 20－4 和图 20－4 所示。

表 20－4　运城市 2012～2013 年社会环境发展评价值及排名

年份	城乡居民收入结构	城镇居民人均可支配收入	农村居民人均纯收入	收入指数	每万人卫生技术人员数	每万人卫生机构床位数	健康指数	万人中小学专任教师数
2011	3.52	20.35	13.29	12.10	38.91	62.74	50.83	69.65
2012	3.59	28.80	18.17	16.26	37.96	64.85	51.4	62.70
2013	6.85	27.85	20.34	18.34	37.80	66.98	52.39	66.90
2012 年排名	28	16	28	27	9	3	5	3
2013 年排名	28	23	28	27	15	6	7	3
升降	0	－7	0	0	－6	－3	－2	0
优势度	劣势	劣势	劣势	劣势	中势	优势	优势	优势
2013 年全排名	38	25	35	34	18	8	9	6

续表

年份	人均教育经费	教育指数	人均城市公园绿地面积	人均城市道路面积	万人城市公共汽车数	城市生活环境指数	社会环境发展指数
2011	13.14	41.40	33.11	49.91	21.36	30.61	28.23
2012	17.31	40.00	26.33	69.10	56.00	35.97	30.39
2013	20.21	43.55	16.87	29.90	13.15	35.72	32.48
2012 年排名	23	4	8	9	11	9	10
2013 年排名	17	4	20	21	5	11	12
升降	6	0	-12	-12	6	-2	-2
优势度	中势	优势	中势	劣势	优势	中势	中势
2013 年全排名	22	7	27	31	8	18	16

图 20－4　运城市 2012～2013 年社会环境发展指数下层指标排位比较雷达图

（1）2013 年运城市社会环境发展指数排位处于第 12 位，表明其在中原经济区处于中势地位，与 2012 年相比下降 2 位。其中教育指数排位处于第 4 位，与 2012 年相比排位没有变化；城市生活环境指数排位处于第 11 位，与 2012 年相比排位下降 2 位；健康指数排位处于第 7 位，与 2012 年相比排位下降 2 位；收入指数排位处于第 27 位，与 2012 年相比排位没有变化。

（2）从方案层指标的优势度看，每万人卫生机构床位数、健康指数、万人中小学专任教师数、教育指数、万人城市公共汽车数是运城市社会环境发展指数中的优势指标，每万人卫生技术人员数、人均教育经费、人均城市公园绿地面积、城市生活环境指数是运城市社会环境发展指数中的中势指标，其余为劣势指标。

（3）从雷达图图形变化看，2013 年与 2012 年相比，面积略有缩小，社会环境发展指数排位呈下降态势。

（4）从排位变化的动因看，在人均教育经费、万人城市公共汽车数指标排位上升和城镇居民人均可支配收入、每万人卫生技术人员数等指标排位下降的综合作用下，2013 年运城市社会环境发展指数排位下降 2 位，居中原经济区第 12 位。

第二十一章

晋城市发展指数分析

一　晋城市发展评价分析

2012～2013 年，晋城市发展指数及其下层指标评价值和排位变化情况，如表 21－1 和图 21－1 所示。

表 21－1　晋城市 2012～2013 年发展评价值及排名

年份	经济发展指数	生态环境发展指数	社会环境发展指数	晋城市发展指数
2011	44.73	61.65	29.31	40.79
2012	47.23	64.12	32.06	43.27
2013	48.60	64.81	36.41	47.63
2012 年排名	5	25	7	6
2013 年排名	5	26	4	6
升降	0	－1	3	0
优势度	优势	劣势	优势	优势
2013 年全排名	6	35	5	8

（1）2013 年晋城市发展指数排位处于第 6 位，表明其在中原经济区处于优势地位，与 2012 年相比排位保持不变。

（2）从准则层指标的优势度看，经济发展指数、社会环境发展指数是晋城市发展指数中的优势指标，生态环境发展指数是晋城市发展指数中的劣势指标。

（3）从雷达图图形变化看，2013 年与 2012 年相比，面积基本不变，晋城发展指数排位保持平稳态势。

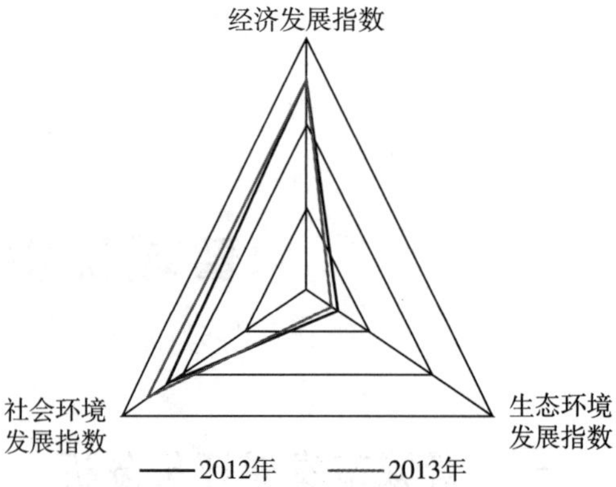

图 21－1　晋城市 2012～2013 年发展指数下层指标排位比较雷达图

（4）从排位变化的动因看，在生态环境发展指数排位下降、社会环境发展指数排位上升和经济发展指数排位保持不变的综合作用下，2013 年晋城市发展指数排位保持不变，居中原经济区第 6 位。

二　晋城市经济发展评价分析

2012～2013 年，晋城市经济发展指数及其下层指标评价值和排位变化情况，如表 21－2 和图 21－2 所示。

表 21－2　晋城市 2012～2013 年经济发展评价值及排名

年份	人均GDP	三次产业结构	非国有工业增加值占比	工业化指数	城镇化率	第一产业就业人数比重	人均全社会消费品零售总额
2011	55.56	90.93	4.41	52.40	42.61	48.61	33.31
2012	60.02	91.22	1.47	54.55	45.68	50.47	38.36
2013	58.31	91.29	7.69	54.78	47.36	56.72	39.46
2012 年排名	5	3	30	12	3	7	7
2013 年排名	6	2	30	13	3	5	10
升降	－1	1	0	－1	0	2	－3
优势度	优势	优势	劣势	中势	优势	优势	优势
2013 年全排名	7	3	39	15	3	8	11

续表

年份	城镇化指数	劳均农作物播种面积	单产农用化肥施用量	单产农用大中型拖拉机动力	农业现代化指数	经济发展指数
2011	43.18	14.96	15.81	59.48	22.50	44.73
2012	46.15	13.30	15.56	61.28	21.56	47.23
2013	48.92	12.88	2.02	31.82	12.85	48.60
2012 年排名	4	25	6	2	19	5
2013 年排名	4	21	26	4	22	5
升降	0	4	-20	-2	-3	0
优势度	优势	劣势	劣势	优势	劣势	优势
2013 年全排名	5	30	35	7	32	6

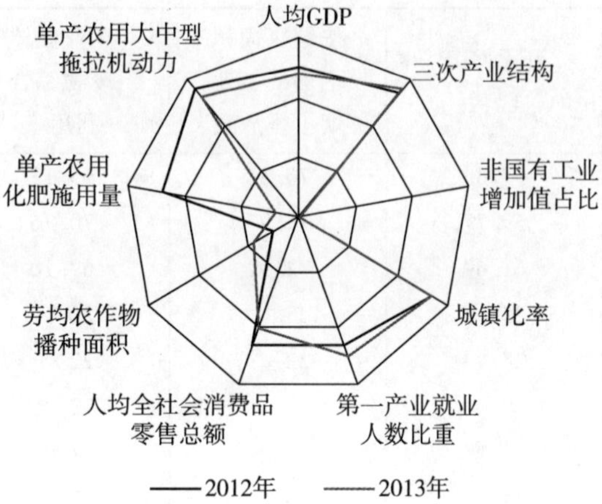

图 21－2　晋城市 2012～2013 年经济发展指数下层指标排位比较雷达图

（1）2013 年晋城市经济发展指数排位处于第 5 位，表明其在中原经济区处于优势地位，与 2012 年相比排位没有变化。其中工业化指数排位处于第 13 位，与 2012 年相比下降 1 位；城镇化指数排位处于第 4 位，与 2012 年相比没有变化；农业现代化指数排位处于第 22 位，与 2012 年相比排位下降 3 位。

（2）从方案层指标的优势度看，人均 GDP、三次产业结构、城镇化率等指标是晋城市经济发展指数中的优势指标，非国有工业增加值占比、劳均农作物播种面积等指标是晋城市经济发展指数中的劣势指标。

（3）从雷达图图形变化看，2013 年与 2012 年相比，面积基本不变，经济发展指数排位呈平稳态势。

（4）从排位变化的动因看，在三次产业结构、第一产业就业人数比重等指标排位上升，以及人均 GDP、单产农用化肥施用量等指标排位下降的综合作用下，2013 年晋城市经济发展指数排位不变，居中原经济区第 5 位。

三　晋城市生态环境发展评价分析

2012～2013 年，晋城市生态环境发展指数及其下层指标评价值和排位变化情况，如表 21－3 和图 21－3 所示。

表 21－3　晋城市 2012～2013 年生态环境发展评价值及排名

年份	万元 GDP 能耗	按辖区面积平均的工业烟尘排放量	工业固体废物综合利用率	生态环境发展指数
2011	57.85	70.84	65.13	61.65
2012	59.77	71.97	70.76	64.12
2013	61.69	72.92	67.10	64.81
2012 年排名	25	25	20	25
2013 年排名	25	22	22	26
升降	0	3	－2	－1
优势度	劣势	劣势	劣势	劣势
2013 年全排名	34	30	32	35

（1）2013 年晋城市生态环境发展指数排位处于第 26 位，表明其在中原经济区处于劣势地位，与 2012 年相比排位下降 1 位。

（2）从方案层指标的优势度看，万元 GDP 能耗、按辖区面积平均的工业烟尘排放量、工业固体废物综合利用率是晋城市生态环境发展指数中的劣势指标。

（3）从雷达图图形变化看，2013 年与 2012 年相比，面积变化不大，生态环境发展指数排位呈下降态势。

（4）从排位变化的动因看，在工业固体废物综合利用率排位下降，万

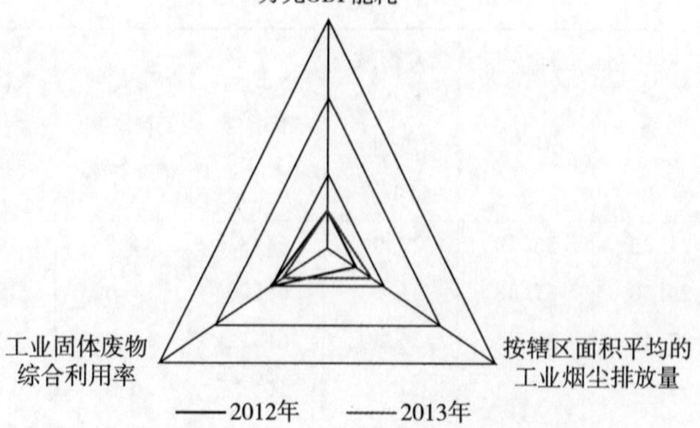

图 21－3　晋城市 2012～2013 年生态环境发展指数下层指标排位比较雷达图

元 GDP 能耗排位保持不变，以及按辖区面积平均的工业烟尘排放量排位上升的综合作用下，2013 年晋城市生态环境发展指数排位下降 1 位，居中原经济区第 26 位。

四　晋城市社会环境发展评价分析

2012～2013 年，晋城市社会环境发展指数及其下层指标评价值和排位变化情况，如表 21－4 和图 21－4 所示。

表 21－4　晋城市 2012～2013 年社会环境发展评价值及排名

年份	城乡居民收入结构	城镇居民人均可支配收入	农村居民人均纯收入	收入指数	每万人卫生技术人员数	每万人卫生机构床位数	健康指数	万人中小学专任教师数
2011	7.21	29.86	21.53	19.25	42.50	43.15	42.82	51.92
2012	8.10	37.61	26.60	23.54	44.19	45.42	44.81	49.26
2013	12.67	35.24	28.60	25.50	45.70	51.58	48.64	51.58
2012 年排名	22	4	13	13	3	18	13	8
2013 年排名	17	4	13	13	3	16	14	7
升降	5	0	0	0	0	2	－1	1
优势度	中势	优势	中势	中势	优势	中势	中势	优势
2013 年全排名	27	4	17	17	5	20	16	10

续表

年份	人均教育经费	教育指数	人均城市公园绿地面积	人均城市道路面积	万人城市公共汽车数	城市生活环境指数	社会环境发展指数
2011	21.26	36.59	27.99	64.81	44.55	34.40	29.31
2012	26.50	37.88	24.92	68.00	78.62	35.16	32.06
2013	27.13	39.36	56.30	61.11	13.78	60.34	36.41
2012 年排名	7	7	11	10	6	11	7
2013 年排名	4	7	3	7	4	4	4
升降	3	0	8	3	2	7	3
优势度	优势	优势	优势	优势	优势	优势	优势
2013 年全排名	4	10	4	9	6	5	5

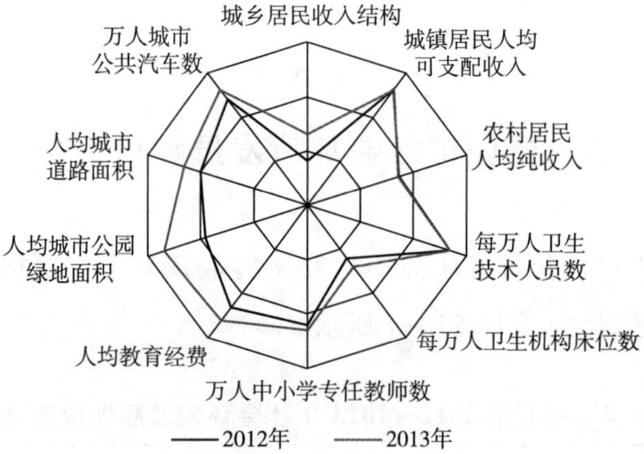

图 21－4 晋城市 2012～2013 年社会环境发展指数下层指标排位比较雷达图

（1）2013 年晋城市社会环境发展指数排位处于第 4 位，表明其在中原经济区处于优势地位，与 2012 年相比排位上升 3 位。其中教育指数排位处于第 7 位，与 2012 年相比没有变化；城市生活环境指数排位处于第 4 位，与 2012 年相比排位上升 7 位；健康指数排位处于第 14 位，与 2012 年相比排位下降 1 位；收入指数排位处于第 13 位，与 2012 年相比排位没有变化。

（2）从方案层指标的优势度看，城镇居民人均可支配收入、每万人卫生技术人员数、万人中小学专任教师数等指标是晋城市社会环境发展指数中的优势指标，城乡居民收入结构、农村居民人均纯收入等指标是晋城市社会环境发展指数中的中势指标。

（3）从雷达图图形变化看，2013 年与 2012 年相比，面积略微增大，社会环境发展指数排位呈上升态势。

（4）从排位变化的动因看，在城乡居民收入结构、人均城市公园绿地面积等指标排位上升和健康指数排位下降的综合作用下，2013 年晋城市社会环境发展指数排位上升 3 位，居中原经济区第 4 位。

第二十二章
长治市发展指数分析

一 长治市发展评价分析

2012~2013 年，长治市发展指数及其下层指标评价值和排位变化情况，如表 22－1 和图 22－1 所示。

表 22－1 长治市 2012～2013 年发展评价值及排名

年份	经济发展指数	生态环境发展指数	社会环境发展指数	长治市发展指数
2011	38.30	43.79	29.27	35.14
2012	40.84	45.89	30.87	37.38
2013	42.94	48.34	32.12	40.59
2012 年排名	8	28	8	15
2013 年排名	9	29	14	17
升降	－1	－1	－6	－2
优势度	优势	劣势	中势	中势
2013 年全排名	11	39	18	21

（1）2013 年长治市发展指数排位处于第 17 位，表明其在中原经济区处于中势地位，与 2012 年相比排位下降 2 位。

（2）从准则层指标的优势度看，经济发展指数是长治市发展指数中的优势指标，生态环境发展指数是长治市发展指数中的劣势指标，社会环境发展指数是长治市发展指数中的中势指标。

（3）从雷达图图形变化看，2013 年与 2012 年相比，面积略有缩小，长治市发展指数排位呈下降态势。

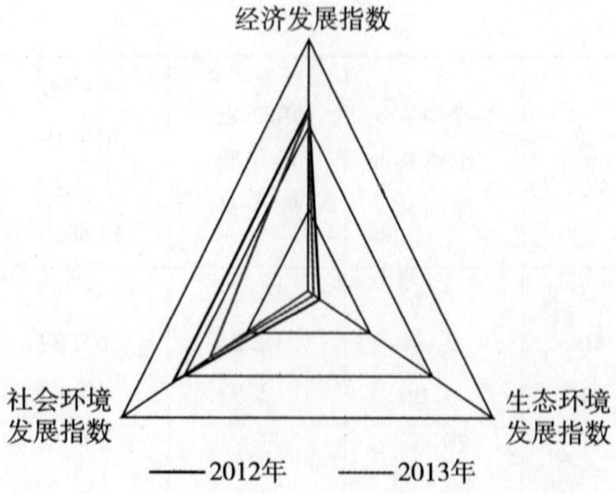

图 22 -1　长治市 2012 ~2013 年发展指数下层指标排位比较雷达图

（4）从排位变化的动因看，在经济发展指数、生态环境发展指数、社会环境发展指数排位下降的综合作用下，2013 年长治市发展指数排位下降 2 位，居中原经济区第 17 位。

二　长治市经济发展评价分析

2012 ~2013 年，长治市经济发展指数及其下层指标评价值和排位变化情况，如表 22 -2 和图 22 -2 所示。

表 22 -2　长治市 2012 ~2013 年经济发展评价值及排名

年份	人均GDP	三次产业结构	非国有工业增加值占比	工业化指数	城镇化率	第一产业就业人数比重	人均全社会消费品零售总额
2011	51.19	92.00	27.94	54.70	26.02	49.06	32.64
2012	56.09	91.93	26.47	57.33	29.36	49.40	37.60
2013	53.75	91.11	31.99	56.87	31.91	59.89	38.54
2012 年排名	8	2	27	8	11	8	10
2013 年排名	9	3	27	10	11	2	12
升降	-1	-1	0	-2	0	6	-2
优势度	优势	优势	劣势	优势	中势	优势	中势
2013 年全排名	10	4	36	12	12	4	13

续表

年份	城镇化指数	劳均农作物播种面积	单产农用化肥施用量	单产农用大中型拖拉机动力	农业现代化指数	经济发展指数
2011	32.72	5.45	19.73	65.92	16.93	38.30
2012	35.46	5.44	18.25	65.92	16.79	40.84
2013	39.91	4.86	2.97	10.84	5.11	42.94
2012 年排名	9	29	2	1	24	8
2013 年排名	8	26	25	23	28	9
升降	1	3	-23	-22	-4	-1
优势度	优势	劣势	劣势	劣势	劣势	优势
2013 年全排名	9	36	34	28	38	11

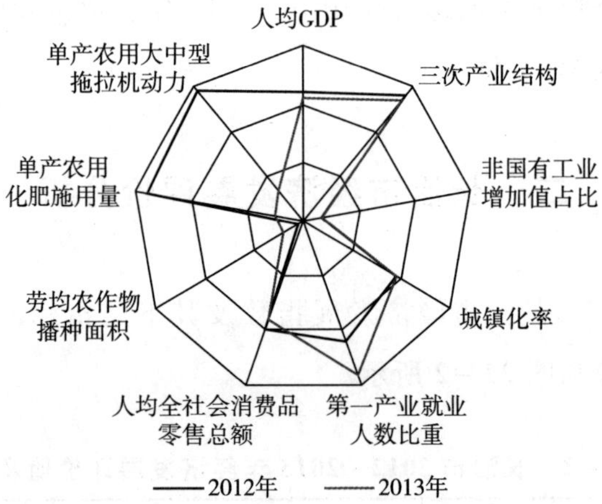

图 22-2 长治市 2012～2013 年经济发展指数下层指标排位比较雷达图

（1）2013 年长治市经济发展指数排位处于第 9 位，表明其在中原经济区处于优势地位，与 2012 年相比排位下降 1 位。其中工业化指数排位处于第 10 位，与 2012 年相比排位下降 2 位；城镇化指数排位处于第 8 位，与 2012 年相比排位上升 1 位；农业现代化指数排位处于第 28 位，与 2012 年相比排位下降 4 位。

（2）从方案层指标的优势度看，人均 GDP、三次产业结构、第一产业就业人数比重等指标是长治市经济发展指数中的优势指标，城镇化率、人均全社会消费品零售总额是长治市经济发展指数中的中势指标，其余是劣势指标。

（3）从雷达图图形变化看，2013 年与 2012 年相比，面积明显缩小，经济发展指数排位呈下降态势。

（4）从排位变化的动因看，在第一产业就业人数比重、劳均农作物播种面积等指标排位上升，单产农用化肥施用量、单产农用大中型拖拉机动力等指标排位下降，以及其他指标排位保持不变的综合作用下，2013 年长治市经济发展指数排位下降 1 位，居中原经济区第 9 位。

三 长治市生态环境发展评价分析

2012～2013 年，长治市生态环境发展指数及其下层指标评价值和排位变化情况，如表 22－3 和图 22－3 所示。

表 22－3 长治市 2012～2013 年生态环境评价值及排名

年份	万元 GDP 能耗	按辖区面积平均的工业烟尘排放量	工业固体废物综合利用率	生态环境发展指数
2011	42.53	40.32	51.47	43.79
2012	45.21	43.66	50.39	45.89
2013	47.51	49.50	49.95	48.34
2012 年排名	29	29	23	28
2013 年排名	29	29	25	29
升降	0	0	－2	－1
优势度	劣势	劣势	劣势	劣势
2013 年全排名	38	38	35	39

（1）2013 年长治市生态环境发展指数排位处于第 29 位，表明其在中原经济区处于劣势地位，与 2012 年相比排位下降 1 位。

（2）从方案层指标的优势度看，万元 GDP 能耗、工业固体废物综合利用率和按辖区面积平均的工业烟尘排放量是长治市生态环境发展指数中的劣势指标。

（3）从雷达图图形变化看，2013 年与 2012 年相比，面积略有缩小，生态环境发展指数排位呈下降态势。

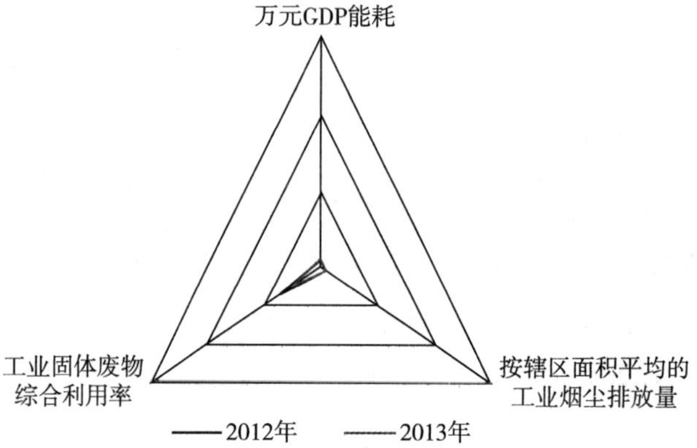

图 22－3　长治市 2012～2013 年生态环境发展指数下层指标排位比较雷达图

（4）从排位变化的动因看，在工业固体废物综合利用率排位下降和按辖区面积平均的工业烟尘排放量、万元 GDP 能耗排位保持不变的综合作用下，2013 年长治市生态环境发展指数排位下降 1 位，居中原经济区第 29 位。

四　长治市社会环境发展评价分析

2012～2013 年，长治市社会环境发展指数及其下层指标评价值和排位变化情况，如表 22－4 和图 22－4 所示。

表 22－4　长治市 2012～2013 年社会环境发展评价值及排名

年份	城乡居民收入结构	城镇居民人均可支配收入	农村居民人均纯收入	收入指数	每万人卫生技术人员数	每万人卫生机构床位数	健康指数	万人中小学专任教师数
2011	7.54	29.87	21.77	19.45	40.07	51.75	45.91	57.68
2012	8.67	37.55	26.98	23.84	40.42	53.17	46.79	47.25
2013	14.34	33.99	28.97	25.77	41.61	56.30	48.95	42.53
2012 年排名	21	5	12	11	6	13	10	10
2013 年排名	16	7	12	12	9	14	12	11
升降	5	－2	0	－1	－3	－1	－2	－1
优势度	中势	优势	中势	中势	优势	中势	中势	中势
2013 年全排名	24	7	16	16	11	16	14	15

续表

年份	人均教育经费	教育指数	人均城市公园绿地面积	人均城市道路面积	万人城市公共汽车数	城市生活环境指数	社会环境发展指数
2011	19.86	38.77	45.74	14.67	27.64	21.61	29.27
2012	26.58	36.91	39.24	17.45	52.81	20.84	30.87
2013	24.72	33.62	36.10	13.17	9.55	30.32	32.12
2012 年排名	6	9	3	28	12	24	8
2013 年排名	6	10	10	28	10	20	14
升降	0	-1	-7	0	2	4	-6
优势度	优势	优势	优势	劣势	优势	中势	中势
2013 年全排名	6	13	13	38	13	28	18

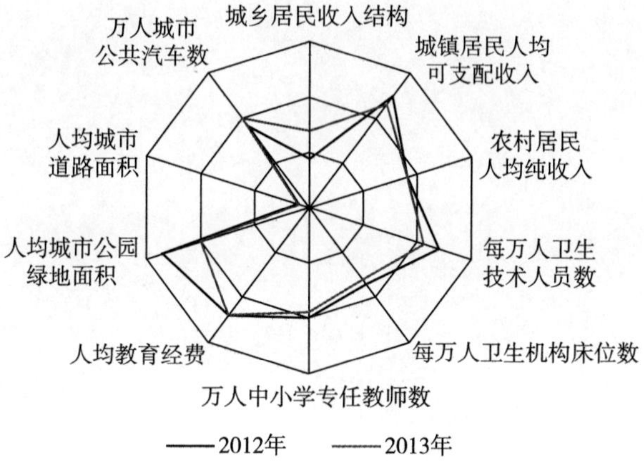

图 22-4　长治市 2012～2013 年社会环境发展指数下层指标排位比较雷达图

（1）2013 年长治市社会环境发展指数排位处于第 14 位，表明其在中原经济区处于中势地位，与 2012 年相比排位下降 6 位。其中教育指数排位处于第 10 位，与 2012 年相比排位下降 1 位；城市生活环境指数排位处于第 20 位，与 2012 年相比排位上升 4 位；健康指数排位处于第 12 位，与 2012 年相比排位下降 2 位；收入指数排位处于第 12 位，与 2012 年相比排位下降 1 位。

（2）从方案层指标的优势度看，每万人卫生技术人员数、人均教育经费、人均城市公园绿地面积、万人城市公共汽车数等指标是长治市社会环境发展指数中的优势指标，人均城市道路面积是长治市社会环境发展指数中的劣势指标。

（3）从雷达图图形变化看，2013 年与 2012 年相比，面积略有缩小，社会环境发展指数排位呈下降态势。

（4）从排位变化的动因看，在城乡居民收入结构、城市生活环境指数等指标排位上升以及城镇居民人均可支配收入、每万人卫生技术人员数、人均城市公园绿地面积等指标排位下降的综合作用下，2013 年长治市社会环境发展指数排位下降 6 位，居中原经济区第 14 位。

第二十三章

邢台市发展指数分析

一　邢台市发展评价分析

2012～2013年，邢台市发展指数及其下层指标评价值和排位变化情况，如表23－1和图23－1所示。

表23－1　邢台市2012～2013年发展评价值及排名

年份	经济发展指数	生态环境发展指数	社会环境发展指数	邢台市发展指数
2011	30.47	62.78	20.42	30.13
2012	31.93	52.39	23.27	32.13
2013	31.58	67.66	26.29	35.93
2012年排名	19	27	26	23
2013年排名	21	22	27	26
升降	－2	5	－1	－3
优势度	劣势	劣势	劣势	劣势
2013年全排名	24	30	33	33

（1）2013年邢台市发展指数排位处于第26位，表明其在中原经济区处于劣势地位，与2012年相比排位下降3位。

（2）从准则层指标的优势度看，经济发展指数、生态环境发展指数和社会环境发展指数是邢台市发展指数中的劣势指标。

（3）从雷达图图形变化看，2013年与2012年相比，面积基本不变，邢台发展指数排位呈下降态势。

（4）从排位变化的动因看，在生态环境发展指数排位上升和经济发展

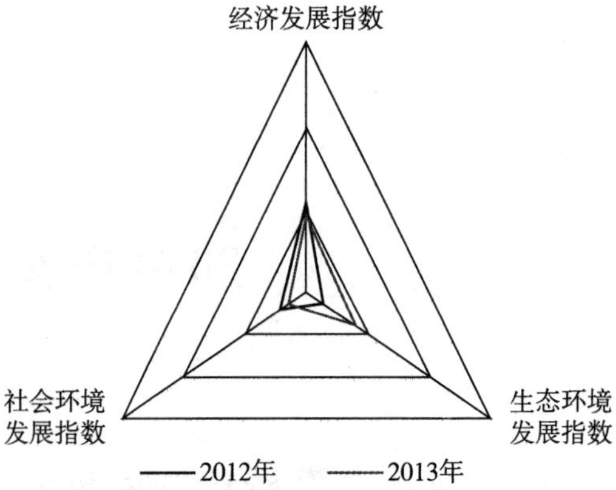

图 23－1　邢台市 2012～2013 年发展指数下层指标排位比较雷达图

指数、社会环境发展指数排位下降的综合作用下，2013 年邢台市发展指数排位下降 3 位，居中原经济区第 26 位。

二　邢台市经济发展评价分析

2012～2013 年，邢台市经济发展指数及其下层指标评价值和排位变化情况，如表 23－2 和图 23－2 所示。

表 23－2　邢台市 2012～2013 年经济发展评价值及排名

年份	人均GDP	三次产业结构	非国有工业增加值占比	工业化指数	城镇化率	第一产业就业人数比重	人均全社会消费品零售总额
2011	31.84	51.46	51.47	39.69	23.19	29.64	23.39
2012	34.38	50.43	58.82	42.48	24.90	30.77	28.22
2013	33.64	47.19	63.24	42.27	27.14	31.89	30.22
2012 年排名	23	19	18	21	16	21	22
2013 年排名	24	19	18	21	14	23	22
升降	－1	0	0	0	2	－2	0
优势度	劣势	中势	中势	劣势	中势	劣势	劣势
2013 年全排名	30	23	26	26	15	29	25

续表

年份	城镇化指数	劳均农作物播种面积	单产农用化肥施用量	单产农用大中型拖拉机动力	农业现代化指数	经济发展指数
2011	24.89	59.91	4.67	10.02	46.33	30.47
2012	26.78	43.39	8.41	19.61	36.10	31.93
2013	28.71	9.84	1.29	15.04	8.90	31.58
2012 年排名	17	3	11	13	3	19
2013 年排名	18	22	28	17	26	21
升降	-1	-19	-17	-4	-23	-2
优势度	中势	劣势	劣势	中势	劣势	劣势
2013 年全排名	21	32	37	21	36	24

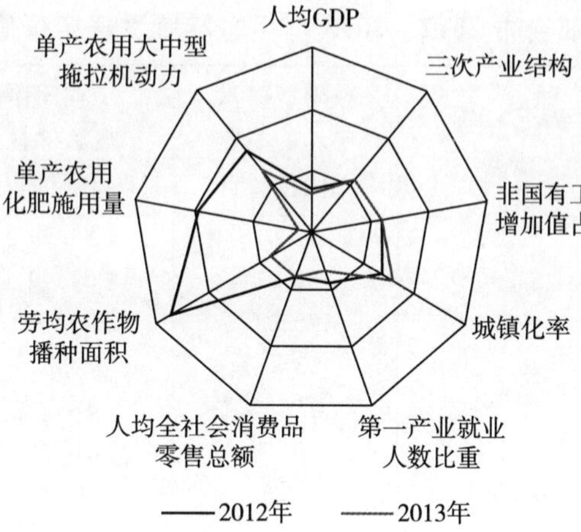

图 23-2　邢台市 2012~2013 年经济发展指数下层指标排位比较雷达图

（1）2013 年邢台市经济发展指数排位处于第 21 位，表明其在中原经济区处于劣势地位，与 2012 年相比排位下降 2 位。其中工业化指数排位处于第 21 位，与 2012 年相比排位没有变化；城镇化指数排位处于第 18 位，与 2012 年相比排位下降 1 位；农业现代化指数排位处于第 26 位，与 2012 年相比排位下降 23 位。

（2）从方案层指标的优势度看，三次产业结构、非国有工业增加值占比、城镇化率、城镇化指数、单产农用大中型拖拉机动力是邢台市经济发展指数中的中势指标，其余是邢台市经济发展指数中的劣势指标。

（3）从雷达图图形变化看，2013 年与 2012 年相比，面积明显缩小，经济发展指数排位呈下降趋势。

（4）从排位变化的动因看，在第一产业就业人数比重、劳均农作物播种面积、单产农用化肥施用量等指标排位下降和城镇化率指标排位上升的综合作用下，2013 年邢台市经济发展指数排位下降 2 位，居中原经济区第 21 位。

三　邢台市生态环境发展评价分析

2012 ~ 2013 年，邢台市生态环境发展指数及其下层指标评价值和排位变化情况，如表 23 – 3 和图 23 – 3 所示。

表 23 – 3　邢台市 2012 ~ 2013 年生态环境发展评价值及排名

年份	万元 GDP 能耗	按辖区面积平均的工业烟尘排放量	工业固体废物综合利用率	生态环境发展指数
2011	52.49	71.61	88.23	62.78
2012	55.56	72.81	21.40	52.39
2013	59.77	70.04	91.60	67.66
2012 年排名	26	23	28	27
2013 年排名	26	23	18	22
升降	0	0	10	5
优势度	劣势	劣势	中势	劣势
2013 年全排名	35	32	28	30

（1）2013 年邢台市生态环境发展指数排位处于第 22 位，表明其在中原经济区处于劣势地位，与 2012 年相比排位上升 5 位。

（2）从方案层指标的优势度看，邢台市生态环境发展指数中没有优势指标，万元 GDP 能耗、按辖区面积平均的工业烟尘排放量是邢台市生态环境发展指数中的劣势指标，工业固体废物综合利用率是邢台市生态环境发展指数中的中势指标。

（3）从雷达图图形变化看，2013 年与 2012 年相比，面积明显增加，生态环境发展指数排位呈上升态势。

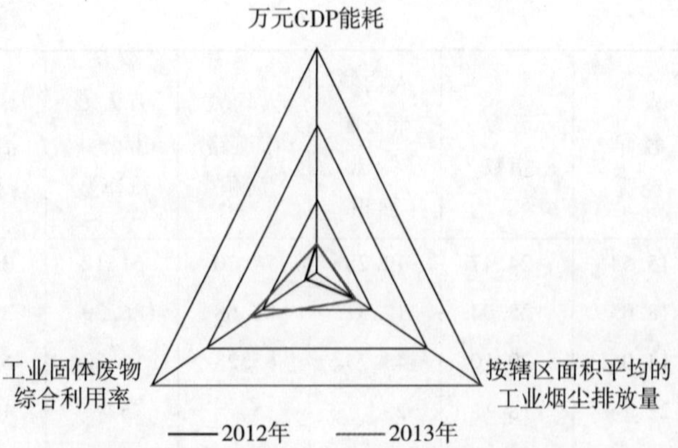

图 23－3　邢台市 2012～2013 年生态环境发展指数下层指标排位比较雷达图

（4）从排位变化的动因看，在万元 GDP 能耗、按辖区面积平均的工业烟尘排放量排位不变，以及工业固体废物综合利用率排位上升的综合作用下，2013 年邢台市生态环境发展指数排位上升 5 位，居中原经济区第 22 位。

四　邢台市社会环境发展评价分析

2012～2013 年，邢台市社会环境发展指数及其下层指标评价值和排位变化情况，如表 23－4 和图 23－4 所示。

表 23－4　邢台市 2012～2013 年社会环境发展评价值及排名

年份	城乡居民收入结构	城镇居民人均可支配收入	农村居民人均纯收入	收入指数	每万人卫生技术人员数	每万人卫生机构床位数	健康指数	万人中小学专任教师数
2011	7.27	17.51	14.51	12.82	20.46	34.97	27.71	33.40
2012	7.80	25.40	19.41	16.97	25.00	37.22	31.11	32.03
2013	15.67	19.52	21.57	18.92	27.93	45.29	36.61	26.16
2012 年排名	24	24	24	24	23	23	25	16
2013 年排名	14	29	25	26	24	24	25	25
升降	10	－5	－1	－2	－1	－1	0	－9
优势度	中势	劣势	劣势	劣势	劣势	劣势	劣势	劣势
2013 年全排名	21	35	32	33	28	30	31	31

续表

年份	人均教育经费	教育指数	人均城市公园绿地面积	人均城市道路面积	万人城市公共汽车数	城市生活环境指数	社会环境发展指数
2011	15.54	24.47	12.28	77.10	61.12	33.39	20.42
2012	18.05	25.04	12.31	81.68	86.39	35.57	23.27
2013	14.05	20.10	43.75	65.28	16.72	62.62	26.29
2012 年排名	22	18	25	5	5	10	26
2013 年排名	30	28	6	4	3	2	27
升降	-8	-10	19	1	2	8	-1
优势度	劣势	劣势	优势	优势	优势	优势	劣势
2013 年全排名	38	34	8	4	4	3	33

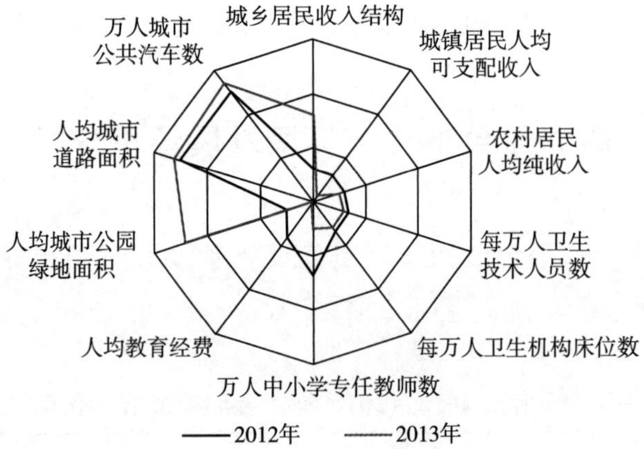

图 23-4 邢台市 2012~2013 年社会环境发展指数下层指标排位比较雷达图

（1）2013 年邢台市社会环境发展指数排位处于第 27 位，表明其在中原经济区处于劣势地位，与 2012 年相比排位下降 1 位。其中教育指数排位处于第 28 位，与 2012 年相比排位下降 10 位；城市生活环境指数排位处于第 2 位，与 2012 年相比排位上升 8 位；健康指数排位处于第 25 位，与 2012 年相比排位没有变化；收入指数排位处于第 26 位，与 2012 年相比排位下降 2 位。

（2）从方案层指标的优势度看，人均城市公园绿地面积、人均城市道路面积、万人城市公共汽车数、城市生活环境指数是邢台市社会环境发展指数中的优势指标，城乡居民收入结构是邢台市社会环境发展指数中的中势指标，其余为劣势指标。

（3）从雷达图图形变化看，2013 年与 2012 年相比，面积略有缩小，社会环境发展指数排位呈下降态势。

（4）从排位变化的动因看，在城镇居民人均可支配收入、每万人卫生技术人员数、万人中小学专任教师数等指标排位下降和城乡居民收入结构、人均城市公园绿地面积等指标排位上升的综合作用下，2013 年邢台市社会环境发展指数排位下降 1 位，居中原经济区第 27 位。

第二十四章
邯郸市发展指数分析

一 邯郸市发展评价分析

2012～2013 年，邯郸市发展指数及其下层指标评价值和排位变化情况，如表 24－1 和图 24－1 所示。

表 24－1 邯郸市 2012～2013 年发展评价值及排名

年份	经济发展指数	生态环境发展指数	社会环境发展指数	邯郸市发展指数
2011	38.51	54.40	26.04	36.87
2012	38.12	45.57	28.74	37.98
2013	37.19	59.13	34.13	39.88
2012 年排名	12	29	14	13
2013 年排名	16	28	7	20
升降	－4	1	7	－7
优势度	中势	劣势	优势	中势
2013 年全排名	18	38	10	24

（1）2013 年邯郸市发展指数排位处于第 20 位，表明其在中原经济区处于中势地位，与 2012 年相比排位下降 7 位。

（2）从准则层指标的优势度看，经济发展指数是邯郸市生态环境发展指数中的中势指标，生态环境发展指数是邯郸市生态环境发展指数中的劣势指标，社会环境发展指数是邯郸市生态环境发展指数中的优势指标。

（3）从雷达图图形变化看，2013 年与 2012 年相比，面积略微变小，邯郸发展指数排位呈下降态势。

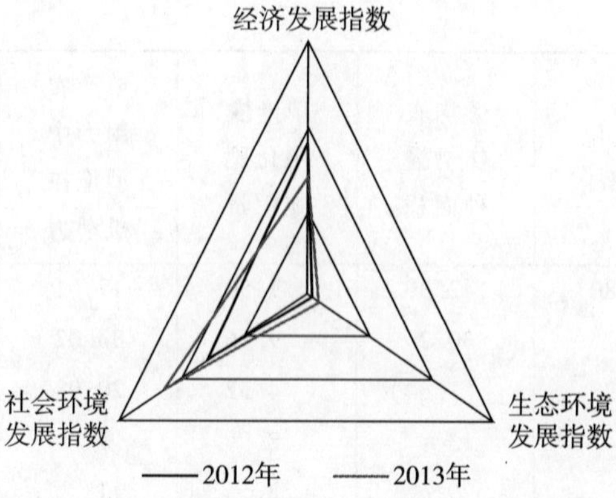

图 24－1　邯郸市 2012～2013 年发展指数
下层指标排位比较雷达图

（4）从排位变化的动因看，在社会环境发展指数、生态环境发展指数排位上升和经济发展指数排位下降的综合作用下，2013 年邯郸市发展指数排位下降 7 位，居中原经济区第 20 位。

二　邯郸市经济发展评价分析

2012～2013 年，邯郸市经济发展指数及其下层指标评价值和排位变化情况，如表 24－2 和图 24－2 所示。

表 24－2　邯郸市 2012～2013 年经济发展评价值及排名

年份	人均GDP	三次产业结构	非国有工业增加值占比	工业化指数	城镇化率	第一产业就业人数比重	人均全社会消费品零售总额
2011	46.37	61.77	2.94	40.76	33.05	52.62	29.75
2012	49.28	61.10	5.88	42.96	30.95	51.72	34.59
2013	44.40	58.57	8.82	40.12	33.77	52.61	36.59
2012 年排名	11	16	29	20	10	3	15
2013 年排名	18	18	29	25	10	6	15
升降	－7	－2	0	－5	0	－3	0
优势度	中势	中势	劣势	劣势	优势	优势	中势
2013 年全排名	22	20	38	30	11	9	16

续表

年份	城镇化指数	劳均农作物播种面积	单产农用化肥施用量	单产农用大中型拖拉机动力	农业现代化指数	经济发展指数
2011	37.80	42.39	7.50	17.61	34.94	38.51
2012	36.75	30.29	9.16	33.02	28.75	38.12
2013	38.98	(1.64)	4.52	20.98	1.53	37.19
2012 年排名	8	13	8	7	12	12
2013 年排名	9	29	22	11	30	16
升降	-1	-16	-14	-4	-18	-4
优势度	优势	劣势	劣势	中势	劣势	中势
2013 年全排名	10	39	31	15	40	18

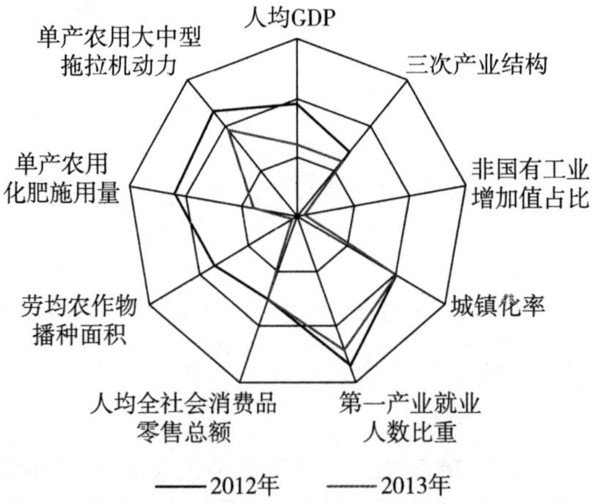

图 24-2　邯郸市 2012~2013 年经济发展指数下层指标排位比较雷达图

（1）2013 年邯郸市经济发展指数排位处于第 16 位，表明其在中原经济区处于中势地位，与 2012 年相比排位下降 4 位。其中工业化指数排位处于第 25 位，与 2012 年相比排位下降 5 位；城镇化指数排位处于第 9 位，与 2012 年相比排位下降 1 位；农业现代化指数排位处于第 30 位，与 2012 年相比排位下降 18 位。

（2）从方案层指标的优势度看，城镇化率、第一产业就业人数比重、城镇化指数是邯郸市经济发展指数中的优势指标，人均 GDP、三次产业结构、人均全社会消费品零售总额、单产农用大中型拖拉机动力是邯郸市经济发展指数中的中势指标，其余为劣势指标。

（3）从雷达图图形变化看，2013 年与 2012 年相比，面积明显缩小，经济发展指数排位呈下降态势。

（4）从排位变化的动因看，在人均 GDP、三次产业结构、第一产业就业人数比重等指标排位下降和其他指标排位保持不变的综合作用下，2013 年邯郸市经济发展指数排位下降 4 位，居中原经济区第 16 位。

三 邯郸市生态环境发展评价分析

2012～2013 年，邯郸市生态环境发展指数及其下层指标评价值和排位变化情况，如表 24－3 和图 24－3 所示。

表 24－3 邯郸市 2012～2013 年生态环境发展评价值及排名

年份	万元 GDP 能耗	按辖区面积平均的工业烟尘排放量	工业固体废物综合利用率	生态环境发展指数
2011	50.96	29.39	90.89	54.40
2012	54.41	37.62	24.09	45.57
2013	57.16	31.78	93.01	59.13
2012 年排名	27	30	27	29
2013 年排名	27	30	16	28
升降	0	0	11	1
优势度	劣势	劣势	中势	劣势
2013 年全排名	36	39	26	38

（1）2013 年邯郸市生态环境发展指数排位处于第 28 位，表明其在中原经济区处于劣势地位，与 2012 年相比排位上升 1 位。

（2）从方案层指标的优势度看，工业固体废物综合利用率是邯郸市发展指数中的中势指标，万元 GDP 能耗、按辖区面积平均的工业烟尘排放量是邯郸市发展指数中的劣势指标。

（3）从雷达图图形变化看，2013 年与 2012 年相比，面积略有增加，生态环境发展指数排位呈上升态势。

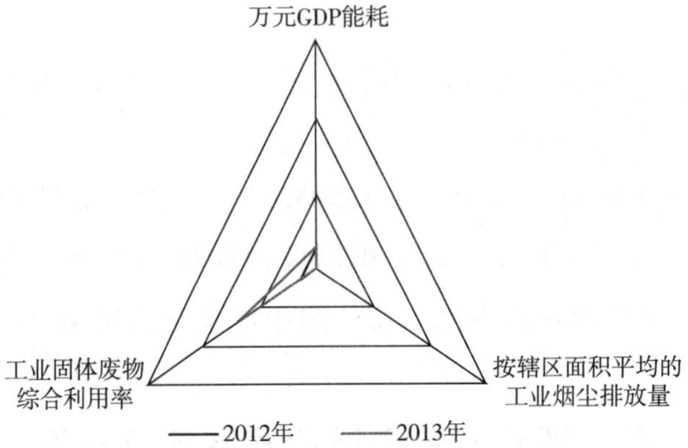

图 24－3　邯郸市 2012～2013 年生态环境发展指数下层指标排位比较雷达图

（4）从排位变化的动因看，在按辖区面积平均的工业烟尘排放量、万元 GDP 能耗排位不变和工业固体废物综合利用率排位上升的综合作用下，2013 年邯郸市生态环境发展指数排位上升 1 位，居中原经济区第 28 位。

四　邯郸市社会环境发展评价分析

2012～2013 年，邯郸市社会环境发展指数及其下层指标评价值和排位变化情况，如表 24－4 和图 24－4 所示。

表 24－4　邯郸市 2012～2013 年社会环境发展评价值及排名

年份	城乡居民收入结构	城镇居民人均可支配收入	农村居民人均纯收入	收入指数	每万人卫生技术人员数	每万人卫生机构床位数	健康指数	万人中小学专任教师数
2011	11.67	27.25	23.16	20.43	23.11	40.63	31.87	37.70
2012	12.71	35.24	28.42	24.92	23.39	44.67	34.03	34.54
2013	21.55	27.67	29.71	26.31	27.10	48.66	37.88	29.89
2012 年排名	14	7	10	10	26	19	19	15
2013 年排名	7	24	11	11	25	19	23	22
升降	7	－17	－1	－1	1	0	－4	－7
优势度	优势	劣势	中势	中势	劣势	中势	劣势	劣势
2013 年全排名	11	26	14	14	30	24	28	28

续表

年份	人均教育经费	教育指数	人均城市公园绿地面积	人均城市道路面积	万人城市公共汽车数	城市生活环境指数	社会环境发展指数
2011	18.28	27.99	11.38	83.65	100.00	37.84	26.04
2012	21.81	28.18	14.54	83.83	87.15	40.00	28.74
2013	18.35	24.12	84.04	100.00	20.80	94.68	34.13
2012 年排名	15	16	17	4	4	5	14
2013 年排名	22	22	1	1	1	1	7
升降	-7	-6	16	3	3	4	7
优势度	劣势	劣势	优势	优势	优势	优势	优势
2013 年全排名	29	28	1	1	1	1	10

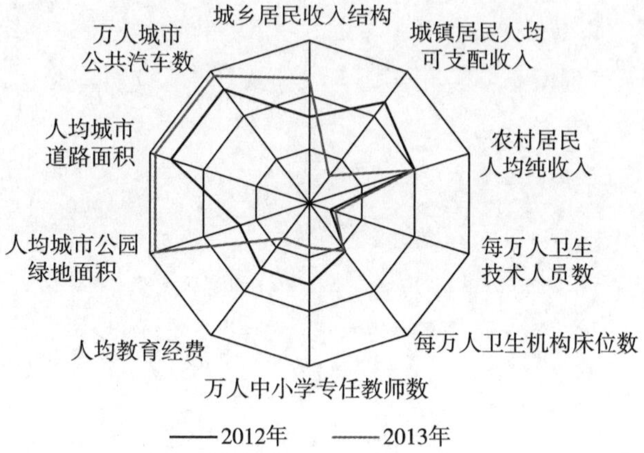

图 24-4　邯郸市 2012～2013 年社会环境发展指数下层指标排位比较雷达图

（1）2013 年邯郸市社会环境发展指数排位处于第 7 位，表明其在中原经济区处于优势地位，与 2012 年相比排位上升 7 位。其中教育指数排位处于第 22 位，与 2012 年相比排位下降 6 位；城市生活环境指数排位处于第 1 位，与 2012 年相比排位上升了 4 位；健康指数排位处于第 23 位，与 2012 年相比排位下降 4 位；收入指数排位处于第 11 位，与 2012 年相比排位下降 1 位。

（2）从方案层指标的优势度看，城乡居民收入结构、人均城市公园绿地面积、人均城市道路面积、万人城市公共汽车数、城市生活环境指数是邯郸市社会环境发展指数中的优势指标，农村居民人均纯收入、收入指数、每万人卫生机构床位数是邯郸市社会环境发展指数中的中势指标。

（3）从雷达图图形变化看，2013 年与 2012 年相比，面积有所扩大，社会环境发展指数排位呈上升态势。

（4）从排位变化的动因看，在城乡居民收入结构、人均城市公园绿地面积、人均城市道路面积、万人城市公共汽车数等指标排位上升和城镇居民人均可支配收入、万人中小学专任教师数等指标排位下降的综合作用下，2013 年邯郸市社会环境发展指数排位上升 7 位，居中原经济区第 7 位。

第二十五章
聊城市发展指数分析

一　聊城市发展评价分析

2012～2013年，聊城市发展指数及其下层指标评价值和排位变化情况，如表25－1和图25－1所示。

表25－1　聊城市2012～2013年发展评价值及排名

年份	经济发展指数	生态环境发展指数	社会环境发展指数	聊城市发展指数
2011	28.79	79.09	23.17	31.15
2012	32.09	81.17	26.63	34.58
2013	37.24	82.78	29.47	42.41
2012年排名	18	16	18	20
2013年排名	15	15	23	14
升降	3	1	－5	6
优势度	中势	中势	劣势	中势
2013年全排名	17	23	29	17

（1）2013年聊城市发展指数排位处于第14位，表明其在中原经济区处于中势地位，与2012年相比排位上升6位。

（2）从准则层指标的优势度看，经济发展指数、生态环境发展指数是聊城市发展指数中的中势指标，社会环境发展指数是聊城市发展指数中的劣势指标。

（3）从雷达图图形变化看，2013年与2012年相比，面积有所增大，聊城发展指数排位呈现上升趋势。

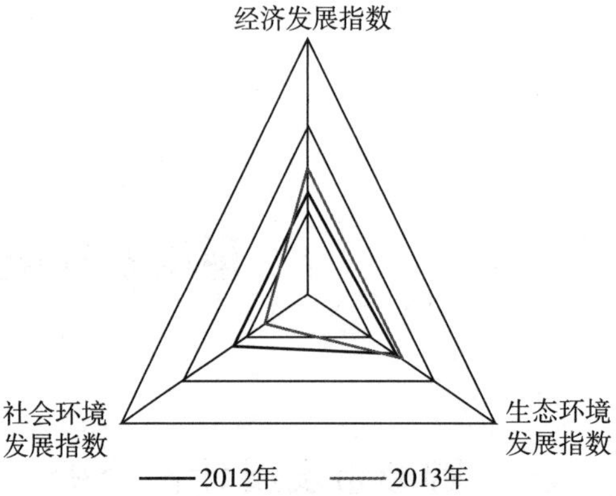

图 25 -1 聊城市 2012 ~2013 年发展指数下层指标排位比较雷达图

（4）从排位变化的动因看，在生态环境发展指数、经济发展指数排位上升和社会环境发展指数排位下降的综合作用下，2013 年聊城市发展指数排位上升 6 位，居中原经济区第 14 位。

二 聊城市经济发展评价分析

2012 ~2013 年，聊城市经济发展指数及其下层指标评价值和排位变化情况，如表 25 -2 和图 25 -2 所示。

表 25 -2 聊城市 2012 ~2013 年经济发展评价值及排名

年份	人均GDP	三次产业结构	非国有工业增加值占比	工业化指数	城镇化率	第一产业就业人数比重	人均全社会消费品零售总额
2011	49.47	60.70	94.12	60.65	5.36	27.43	36.64
2012	53.36	63.55	97.06	64.14	7.99	30.22	41.19
2013	54.29	63.19	95.82	64.38	23.30	33.00	43.14
2012 年排名	9	13	1	4	29	23	4
2013 年排名	8	14	2	5	19	22	4
升降	1	-1	-1	-1	10	1	0
优势度	优势	中势	优势	优势	中势	劣势	优势
2013 年全排名	9	16	9	6	20	28	5

续表

年份	城镇化指数	劳均农作物播种面积	单产农用化肥施用量	单产农用大中型拖拉机动力	农业现代化指数	经济发展指数
2011	14.43	29.29	8.16	31.02	27.59	28.79
2012	17.31	38.03	8.78	34.58	34.69	32.09
2013	28.01	(2.70)	6.15	29.73	1.85	37.24
2012 年排名	25	7	10	6	4	18
2013 年排名	20	30	19	5	29	15
升降	5	-23	-9	1	-25	3
优势度	中势	劣势	中势	优势	劣势	中势
2013 年全排名	23	40	27	8	39	17

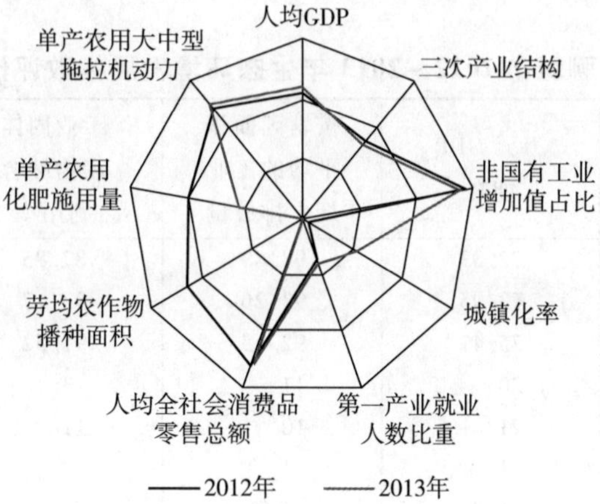

图 25-2　聊城市 2012~2013 年经济发展指数下层指标排位比较雷达图

（1）2013 年聊城市经济发展指数排位处于第 15 位，表明其在中原经济区处于中势地位，与 2012 年相比上升 3 位。其中工业化指数排位处于第 5 位，与 2012 年相比排位下降 1 位；城镇化指数排位处于第 20 位，与 2012 年相比排位上升 5 位；农业现代化指数排位处于第 29 位，与 2012 年相比排位下降 25 位。

（2）从方案层指标的优势度看，人均 GDP、非国有工业增加值占比、工业化指数、人均全社会消费品零售总额、单产农用大中型拖拉机动力是聊城市经济发展指数中的优势指标，三次产业结构、城镇化率、城镇化指数、单产农用化肥施用量是聊城市经济发展指数中的中势指标，其余为劣势指标。

（3）从雷达图图形变化看，2013 年与 2012 年相比，经济发展指数排位呈现上升趋势。

（4）从排位变化的动因看，在人均 GDP、城镇化率、第一产业就业人数比重等指标排位上升，以及三次产业结构、非国有工业增加值占比、劳均农作物播种面积等指标排位下降的作用下，2013 年聊城市经济发展指数排位上升 3 位，居中原经济区第 15 位。

三 聊城市生态环境发展评价分析

2012～2013 年，聊城市生态环境发展指数及其下层指标评价值和排位变化情况，如表 25－3 和图 25－3 所示。

表 25－3 聊城市 2012～2013 年生态环境发展指数评价值及排名

年份	万元 GDP 能耗	按辖区面积平均的工业烟尘排放量	工业固体废物综合利用率	生态环境发展指数
2011	72.03	93.88	87.85	79.09
2012	73.95	93.26	93.17	81.17
2013	75.41	92.63	97.52	82.78
2012 年排名	20	11	13	16
2013 年排名	21	10	11	15
升降	－1	1	2	1
优势度	劣势	优势	中势	中势
2013 年全排名	29	17	20	23

（1）2013 年聊城市生态环境发展指数排位处于第 15 位，表明其在中原经济区处于中势地位，与 2012 年相比排位上升 1 位。

（2）从方案层指标的优势度看，万元 GDP 能耗是聊城市生态环境发展指数中的劣势指标，按辖区面积平均的工业烟尘排放量是聊城市生态环境发展指数中的优势指标，工业固体废物综合利用率是聊城市生态环境发展指数中的中势指标。

（3）从雷达图图形变化看，2013 年与 2012 年相比，面积基本不变，生态环境发展指数排位略有上升。

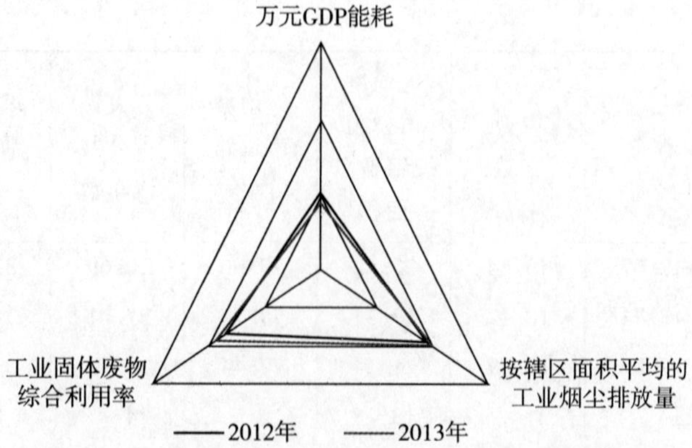

图 25－3　聊城市 2012～2013 年生态环境发展指数下层指标排位比较雷达图

（4）从排位变化的动因看，在按辖区面积平均的工业烟尘排放量、工业固体废物综合利用率排位上升和万元 GDP 能耗排位下降的综合作用下，生态环境指数排位比 2012 年上升 1 位，居中原经济区第 15 位。

四　聊城市社会环境发展评价分析

2012～2013 年，聊城市社会环境发展指数及其下层指标评价值和排位变化情况，如表 25－4 和图 25－4 所示。

表 25－4　聊城市 2012～2013 年社会环境发展评价值及排名

年份	城乡居民收入结构	城镇居民人均可支配收入	农村居民人均纯收入	收入指数	每万人卫生技术人员数	每万人卫生机构床位数	健康指数	万人中小学专任教师数
2011	10.72	31.50	24.95	22.12	24.56	36.06	30.31	19.01
2012	10.72	40.71	30.22	26.67	27.03	40.84	33.94	18.10
2013	12.42	42.62	32.64	29.23	34.43	50.23	42.33	19.59
2012 年排名	16	2	6	6	21	20	20	22
2013 年排名	18	2	6	6	21	18	20	28
升降	－2	0	0	0	0	2	0	－6
优势度	中势	优势	优势	优势	劣势	中势	中势	劣势
2013 年全排名	28	2	8	8	24	22	23	34

续表

年份	人均教育经费	教育指数	人均城市公园绿地面积	人均城市道路面积	万人城市公共汽车数	城市生活环境指数	社会环境发展指数
2011	12.67	15.84	22.42	77.86	20.69	37.46	23.17
2012	18.74	18.42	19.37	79.71	27.01	37.86	26.63
2013	17.99	18.79	21.14	77.44	5.57	39.89	29.47
2012 年排名	19	21	13	6	24	8	18
2013 年排名	23	30	19	3	19	9	23
升降	-4	-9	-6	3	5	-1	-5
优势度	劣势	劣势	中势	优势	中势	优势	劣势
2013 年全排名	30	36	26	3	26	15	29

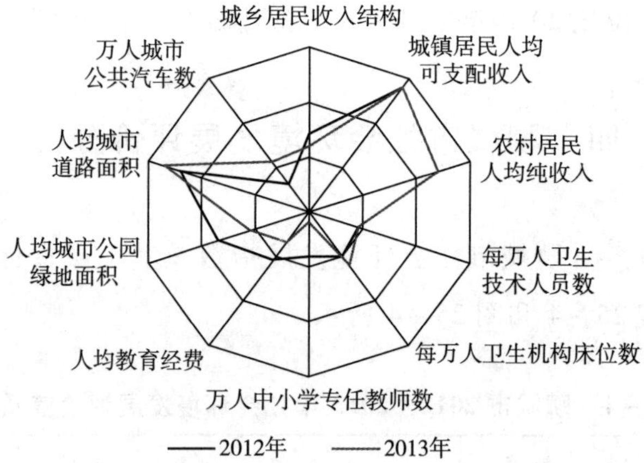

图 25-4　聊城市 2012～2013 年社会环境发展指数下层指标排位比较雷达图

（1）2013 年聊城市社会环境发展指数排位处于第 23 位，表明其在中原经济区处于劣势地位，与 2012 年相比排位下降 5 位。其中教育指数排位处于第 30 位，与 2012 年相比排位下降 9 位；城市生活环境指数排位处于第 9 位，与 2012 年相比排位下降 1 位；健康指数排位处于第 20 位，与 2012 年相比排位没有变化；收入指数排位处于第 6 位，与 2012 年相比排位没有变化。

（2）从方案层指标的优势度看，城镇居民人均可支配收入、农村居民人均纯收入、收入指数、人均城市道路面积、城市生活环境指数是聊城市社会环境发展指数中的优势指标，每万人卫生技术人员数、万人中小学专任教师数、人均教育经费、教育指数是聊城市社会环境发展指数中的劣势指标，其余为中势指标。

（3）从雷达图图形变化看，2013 年与 2012 年相比，面积略有缩小，社会环境发展指数排位呈下降态势。

（4）从排位变化的动因看，在万人中小学专任教师数、人均教育经费、人均城市公园绿地面积等指标排位下降和每万人卫生机构床位数、人均城市道路面积、万人城市公共汽车数排位上升的综合作用下，2013 年聊城市社会环境发展指数排位下降 5 位，居中原经济区第 23 位。

第二十六章

菏泽市发展指数分析

一　菏泽市发展评价分析

2012～2013年，菏泽市发展指数及其下层指标评价值和排位变化情况，如表26－1和图26－1所示。

表26－1　菏泽市2012～2013年发展评价值及排名

年份	经济发展指数	生态环境发展指数	社会环境发展指数	菏泽市发展指数
2011	31.57	81.49	24.85	34.68
2012	35.37	82.79	27.84	37.98
2013	34.92	83.38	29.62	41.31
2012年排名	16	13	15	14
2013年排名	18	13	22	15
升降	－2	0	－7	－1
优势度	中势	中势	劣势	中势
2013年全排名	20	21	28	19

（1）2013年菏泽市发展指数排位处于第15位，表明其在中原经济区处于中势地位，与2012年相比排位下降1位。

（2）从准则层指标的优势度看，经济发展指数、生态环境发展指数都是菏泽市生态环境发展指数中的中势指标，社会环境发展指数是菏泽市生态环境发展指数中的劣势指标。

（3）从雷达图图形变化看，2013年与2012年相比，面积略有缩小，菏泽发展指数排位呈现下降趋势。

（4）从排位变化的动因看，在社会环境发展指数、经济发展指数排位

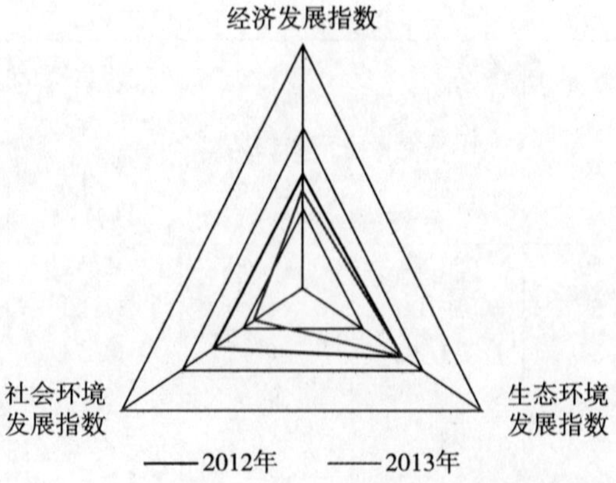

图 26－1　菏泽市 2012～2013 年发展指数下层指标排位比较雷达图

下降，以及生态环境发展指数排位不变的综合作用下，2013 年菏泽市发展指数排位下降 1 位，居中原经济区第 15 位。

二　菏泽市经济发展评价分析

2012～2013 年，菏泽市经济发展指数及其下层指标评价值和排位变化情况，如表 26－2 和图 26－2 所示。

表 26－2　菏泽市 2012～2013 年经济发展评价值及排名

年份	人均 GDP	三次产业结构	非国有工业增加值占比	工业化指数	城镇化率	第一产业就业人数比重	人均全社会消费品零售总额
2011	29.59	51.10	92.65	46.50	15.47	40.37	30.84
2012	34.62	58.21	95.59	51.53	19.91	39.50	35.72
2013	37.05	61.77	95.63	53.71	22.52	40.38	37.76
2012 年排名	22	17	2	15	19	13	13
2013 年排名	22	16	3	14	20	12	13
升降	0	1	－1	1	－1	1	0
优势度	劣势	中势	优势	中势	中势	中势	中势
2013 年全排名	28	18	10	17	21	17	14

续表

年份	城镇化指数	劳均农作物播种面积	单产农用化肥施用量	单产农用大中型拖拉机动力	农业现代化指数	经济发展指数
2011	23.59	52.24	8.69	35.51	45.32	31.57
2012	26.69	59.00	9.09	37.22	50.63	35.37
2013	28.84	3.30	4.11	40.55	6.96	34.92
2012 年排名	18	1	9	5	1	16
2013 年排名	17	28	24	2	27	18
升降	1	-27	-15	3	-26	-2
优势度	中势	劣势	劣势	优势	劣势	中势
2013 年全排名	20	38	33	2	37	20

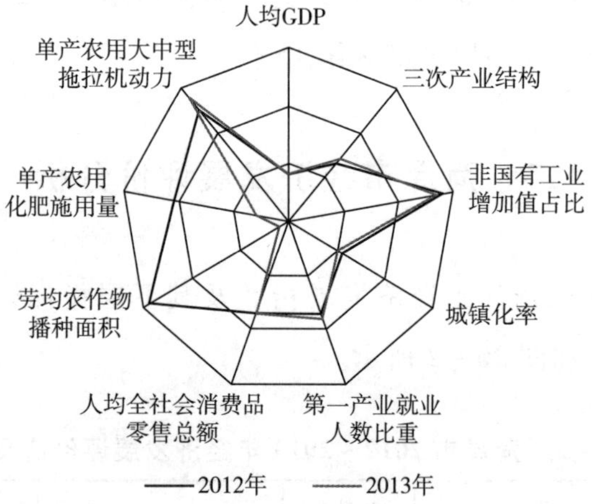

图 26-2 菏泽市 2012～2013 年经济发展指数下层指标排位比较雷达图

（1）2013 年菏泽市经济发展指数排位处于第 18 位，表明其在中原经济区处于中势地位，与 2012 年相比排位下降 2 位。其中工业化指数排位处于第 14 位，与 2012 年相比排位上升 1 位；城镇化指数排位处于第 17 位，与 2012 年相比排位上升 1 位；农业现代化指数排位处于第 27 位，与 2012 年相比排位下降 26 位。

（2）从方案层指标的优势度看，非国有工业增加值占比、单产农用大中型拖拉机动力是菏泽市经济发展指数中的优势指标，人均 GDP、劳均农作物播种面积、单产农用化肥施用量、农业现代化指数是菏泽市经济发展指数中的劣势指标，其余为中势指标。

（3）从雷达图图形变化看，2013 年与 2012 年相比，面积略有缩小，经济发展指数排位呈下降态势。

（4）从排位变化的动因看，在三次产业结构、第一产业就业人数比重、单产农用大中型拖拉机动力等指标排位上升和非国有工业增加值占比、城镇化率、劳均农作物播种面积等指标排位下降的综合作用下，2013 年菏泽市经济发展指数排位下降 2 位，居中原经济区第 18 位。

三　菏泽市生态环境发展评价分析

2012～2013 年，菏泽市生态环境发展指数及其下层指标评价值和排位变化情况，如表 26－3 和图 26－3 所示。

表 26－3　菏泽市 2012～2013 年生态环境发展评价值及排名

年份	万元 GDP 能耗	按辖区面积平均的工业烟尘排放量	工业固体废物综合利用率	生态环境发展指数
2011	72.41	93.23	100.00	81.49
2012	74.33	93.80	100.00	82.79
2013	76.48	89.77	100.00	83.38
2012 年排名	18	10	1	13
2013 年排名	18	14	1	13
升降	0	－4	0	0
优势度	中势	中势	优势	中势
2013 年全排名	26	21	2	21

（1）2013 年菏泽市生态环境发展指数排位处于第 13 位，表明其在中原经济区处于中势地位，与 2012 年相比排位没有变化。

（2）从方案层指标的优势度看，万元 GDP 能耗、按辖区面积平均的工业烟尘排放量是菏泽市生态环境发展指数中的中势指标，工业固体废物综合利用率是菏泽市生态环境发展指数中的优势指标。

（3）从雷达图图形变化看，2013 年与 2012 年相比，面积基本不变，生态环境发展指数排位呈平稳发展趋势。

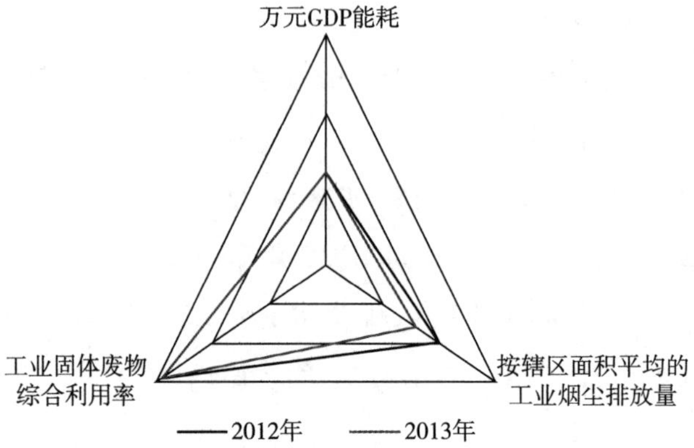

图 26－3　菏泽市 2012～2013 年生态环境发展指数下层指标排位比较雷达图

（4）从排位变化的动因看，在按辖区面积平均的工业烟尘排放量排位下降和万元 GDP 能耗、工业固体废物综合利用率排位不变的综合作用下，2013 年菏泽市生态环境发展指数排位保持不变，居中原经济区第 13 位。

四　菏泽市社会环境发展评价分析

2012～2013 年，菏泽市社会环境发展指数及其下层指标评价值和排位变化情况，如表 26－4 和图 26－4 所示。

表 26－4　菏泽市 2012～2013 年社会环境发展评价值及排名

年份	城乡居民收入结构	城镇居民人均可支配收入	农村居民人均纯收入	收入指数	每万人卫生技术人员数	每万人卫生机构床位数	健康指数	万人中小学专任教师数
2011	18.26	17.76	21.92	19.07	28.51	34.21	31.36	49.39
2012	18.30	27.09	27.28	23.73	29.91	36.51	33.21	50.19
2013	19.83	29.43	29.72	26.33	43.06	46.72	44.89	44.99
2012 年排名	8	21	11	12	19	24	21	7
2013 年排名	9	18	10	10	7	22	17	10
升降	－1	3	1	2	12	2	4	－3
优势度	优势	中势	优势	优势	优势	劣势	中势	优势
2013 年全排名	14	20	13	13	9	27	20	13

续表

年份	人均教育经费	教育指数	人均城市公园绿地面积	人均城市道路面积	万人城市公共汽车数	城市生活环境指数	社会环境发展指数
2011	10.99	30.19	22.42	32.81	11.07	26.56	24.85
2012	15.86	33.03	19.37	31.65	10.32	23.78	27.84
2013	16.02	30.51	21.14	32.11	2.71	17.45	29.62
2012 年排名	29	11	13	24	27	20	15
2013 年排名	25	14	19	20	26	25	22
升降	4	-3	-6	4	1	-5	-7
优势度	劣势	中势	中势	中势	劣势	劣势	劣势
2013 年全排名	33	18	26	30	35	35	28

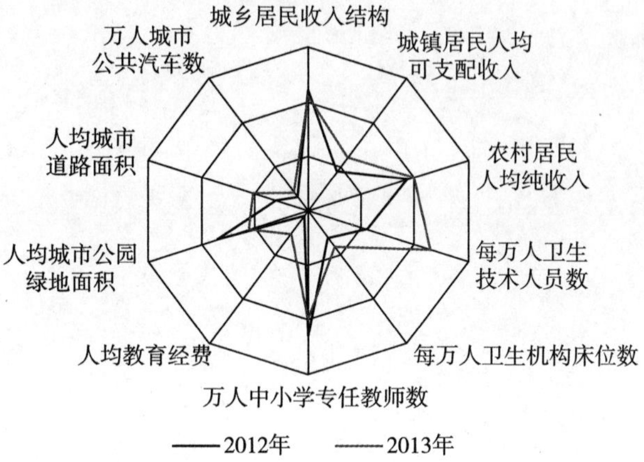

图 26-4　菏泽市 2012~2013 年社会环境发展指数下层指标排位比较雷达图

（1）2013 年菏泽市社会环境发展指数排位处于第 22 位，表明其在中原经济区处于劣势地位，与 2012 年相比排位下降 7 位。其中教育指数排位处于第 14 位，与 2012 年相比排位下降 3 位；城市生活环境指数排位处于第 25 位，与 2012 年相比排位下降 5 位；健康指数排位处于第 17 位，与 2012 年相比排位上升 4 位；收入指数排位处于第 10 位，与 2012 年相比排位上升 2 位。

（2）从方案层指标的优势度看，城乡居民收入结构、农村居民人均纯收入、收入指数、每万人卫生技术人员数、万人中小学专任教师数是菏泽市社会环境发展指数中的优势指标，城镇居民人均可支配收入、健康指数、教育指数、人均城市公园绿地面积、人均城市道路面积等是菏泽市社会环境发展指数中的中势指标，其余为劣势指标。

（3）从雷达图图形变化看，2013 年与 2012 年相比，面积有所缩小，社会环境发展指数排位呈下降趋势。

（4）从排位变化的动因看，在城镇居民人均可支配收入、每万人卫生技术人员数、每万人卫生机构床位数等指标排位上升以及城乡居民收入结构、万人中小学专任教师数、人均城市公园绿地面积等指标排位下降的综合作用下，2013 年菏泽市社会环境发展指数排位下降 7 位，居中原经济区第 22 位。

第二十七章

淮北市发展指数分析

一　淮北市发展评价分析

2012～2013 年，淮北市发展指数及其下层指标评价值和排位变化情况，如表 27－1 和图 27－1 所示。

表 27－1　淮北市 2012～2013 年发展评价值及排名

年份	经济发展指数	生态环境发展指数	社会环境发展指数	淮北市发展指数
2011	44.81	72.83	27.46	42.41
2012	47.88	75.80	30.18	45.07
2013	47.99	77.03	28.31	46.91
2012 年排名	3	17	11	4
2013 年排名	6	18	25	8
升降	－3	－1	－14	－4
优势度	优势	中势	劣势	优势
2013 年全排名	7	26	31	10

（1）2013 年淮北市发展指数排位处于第 8 位，表明其在中原经济区处于优势地位，与 2012 年相比排位下降 4 位。

（2）从准则层指标的优势度看，经济发展指数是淮北市发展指数中的优势指标，生态环境发展指数是淮北市发展指数中的中势指标，社会环境发展指数是淮北市发展指数中的劣势指标。

（3）从雷达图图形变化看，2013 年与 2012 年相比，面积扩大，淮北发展指数排位呈下降态势。

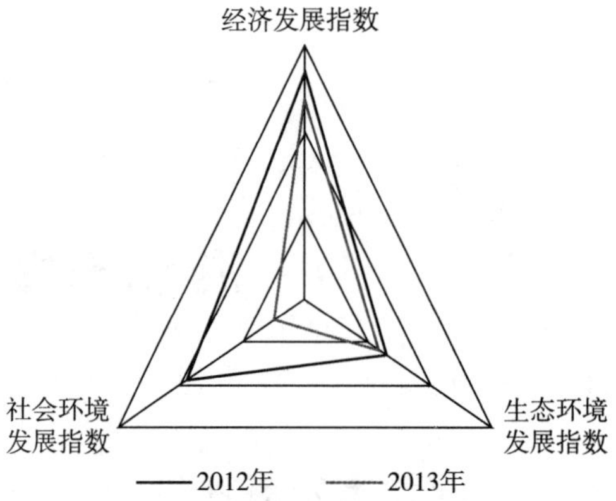

图 27－1　淮北市 2012～2013 年发展指数下层指标排位比较雷达图

（4）从排位变化的动因看，在生态环境发展指数、社会环境发展指数、经济发展指数排位下降的综合作用下，2013 年淮北市发展指数排位下降 4 位，居中原经济区第 8 位。

二　淮北市经济发展评价分析

2012～2013 年，淮北市经济发展指数及其下层指标评价值和排位变化情况，如表 27－2 和图 27－2 所示。

表 27－2　淮北市 2012～2013 年经济发展评价值及排名

年份	人均GDP	三次产业结构	非国有工业增加值占比	工业化指数	城镇化率	第一产业就业人数比重	人均全社会消费品零售总额
2011	41.42	76.00	25.00	45.05	47.86	49.17	20.77
2012	45.48	76.71	45.59	51.75	50.53	48.83	25.82
2013	47.45	77.42	26.04	49.16	52.68	49.36	27.76
2012 年排名	15	8	23	14	2	9	23
2013 年排名	13	7	28	19	2	10	23
升降	2	1	－5	－5	0	－1	0
优势度	中势	优势	劣势	中势	优势	优势	劣势
2013 年全排名	15	8	37	23	2	13	29

续表

年份	城镇化指数	劳均农作物播种面积	单产农用化肥施用量	单产农用大中型拖拉机动力	农业现代化指数	经济发展指数
2011	45.32	42.81	21.89	24.45	37.75	44.81
2012	47.46	34.27	23.38	30.00	32.52	47.88
2013	49.07	34.76	4.38	33.70	29.57	47.99
2012 年排名	2	9	1	8	5	3
2013 年排名	3	9	23	3	9	6
升降	-1	0	-22	5	-4	-3
优势度	优势	优势	劣势	优势	优势	优势
2013 年全排名	4	14	32	5	15	7

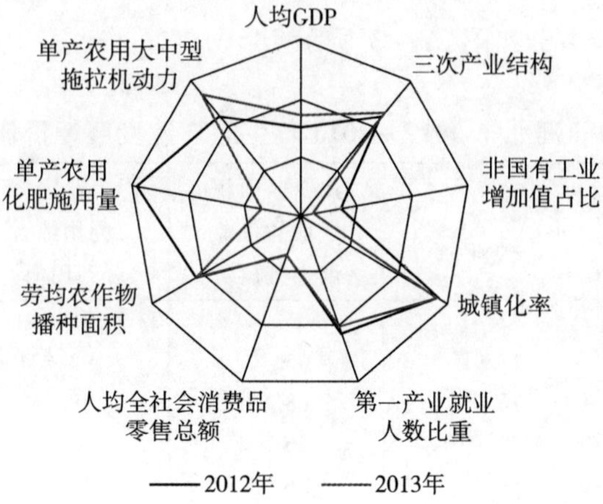

图 27-2 淮北市 2012~2013 年经济发展指数下层指标排位比较雷达图

（1）2013 年淮北市经济发展指数排位处于第 6 位，表明其在中原经济区处于优势地位，与 2012 年相比排位下降 3 位。其中工业化指数排位处于第 19 位，与 2012 年相比排位下降 5 位；城镇化指数排位处于第 3 位，与 2012 年相比排位下降 1 位；农业现代化指数排位处于第 9 位，与 2012 年相比排位下降 4 位。

（2）从方案层指标的优势度看，三次产业结构、城镇化率、第一产业就业人数比重、城镇化指数、劳均农作物播种面积、单产农用大中型拖拉机动力、农业现代化指数是淮北市经济发展指数中的优势指标，非国有工业增加值占比、人均全社会消费品零售总额、单产农用化肥施用量是淮北市经济发展指数中的劣势指标。

（3）从雷达图图形变化看，2013 年与 2012 年相比，面积有所变化，经济发展指数排位呈下降态势。

（4）从排位变化的动因看，在人均 GDP、三次产业结构、单产农用大中型拖拉机动力指标排位上升和非国有工业增加值占比、工业化指数、第一产业就业人数比重等指标排位下降的综合作用下，2013 年淮北市经济发展指数排位下降 3 位，居中原经济区第 6 位。

三　淮北市生态环境发展评价分析

2012～2013 年，淮北市生态环境发展指数及其下层指标评价值和排位变化情况，如表 27－3 和图 27－3 所示。

表 27－3　淮北市 2012～2013 年生态环境发展评价值及排名

年份	万元 GDP 能耗	按辖区面积平均的工业烟尘排放量	工业固体废物综合利用率	生态环境发展指数
2011	72.41	65.14	81.93	72.83
2012	73.95	65.17	92.62	75.80
2013	76.05	68.68	88.64	77.03
2012 年排名	20	26	15	17
2013 年排名	19	26	20	18
升降	1	0	－5	－1
优势度	中势	劣势	中势	中势
2013 年全排名	27	35	30	26

（1）2013 年淮北市生态环境发展指数排位处于第 18 位，表明其在中原经济区处于中势地位，与 2012 年相比排位下降 1 位。

（2）从方案层指标的优势度看，万元 GDP 能耗、工业固体废物综合利用率是淮北市生态环境发展指数中的中势指标，按辖区面积平均的工业烟尘排放量是淮北市生态环境发展指数中的劣势指标。

（3）从雷达图图形变化看，2013 年与 2012 年相比，面积有所缩小，生态环境发展指数排位呈下降态势。

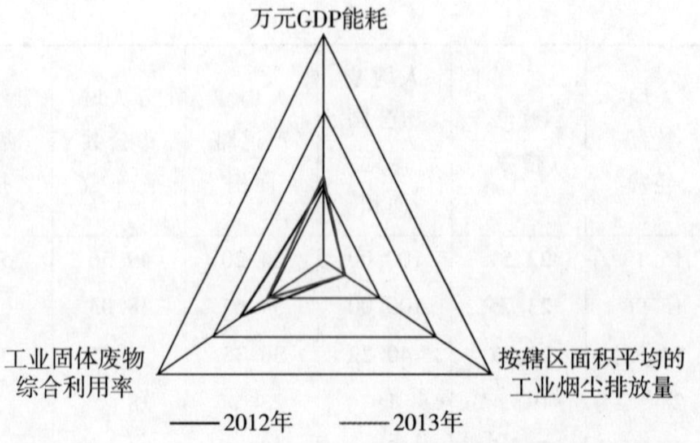

图 27－3　淮北市 2012～2013 年生态环境发展指数下层指标排位比较雷达图

（4）从排位变化的动因看，在万元 GDP 能耗排位上升、工业固体废物综合利用率排位下降和按辖区面积平均的工业烟尘排放量排位保持不变的综合作用下，2013 年淮北市生态环境发展指数排位下降 1 位，居中原经济区第 18 位。

四　淮北市社会环境发展评价分析

2012～2013 年，淮北市社会环境发展指数及其下层指标评价值和排位变化情况，如表 27－4 和图 27－4 所示。

表 27－4　淮北市 2012～2013 年社会环境发展评价值及排名

年份	城乡居民收入结构	城镇居民人均可支配收入	农村居民人均纯收入	收入指数	每万人卫生技术人员数	每万人卫生机构床位数	健康指数	万人中小学专任教师数
2011	7.67	22.27	17.52	15.55	40.15	66.18	53.17	30.06
2012	3.62	37.24	23.02	20.70	36.70	63.08	49.89	31.55
2013	9.62	33.02	25.27	22.64	37.10	67.73	52.42	31.18
2012 年排名	27	6	20	19	12	4	7	17
2013 年排名	23	11	20	20	16	4	6	21
升降	4	－5	0	－1	－4	0	1	－4
优势度	劣势	中势	中势	中势	中势	优势	优势	劣势
2013 年全排名	33	12	25	25	19	6	8	26

续表

年份	人均教育经费	教育指数	人均城市公园绿地面积	人均城市道路面积	万人城市公共汽车数	城市生活环境指数	社会环境发展指数
2011	15.13	22.59	100.00	34.20	49.56	56.23	27.46
2012	15.96	23.75	100.00	34.67	38.03	61.62	30.18
2013	14.35	22.77	40.22	36.33	4.91	31.40	28.31
2012 年排名	28	19	1	23	18	1	11
2013 年排名	29	24	8	18	23	17	25
升降	-1	-5	-7	5	-5	-16	-14
优势度	劣势	劣势	优势	中势	劣势	中势	劣势
2013 年全排名	37	30	10	27	31	24	31

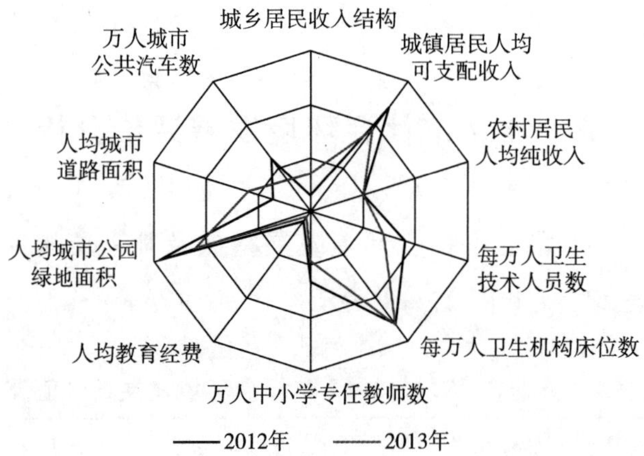

图 27-4　淮北市 2012~2013 年社会环境发展指数下层指标排位比较雷达图

（1）2013 年淮北市社会环境发展指数排位处于第 25 位，表明其在中原经济区处于劣势地位，与 2012 年相比排位下降 14 位。其中教育指数排位处于第 24 位，与 2012 年相比排位下降 5 位；城市生活环境指数排位处于第 17 位，与 2012 年相比排位下降 16 位；健康指数排位处于第 6 位，与 2012 年相比排位上升 1 位；收入指数排位处于第 20 位，与 2012 年相比排位下降 1 位。

（2）从方案层指标的优势度看，每万人卫生机构床位数、健康指数、人均城市公园绿地面积是淮北市社会环境发展指数中的优势指标，城乡居民收入结构、万人中小学专任教师数、人均教育经费、教育指数、万人城市公共汽车数是淮北市社会环境发展指数中的劣势指标。

（3）从雷达图图形变化看，2013 年与 2012 年相比，面积有所变化，社会环境发展指数排位呈下降趋势。

（4）从排位变化的动因看，在城乡居民收入结构、健康指数、人均城市道路面积指标排位上升和城镇居民人均可支配收入、每万人卫生技术人员数、万人中小学专任教师数、人均教育经费、人均城市公园绿地面积、万人城市公共汽车数等指标排位下降的综合作用下，2013 年淮北市社会环境发展指数排位下降 14 位，居中原经济区第 25 位。

第二十八章
宿州市发展指数分析

一　宿州市发展评价分析

2012～2013 年，宿州市发展指数及其下层指标评价值和排位变化情况，如表 28－1 和图 28－1 所示。

表 28－1　宿州市 2012～2013 年发展评价值及排名

年份	经济发展指数	生态环境发展指数	社会环境发展指数	宿州市发展指数
2011	19.59	72.04	14.76	26.32
2012	22.00	73.43	19.98	29.28
2013	23.26	78.16	20.00	31.28
2012 年排名	25	21	28	28
2013 年排名	28	17	28	30
升降	－3	4	0	－2
优势度	劣势	中势	劣势	劣势
2013 年全排名	35	25	35	38

（1）2013 年宿州市发展指数排位处于第 30 位，表明其在中原经济区处于劣势地位，与 2012 年相比排位下降 2 位。

（2）从准则层指标的优势度看，生态环境发展指数是宿州市发展指数中的中势指标，经济发展指数、社会环境发展指数是宿州市发展指数中的劣势指标。

（3）从雷达图图形变化看，2013 年与 2012 年相比，面积有所扩大，宿州发展指数排位下降 2 位。

（4）从排位变化的动因看，在生态环境发展指数排位上升和经济发展

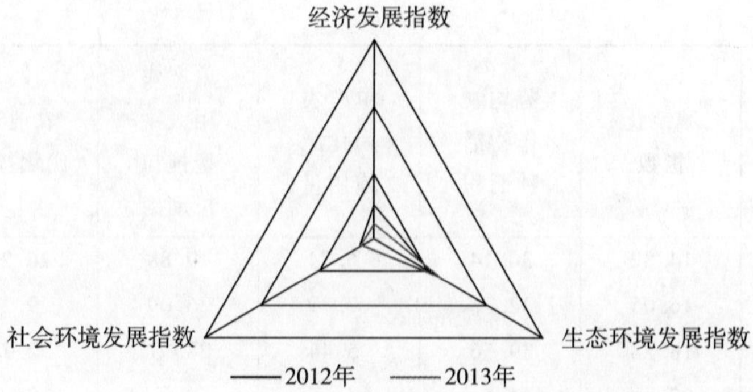

图 28－1　宿州市 2012～2013 年发展指数下层指标排位比较雷达图

指数排位下降、社会环境发展指数排位不变的综合作用下，2013 年宿州市发展指数排位下降 2 位，居中原经济区第 30 位。

二　宿州市经济发展评价分析

2012～2013 年，宿州市经济发展指数及其下层指标评价值和排位变化情况，如表 28－2 和图 28－2 所示。

表 28－2　宿州市 2012～2013 年经济发展评价值及排名

年份	人均GDP	三次产业结构	非国有工业增加值占比	工业化指数	城镇化率	第一产业就业人数比重	人均全社会消费品零售总额
2011	21.69	9.85	69.12	28.81	7.63	36.68	4.05
2012	26.49	14.12	75.00	33.72	10.66	31.93	9.24
2013	27.62	18.03	61.07	32.39	12.86	34.39	11.27
2012 年排名	28	26	8	27	25	20	30
2013 年排名	28	26	21	28	25	19	30
升降	0	0	－13	－1	0	1	0
优势度	劣势	劣势	劣势	劣势	劣势	中势	劣势
2013 年全排名	36	32	29	36	29	25	39

续表

年份	城镇化指数	劳均农作物播种面积	单产农用化肥施用量	单产农用大中型拖拉机动力	农业现代化指数	经济发展指数
2011	14.82	30.14	6.74	19.88	26.21	19.59
2012	16.05	32.76	7.39	26.09	29.24	22.00
2013	18.28	39.56	5.44	28.37	32.79	23.26
2012 年排名	27	11	14	9	9	25
2013 年排名	27	5	20	6	5	28
升降	0	6	-6	3	4	-3
优势度	劣势	优势	中势	优势	优势	劣势
2013 年全排名	33	9	28	9	11	35

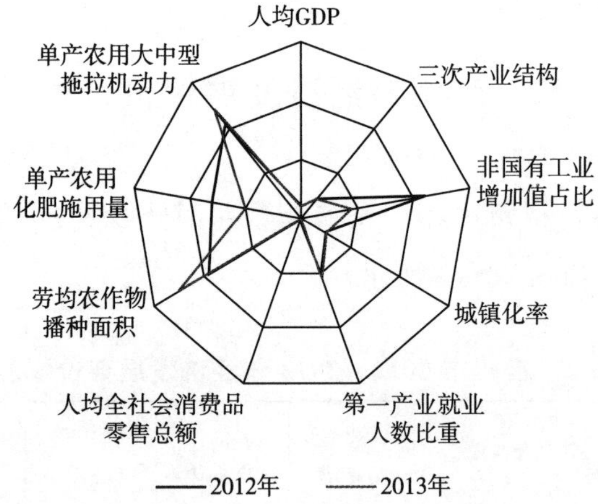

图 28-2　宿州市 2012～2013 年经济发展指数下层指标排位比较雷达图

（1）2013 年宿州市经济发展指数排位处于第 28 位，表明其在中原经济区处于劣势地位，与 2012 年相比排位下降 3 位。其中工业化指数排位处于第 28 位，与 2012 年相比排位下降 1 位；城镇化指数排位处于第 27 位，与 2012 年相比排位保持不变；农业现代化指数排位处于第 5 位，与 2012 年相比排位上升 4 位。

（2）从方案层指标的优势度看，劳均农作物播种面积、单产农用大中型拖拉机动力、农业现代化指数是宿州市经济发展指数中的优势指标，人均 GDP、三次产业结构、非国有工业增加值占比、工业化指数、城镇化率、人均全社会消费品零售总额、城镇化指数是宿州市经济发展指数中的劣势指标。

（3）从雷达图图形变化看，2013 年与 2012 年相比，面积有所变化，经济发展指数排位呈下降态势。

（4）从排位变化的动因看，在非国有工业增加值占比、工业化指数、单产农用化肥施用量排位下降和第一产业就业人数比重、劳均农作物播种面积、单产农用大中型拖拉机动力、农业现代化指数排位上升的综合作用下，2013 年宿州市经济发展指数排位下降 3 位，居中原经济区第 28 位。

三　宿州市生态环境发展评价分析

2012～2013 年，宿州市生态环境发展指数及其下层指标评价值和排位变化情况，如表 28－3 和图 28－3 所示。

表 28－3　宿州市 2012～2013 年生态环境发展评价值及排名

年份	万元 GDP 能耗	按辖区面积平均的工业烟尘排放量	工业固体废物综合利用率	生态环境发展指数
2011	82.76	89.59	18.74	72.04
2012	83.52	95.25	17.98	73.43
2013	84.64	95.00	39.75	78.16
2012 年排名	10	7	29	21
2013 年排名	10	7	27	17
升降	0	0	2	4
优势度	优势	优势	劣势	中势
2013 年全排名	16	12	37	25

（1）2013 年宿州市生态环境发展指数排位处于第 17 位，表明其在中原经济区处于中势地位，与 2012 年相比排位上升 4 位。

（2）从方案层指标的优势度看，万元 GDP 能耗、按辖区面积平均的工业烟尘排放量是宿州市生态环境发展指数中的优势指标，工业固体废物综合利用率是宿州市生态环境发展指数中的劣势指标。

（3）从雷达图图形变化看，2013 年与 2012 年相比，面积有所变动，生态环境发展指数排位呈上升态势。

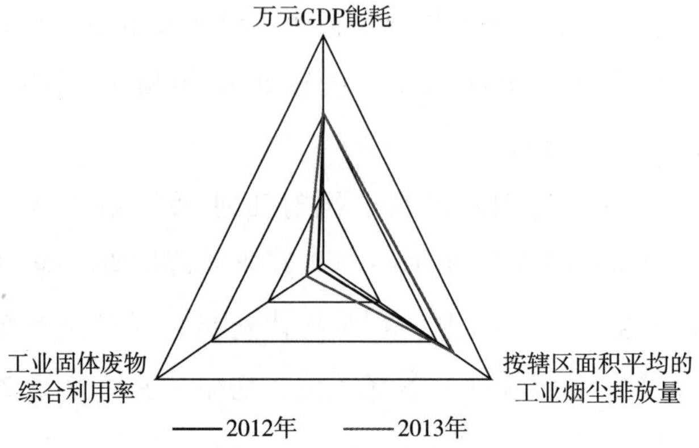

图 28－3　宿州市 2012～2013 年生态环境发展指数下层指标排位比较雷达图

（4）从排位变化的动因看，在万元 GDP 能耗、按辖区面积平均的工业烟尘排放量排位不变和工业固体废物综合利用率排位上升的综合作用下，2013 年宿州市生态环境发展指数排位上升 4 位，居中原经济区第 17 位。

四　宿州市社会环境发展评价分析

2012～2013 年，宿州市社会环境发展指数及其下层指标评价值和排位变化情况，如表 28－4 和图 28－4 所示。

表 28－4　宿州市 2012～2013 年社会环境发展评价值及排名

年份	城乡居民收入结构	城镇居民人均可支配收入	农村居民人均纯收入	收入指数	每万人卫生技术人员数	每万人卫生机构床位数	健康指数	万人中小学专任教师数
2011	4.22	20.49	13.92	12.59	7.46	10.50	8.98	11.40
2012	10.64	22.23	19.60	16.94	19.96	30.99	25.48	11.22
2013	7.03	30.85	22.18	20.02	22.48	31.10	26.79	25.33
2012 年排名	17	26	23	25	27	28	28	25
2013 年排名	27	15	23	23	27	29	28	26
升降	－10	11	0	2	0	－1	0	－1
优势度	劣势	中势	劣势	劣势	劣势	劣势	劣势	劣势
2013 年全排名	37	16	30	30	35	36	35	32

续表

年份	人均教育经费	教育指数	人均城市公园绿地面积	人均城市道路面积	万人城市公共汽车数	城市生活环境指数	社会环境发展指数
2011	13.93	12.66	22.08	90.43	5.56	41.10	14.76
2012	15.72	13.47	16.38	100.00	1.97	44.26	19.98
2013	15.13	20.23	3.71	20.00	1.50	7.90	20.00
2012 年排名	30	26	14	1	29	3	28
2013 年排名	26	27	28	26	30	29	28
升降	4	-1	-14	-25	-1	-26	0
优势度	劣势	劣势	劣势	劣势	劣势	劣势	劣势
2013 年全排名	34	33	38	36	40	39	35

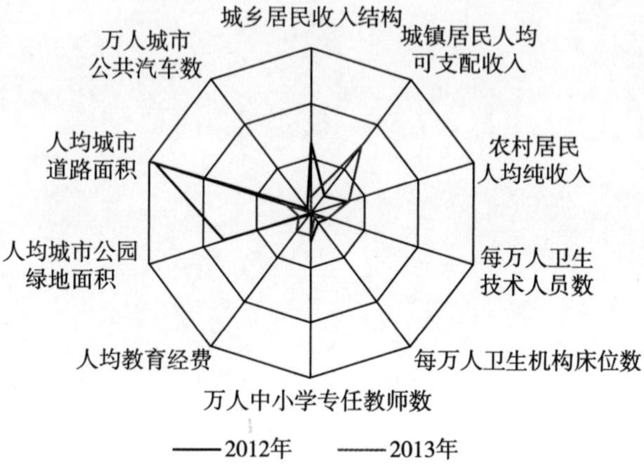

图 28-4　宿州市 2012~2013 年社会环境发展指数下层指标排位比较雷达图

（1）2013 年宿州市社会环境发展指数排位处于第 28 位，表明其在中原经济区处于劣势地位，与 2012 年相比排位没有变化。其中教育指数排位处于第 27 位，与 2012 年相比排位下降 1 位；城市生活环境指数排位处于第 29 位，与 2012 年相比排位下降 26 位；健康指数排位处于第 28 位，与 2012 年相比排位保持不变；收入指数排位处于第 23 位，与 2012 年相比排位上升 2 位。

（2）从方案层指标的优势度看，宿州市社会环境发展指数中无优势指标，城乡居民收入结构、万人中小学专任教师数和每万人卫生技术人员数等是宿州市社会环境发展指数中的劣势指标。

（3）从雷达图图形变化看，2013 年与 2012 年相比，面积有所扩大，社会环境发展指数排位保持不变。

（4）从排位变化的动因看，在城镇居民人均可支配收入、收入指数、人均教育经费排位上升和城乡居民收入结构、每万人卫生机构床位数、万人中小学专任教师数、人均城市公园绿地面积、人均城市道路面积、万人城市公共汽车数等指标排位下降的综合作用下，2013 年宿州市社会环境发展指数排位保持不变，居中原经济区第 28 位。

第二十九章
蚌埠市发展指数分析

一　蚌埠市发展评价分析

2012～2013 年，蚌埠市发展指数及其下层指标评价值和排位变化情况，如表 29－1 和图 29－1 所示。

表 29－1　蚌埠市 2012～2013 年发展评价值及排名

年份	经济发展指数	生态环境发展指数	社会环境发展指数	蚌埠市发展指数
2011	34.45	95.17	20.98	38.29
2012	38.07	91.12	26.02	41.02
2013	38.39	91.38	29.86	44.55
2012 年排名	13	3	19	10
2013 年排名	12	4	19	10
升降	1	－1	0	0
优势度	中势	优势	中势	优势
2013 年全排名	14	10	25	12

（1）2013 年蚌埠市发展指数排位处于第 10 位，表明其在中原经济区处于优势地位，与 2012 年相比排位保持不变。

（2）从准则层指标的优势度看，生态环境发展指数是蚌埠市发展指数中的优势指标，经济发展指数、社会环境发展指数是蚌埠市发展指数中的中势指标。

（3）从雷达图图形变化看，2013 年与 2012 年相比，面积有所缩小，蚌埠发展指数排位保持不变。

（4）从排位变化的动因看，在经济发展指数排位上升、社会环境发展

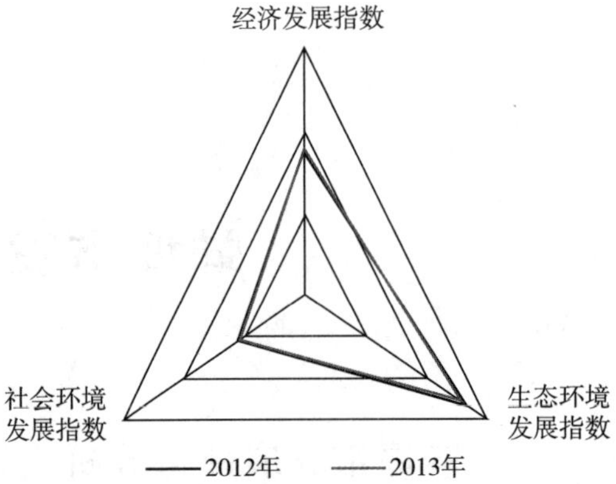

图 29－1　蚌埠市 2012～2013 年发展指数下层指标排位比较雷达图

指数排位不变和生态环境发展指数排位下降的综合作用下，2013 年蚌埠市发展指数排位保持不变，居中原经济区第 10 位。

二　蚌埠市经济发展评价分析

2012～2013 年，蚌埠市经济发展指数及其下层指标评价值和排位变化情况，如表 29－2 和图 29－2 所示。

表 29－2　蚌埠市 2012～2013 年经济发展评价值及排名

年份	人均GDP	三次产业结构	非国有工业增加值占比	工业化指数	城镇化率	第一产业就业人数比重	人均全社会消费品零售总额
2011	39.17	40.43	32.35	38.06	31.66	37.40	28.20
2012	43.97	35.81	64.71	46.48	34.69	33.51	38.21
2013	45.80	45.41	63.68	49.30	36.96	22.42	40.17
2012 年排名	17	22	14	19	7	17	9
2013 年排名	16	20	17	18	7	30	8
升降	1	2	－3	1	0	－13	1
优势度	中势	中势	中势	中势	优势	劣势	优势
2013 年全排名	19	24	25	22	7	39	9

续表

年份	城镇化指数	劳均农作物播种面积	单产农用化肥施用量	单产农用大中型拖拉机动力	农业现代化指数	经济发展指数
2011	32.79	44.81	5.66	6.92	34.76	34.45
2012	34.75	40.97	6.18	8.61	32.26	38.07
2013	33.53	46.69	11.30	9.29	37.23	38.39
2012 年排名	10	4	18	24	6	13
2013 年排名	13	4	11	25	3	12
升降	-3	0	7	-1	3	1
优势度	中势	优势	中势	劣势	优势	中势
2013 年全排名	15	6	16	30	7	14

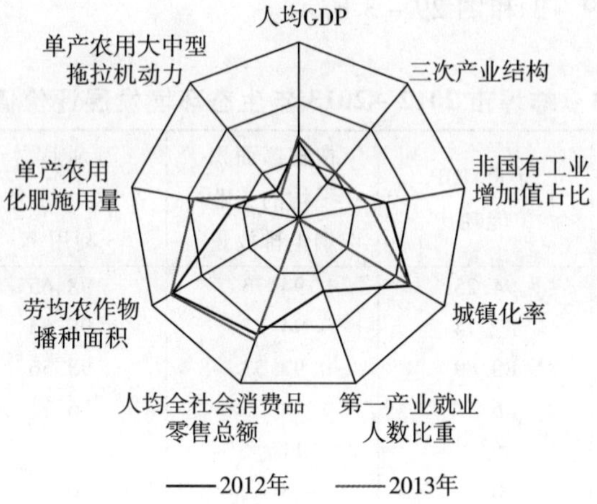

图 29－2　蚌埠市 2012～2013 年经济发展指数下层指标排位比较雷达图

（1）2013 年蚌埠市经济发展指数排位处于第 12 位，表明其在中原经济区处于中势地位，与 2012 年相比排位上升 1 位。其中工业化指数排位处于第 18 位，与 2012 年相比排位上升 1 位；城镇化指数排位处于第 13 位，与 2012 年相比排位下降 3 位；农业现代化指数排位处于第 3 位，与 2012 年相比排位上升 3 位。

（2）从方案层指标的优势度看，城镇化率、人均全社会消费品零售总额、劳均农作物播种面积、农业现代化指数是蚌埠市经济发展指数中的优势指标，第一次产业就业人数比重、单产农用大中型拖拉机动力是蚌埠市经济发展指数中的劣势指标。

（3）从雷达图图形变化看，2013 年与 2012 年相比，面积有所扩大，经济发展指数排位呈上升态势。

（4）从排位变化的动因看，在人均 GDP、三次产业结构、人均全社会消费品零售总额、单产农用化肥施用量等指标排位上升和非国有工业增加值占比、第一产业就业人数比重、单产农用大中型拖拉机动力等指标排位下降的综合作用下，2013 年蚌埠市经济发展指数排位上升 1 位，居中原经济区第 12 位。

三　蚌埠市生态环境发展评价分析

2012～2013 年，蚌埠市生态环境发展指数及其下层指标评价值和排位变化情况，如表 29－3 和图 29－3 所示。

表 29－3　蚌埠市 2012～2013 年生态环境发展评价值及排名

年份	万元 GDP 能耗	按辖区面积平均的工业烟尘排放量	工业固体废物综合利用率	生态环境发展指数
2011	94.25	94.73	98.65	95.17
2012	87.74	94.87	98.65	91.12
2013	88.89	92.53	98.56	91.38
2012 年排名	6	8	6	3
2013 年排名	6	11	6	4
升降	0	－3	0	－1
优势度	优势	中势	优势	优势
2013 年全排名	11	18	15	10

（1）2013 年蚌埠市生态环境发展指数排位处于第 4 位，表明其在中原经济区处于优势地位，与 2012 年相比排位下降 1 位。

（2）从方案层指标的优势度看，万元 GDP 能耗、工业固体废物综合利用率是蚌埠市生态环境发展指数中的优势指标，按辖区面积平均的工业烟尘排放量是埠市生态环境发展指数中的中势指标。

（3）从雷达图图形变化看，2013 年与 2012 年相比，面积有所缩小，生态环境发展指数排位呈下降态势。

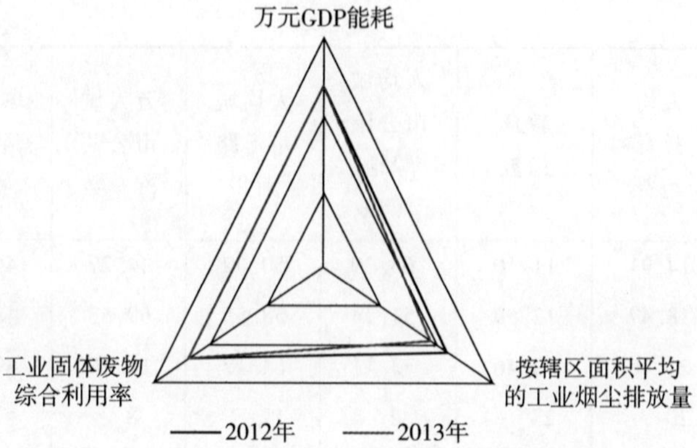

图 29－3　蚌埠市 2012～2013 年生态环境发展指数下层指标排位比较雷达图

（4）从排位变化的动因看，在万元 GDP 能耗、工业固体废物综合利用率排位不变和按辖区面积平均的工业烟尘排放量排位下降的综合作用下，2013 年蚌埠市生态环境发展指数排位下降 1 位，居中原经济区第 4 位。

四　蚌埠市社会环境发展评价分析

2012～2013 年，蚌埠市社会环境发展指数及其下层指标评价值和排位变化情况，如表 29－4 和图 29－4 所示。

表 29－4　蚌埠市 2012～2013 年社会环境发展评价值及排名

年份	城乡居民收入结构	城镇居民人均可支配收入	农村居民人均纯收入	收入指数	每万人卫生技术人员数	每万人卫生机构床位数	健康指数	万人中小学专任教师数
2011	9.30	23.22	19.23	16.98	24.56	43.86	34.21	7.29
2012	10.35	31.88	24.91	21.83	34.59	60.48	47.53	7.32
2013	12.12	33.81	27.42	24.45	37.94	65.39	51.67	17.44
2012 年排名	19	10	17	17	16	8	9	28
2013 年排名	20	8	16	16	14	8	8	29
升降	－1	2	1	1	2	0	1	－1
优势度	中势	优势	中势	中势	中势	优势	优势	劣势
2013 年全排名	30	8	20	20	17	10	10	35

续表

年份	人均教育经费	教育指数	人均城市公园绿地面积	人均城市道路面积	万人城市公共汽车数	城市生活环境指数	社会环境发展指数
2011	14.91	11.10	64.39	50.32	44.27	46.71	20.98
2012	18.47	12.89	51.14	58.55	69.63	48.17	26.02
2013	21.48	19.46	33.11	64.17	11.40	49.53	29.86
2012 年排名	20	28	2	12	8	2	19
2013 年排名	15	29	12	5	7	7	19
升降	5	-1	-10	7	1	-5	0
优势度	中势	劣势	中势	优势	优势	优势	中势
2013 年全排名	20	35	17	5	10	8	25

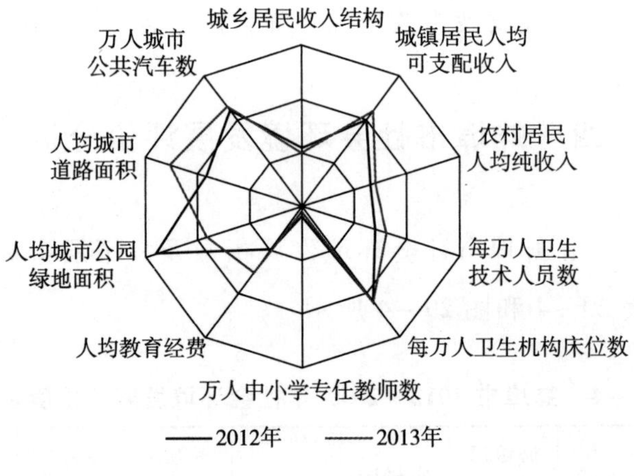

图 29-4 蚌埠市 2012～2013 年社会环境发展指数下层指标排位比较雷达图

（1）2013 年蚌埠市社会环境发展指数排位处于第 19 位，表明其在中原经济区处于中势地位，与 2012 年相比排位保持不变。其中教育指数排位处于第 29 位，与 2012 年相比排位下降 1 位；城市生活环境指数排位处于第 7 位，与 2012 年相比排位下降 5 位；健康指数排位处于第 8 位，与 2012 年相比排位上升 1 位；收入指数排位处于第 16 位，与 2012 年相比排位上升 1 位。

（2）从方案层指标的优势度看，城镇居民人均可支配收入、每万人卫生机构床位数、健康指数、人均城市道路面积、万人城市公共汽车数、城市生活环境指数是蚌埠市社会环境发展指数中的优势指标，城乡居民收入结构、农村居民人均纯收入、收入指数、每万人卫生技术人员数、人均教育经费、人均城市公园绿地面积是蚌埠市社会环境发展指数中的中势指标，万人中小学专任教师数、教育指数是蚌埠市社会环境发展指数中的劣势指标。

（3）从雷达图图形变化看，2013 年与 2012 年相比，面积有所缩小，社会环境发展指数排位呈稳定发展态势。

（4）从排位变化的动因看，在城镇居民人均可支配收入、农村居民人均纯收入、每万人卫生技术人员数、人均教育经费、人均城市道路面积、万人城市公共汽车数等指标排位上升和城乡居民收入结构、万人中小学专任教师数、人均城市公园绿地面积等指标排位下降的综合作用下，2013 年蚌埠市社会环境发展指数排位保持不变，居中原经济区第 19 位。

第三十章
亳州市发展指数分析

一　亳州市发展评价分析

2012 ~2013 年，亳州市发展指数及其下层指标评价值和排位变化情况，如表 30 -1 和图 30 -1 所示。

表 30 -1　亳州市 2012 ~2013 年发展评价值及排名

年份	经济发展指数	生态环境发展指数	社会环境发展指数	亳州市发展指数
2011	16.49	92.25	10.97	24.20
2012	20.07	92.91	16.34	27.89
2013	21.12	93.26	19.61	32.51
2012 年排名	30	2	29	29
2013 年排名	30	2	30	28
升降	0	0	-1	1
优势度	劣势	优势	劣势	劣势
2013 年全排名	37	7	37	36

（1）2013 年亳州市发展指数排位处于第 28 位，表明其在中原经济区处于劣势地位，与 2012 年相比排位上升 1 位。

（2）从准则层指标的优势度看，生态环境发展指数是亳州市发展指数中的优势指标，经济发展指数、社会环境发展指数是亳州市发展指数中的劣势指标。

（3）从雷达图图形变化看，2013 年与 2012 年相比，面积有所扩大，亳州市发展指数排位呈上升态势。

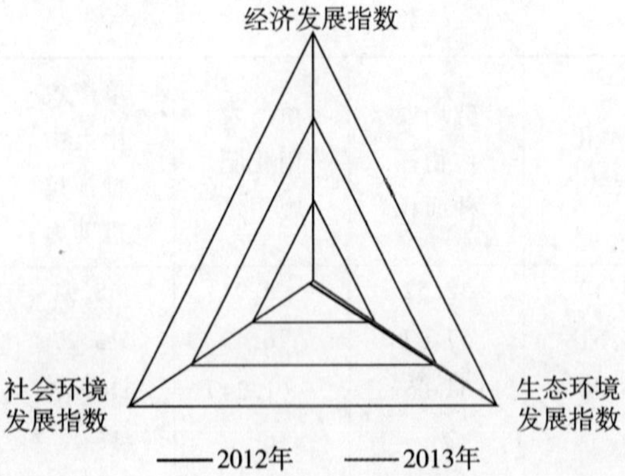

图 30-1 亳州市 2012~2013 年发展指数下层指标排位比较雷达图

（4）从排位变化的动因看，在经济发展指数、生态环境发展指数排位不变和社会环境发展指数排位下降的综合作用下，2013 年亳州市发展指数排位上升 1 位，居中原经济区第 28 位。

二 亳州市经济发展评价分析

2012~2013 年，亳州市经济发展指数及其下层指标评价值和排位变化情况，如表 30-2 和图 30-2 所示。

表 30-2 亳州市 2012~2013 年经济发展评价值及排名

年份	人均GDP	三次产业结构	非国有工业增加值占比	工业化指数	城镇化率	第一产业就业人数比重	人均全社会消费品零售总额
2011	16.39	13.05	22.06	16.86	4.43	41.82	4.63
2012	21.18	16.25	57.35	27.43	7.46	30.70	16.88
2013	22.16	18.74	41.50	25.35	9.64	33.33	18.70
2012 年排名	29	25	19	29	30	22	28
2013 年排名	29	25	26	29	30	21	28
升降	0	0	-7	0	0	1	0
优势度	劣势	劣势	劣势	劣势	劣势	劣势	劣势
2013 年全排名	39	31	35	39	34	27	36

续表

年份	城镇化指数	劳均农作物播种面积	单产农用化肥施用量	单产农用大中型拖拉机动力	农业现代化指数	经济发展指数
2011	14.19	52.52	5.91	8.91	40.81	16.49
2012	14.51	57.67	6.49	13.27	45.40	20.07
2013	16.80	64.05	(1.24)	16.47	48.61	21.12
2012 年排名	29	2	16	18	2	30
2013 年排名	30	1	29	13	1	30
升降	-1	1	-13	5	1	0
优势度	劣势	优势	劣势	中势	优势	劣势
2013 年全排名	37	2	39	17	2	37

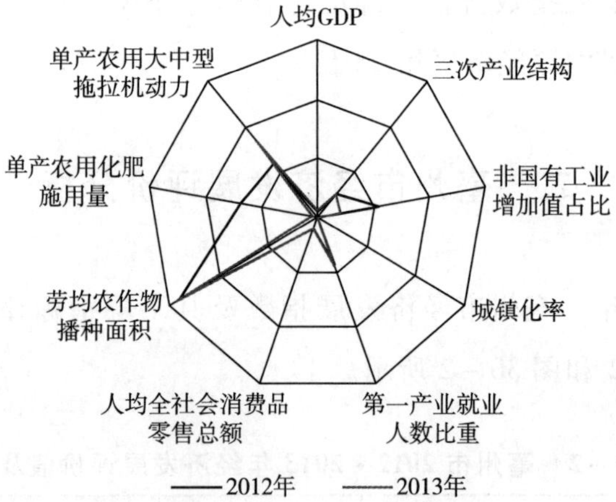

图 30-2　亳州市 2012～2013 年经济发展指数下层指标排位比较雷达图

（1）2013 年亳州市经济发展指数排位处于第 30 位，表明其在中原经济区处于劣势地位，与 2012 年相比排位保持不变。其中工业化指数排位处于第 29 位，与 2012 年相比排位保持不变；城镇化指数排位处于第 30 位，与 2012 年相比排位下降 1 位；农业现代化指数排位处于第 1 位，与 2012 年相比排位上升 1 位。

（2）从方案层指标的优势度看，劳均农作物播种面积、农业现代化指数是亳州市经济发展指数中的优势指标，单产农用大中型拖拉机动力是中势指标，其余是劣势指标。

（3）从雷达图图形变化看，2013 年与 2012 年相比，面积有所扩大，经济发展指数排位呈上升趋势。

（4）从排位变化的动因看，在第一产业就业人数比重、劳均农作物播种面积、单产农用大中型拖拉机动力、农业现代化指数排位上升和非国有工业增加值占比、城镇化指数、单产农用化肥施用量排位下降的综合作用下，2013 年亳州市经济发展指数排位保持不变，居中原经济区第 30 位。

三　亳州市生态环境发展评价分析

2012～2013 年，亳州市生态环境发展指数及其下层指标评价值和排位变化情况，如表 30－3 和图 30－3 所示。

表 30－3　亳州市 2012～2013 年生态环境发展评价值及排名

年份	万元 GDP 能耗	按辖区面积平均的工业烟尘排放量	工业固体废物综合利用率	生态环境发展指数
2011	88.51	97.29	99.70	92.25
2012	89.27	98.19	99.77	92.91
2013	89.96	97.78	99.76	93.26
2012 年排名	4	2	3	2
2013 年排名	3	3	5	2
升降	1	－1	－2	0
优势度	优势	优势	优势	优势
2013 年全排名	8	5	13	7

（1）2013 年亳州市生态环境发展指数排位处于第 2 位，表明其在中原经济区处于优势地位，与 2012 年相比排位没有变化。

（2）从方案层指标的优势度看，万元 GDP 能耗、按辖区面积平均的工业烟尘排放量、按辖区面积平均的工业烟尘排放量是亳州市生态环境发展指数中的优势指标。

（3）从雷达图图形变化看，2013 年与 2012 年相比，面积略微扩大，生态环境发展指数排位保持平稳发展态势。

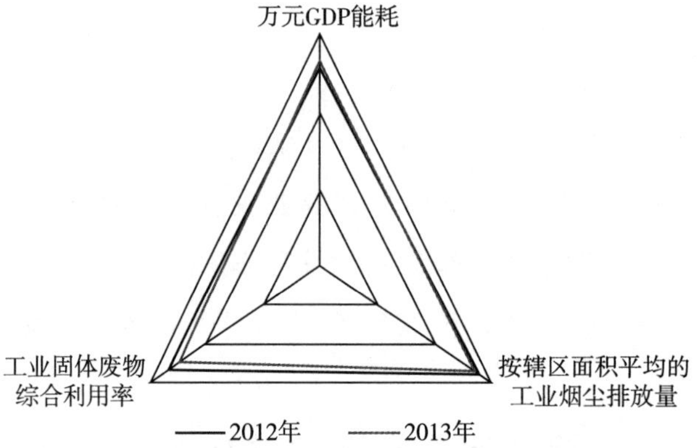

图 30－3 亳州市 2012～2013 年生态环境发展指数下层指标排位比较雷达图

（4）从排位变化的动因看，在万元 GDP 能耗排位上升和按辖区面积平均的工业烟尘排放量、工业固体废物综合利用率排位下降的综合作用下，2013 年亳州市生态环境发展指数排位没有变化，居中原经济区第 2 位。

四 亳州市社会环境发展评价分析

2012～2013 年，亳州市社会环境发展指数及其下层指标评价值和排位变化情况，如表 30－4 和图 30－4 所示。

表 30－4 亳州市 2012～2013 年社会环境发展评价值及排名

年份	城乡居民收入结构	城镇居民人均可支配收入	农村居民人均纯收入	收入指数	每万人卫生技术人员数	每万人卫生机构床位数	健康指数	万人中小学专任教师数
2011	1.72	23.07	13.39	12.43	3.40	7.54	5.47	8.89
2012	2.90	31.43	19.13	17.23	11.32	21.49	16.4	8.39
2013	4.33	33.43	21.62	19.80	12.95	25.53	19.24	31.88
2012 年排名	29	12	26	23	30	30	30	27
2013 年排名	30	9	24	24	30	30	30	20
升降	－1	3	2	－1	0	0	0	7
优势度	劣势	优势	劣势	劣势	劣势	劣势	劣势	中势
2013 年全排名	40	9	31	31	39	39	40	25

续表

年份	人均教育经费	教育指数	人均城市公园绿地面积	人均城市道路面积	万人城市公共汽车数	城市生活环境指数	社会环境发展指数
2011	9.07	8.98	8.03	43.71	32.98	18.83	10.97
2012	16.22	12.30	14.37	49.28	-4.46	23.55	16.34
2013	14.41	23.14	0.01	26.78	1.62	9.13	19.61
2012 年排名	27	29	18	15	30	21	29
2013 年排名	28	23	30	23	29	28	30
升降	-1	6	-12	-8	1	-7	-1
优势度	劣势	劣势	劣势	劣势	劣势	劣势	劣势
2013 年全排名	36	29	40	33	39	38	37

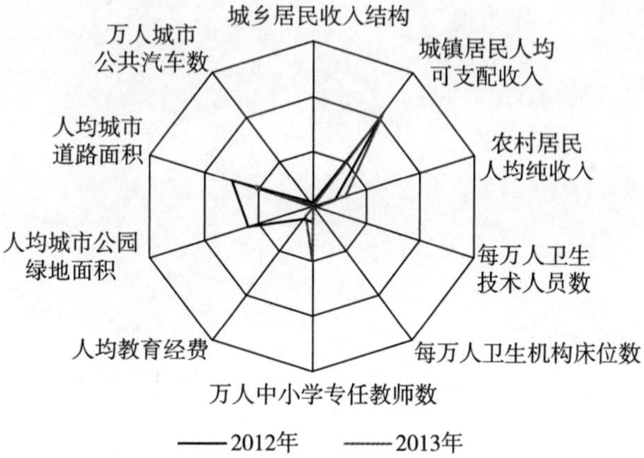

图 30-4　亳州市 2012~2013 年社会环境发展指数下层指标排位比较雷达图

（1）2013 年亳州市社会环境发展指数排位处于第 30 位，表明其在中原经济区处于劣势地位，与 2012 年相比排位下降 1 位。其中教育指数排位处于第 23 位，与 2012 年相比排位上升 6 位；城市生活环境指数排位处于第 28 位，与 2012 年相比排位下降 7 位；健康指数排位处于第 30 位，与 2012 年相比排位没有变化；收入指数排位处于第 24 位，与 2012 年相比排位下降 1 位。

（2）从方案层指标的优势度看，城镇居民人均可支配收入是亳州市社会环境发展指数中的优势指标，城乡居民收入结构、农村居民人均纯收入、每万人卫生技术人员数、每万人卫生机构床位数等是亳州市社会环境发展指数中的劣势指标。

（3）从雷达图图形变化看，2013 年与 2012 年相比，面积有所变化，社会环境发展指数排位下降 1 位。

（4）从排位变化的动因看，在城镇居民人均可支配收入、农村居民人均纯收入、万人中小学专任教师数、万人城市公共汽车数等指标排位上升，城乡居民收入结构、人均教育经费、人均城市公园绿地面积、人均城市道路面积等指标排位下降，以及其他指标排位保持不变的综合作用下，2013 年亳州市社会环境发展指数排位下降 1 位，居中原经济区第 30 位。

第三十一章
阜阳市发展指数分析

一　阜阳市发展评价分析

2012～2013年，阜阳市发展指数及其下层指标评价值和排位变化情况，如表31－1和图31－1所示。

表31－1　阜阳市2012～2013年发展评价值及排名

年份	经济发展指数	生态环境发展指数	社会环境发展指数	阜阳市发展指数
2011	15.90	83.28	10.70	22.43
2012	20.24	84.40	16.26	26.62
2013	21.31	85.15	20.00	31.40
2012年排名	29	12	30	30
2013年排名	29	12	29	29
升降	0	0	1	1
优势度	劣势	中势	劣势	劣势
2013年全排名	36	19	36	37

（1）2013年阜阳市发展指数排位处于第29位，表明其在中原经济区处于劣势地位，与2012年相比排位上升1位。

（2）从准则层指标的优势度看，生态环境发展指数是阜阳市发展指数中的中势指标，经济发展指数、社会环境发展指数是阜阳市发展指数中的劣势指标。

（3）从雷达图图形变化看，2013年与2012年相比，面积有所扩大，阜阳市发展指数排位呈上升态势。

（4）从排位变化的动因看，在社会环境发展指数排位上升和其他指数

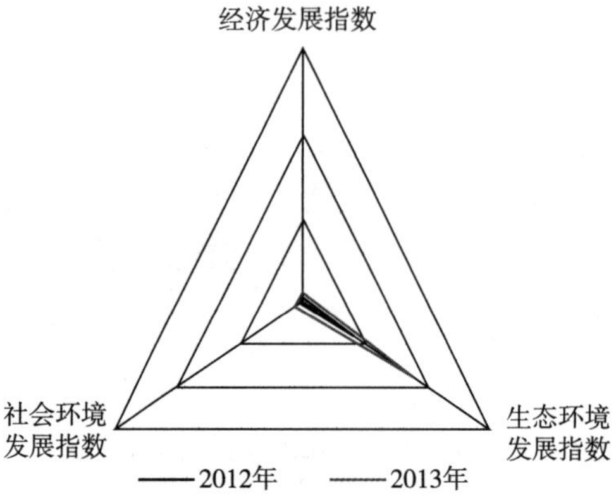

图 31－1　阜阳市 2012～2013 年发展指数下层指标排位比较雷达图

排位保持不变的综合作用下，2013 年阜阳市发展指数排位上升 1 位，居中原经济区第 29 位。

二　阜阳市经济发展评价分析

2012～2013 年，阜阳市经济发展指数及其下层指标评价值和排位变化情况，如表 31－2 和图 31－2 所示。

表 31－2　阜阳市 2012～2013 年经济发展评价值及排名

年份	人均GDP	三次产业结构	非国有工业增加值占比	工业化指数	城镇化率	第一产业就业人数比重	人均全社会消费品零售总额
2011	11.52	9.14	10.29	10.80	7.99	44.22	11.31
2012	15.95	14.08	66.18	25.62	10.84	34.75	14.83
2013	16.91	15.18	57.69	24.72	12.86	36.15	16.77
2012 年排名	30	27	13	30	24	15	29
2013 年排名	30	29	22	30	25	15	29
升降	0	－2	－9	0	－1	0	0
优势度	劣势	劣势	劣势	劣势	劣势	中势	劣势
2013 年全排名	40	35	31	40	29	21	37

续表

年份	城镇化指数	劳均农作物播种面积	单产农用化肥施用量	单产农用大中型拖拉机动力	农业现代化指数	经济发展指数
2011	17.78	25.52	3.21	10.70	20.93	15.90
2012	17.49	28.58	3.42	14.02	23.76	20.24
2013	19.34	32.85	1.77	16.08	26.06	21.31
2012 年排名	24	15	24	17	14	29
2013 年排名	25	10	27	14	11	29
升降	-1	5	-3	3	3	0
优势度	劣势	优势	劣势	中势	中势	劣势
2013 年全排名	31	17	36	18	19	36

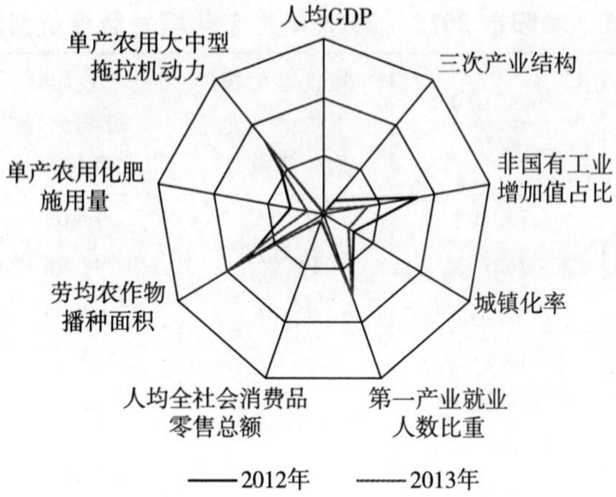

图 31-2　阜阳市 2012～2013 年经济发展指数下层指标排位比较雷达图

（1）2013 年阜阳市经济发展指数排位处于第 29 位，表明其在中原经济区处于劣势地位，与 2012 年相比排位保持不变。其中工业化指数排位处于第 30 位，与 2012 年相比排位保持不变；城镇化指数排位处于第 25 位，与 2012 年相比排位下降 1 位；农业现代化指数排位处于第 11 位，与 2012 年相比排位上升 3 位。

（2）从方案层指标的优势度看，劳均农作物播种面积是阜阳市经济发展指数中的优势指标，第一产业就业人数比重、单产农用大中型拖拉机动力、农业现代化指数是中势指标，其余是劣势指标。

（3）从雷达图图形变化看，2013 年与 2012 年相比，面积有所扩大，阜阳市经济发展指数排位呈上升趋势。

（4）从排位变化的动因看，在劳均农作物播种面积、单产农用大中型拖拉机动力等指标排位上升，三次产业结构、非国有工业增加值占比、单产农用化肥施用量等指标排位下降，以及其他指标排位保持不变的综合作用下，2013 年阜阳市经济发展指数排位保持不变，居中原经济区第 29 位。

三　阜阳市生态环境发展评价分析

2012～2013 年，阜阳市生态环境发展指数及其下层指标评价值和排位变化情况，如表 31－3 和图 31－3 所示。

表 31－3　阜阳市 2012～2013 年生态环境发展评价值及排名

年份	万元 GDP 能耗	按辖区面积平均的工业烟尘排放量	工业固体废物综合利用率	生态环境发展指数
2011	75.10	95.84	98.03	83.28
2012	76.25	96.05	99.95	84.40
2013	77.51	95.81	99.95	85.15
2012 年排名	16	5	2	12
2013 年排名	16	5	4	12
升降	0	0	－2	0
优势度	中势	优势	优势	中势
2013 年全排名	24	10	12	19

（1）2013 年阜阳市生态环境发展指数排位处于第 12 位，表明其在中原经济区处于中势地位，与 2012 年相比排位保持不变。

（2）从方案层指标的优势度看，按辖区面积平均的工业烟尘排放量、工业固体废物综合利用率是阜阳市生态环境发展指数中的优势指标，万元 GDP 能耗是中势指标。

（3）从雷达图图形变化看，2013 年与 2012 年相比，面积有所扩大，生态环境发展指数排位呈平稳发展态势。

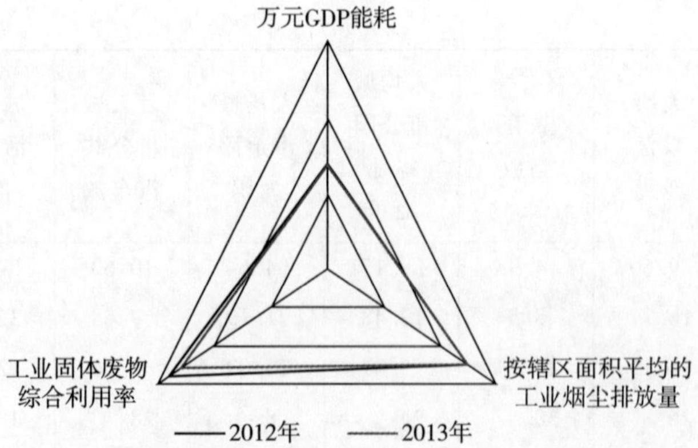

图 31-3　阜阳市 2012～2013 年生态环境发展指数下层指标排位比较雷达图

（4）从排位变化的动因看，在工业固体废物综合利用率排位下降和其他指标排位保持不变的综合作用下，2013 年阜阳市生态环境发展指数排位不变，居中原经济区第 12 位。

四　阜阳市社会环境发展评价分析

2012～2013 年，阜阳市社会环境发展指数及其下层指标评价值和排位变化情况，如表 31-4 和图 31-4 所示。

表 31-4　阜阳市 2012～2013 年社会环境发展评价值及排名

年份	城乡居民收入结构	城镇居民人均可支配收入	农村居民人均纯收入	收入指数	每万人卫生技术人员数	每万人卫生机构床位数	健康指数	万人中小学专任教师数
2011	0.89	17.87	9.73	9.20	7.38	13.93	10.65	0.35
2012	1.80	26.53	15.44	13.99	19.13	34.08	26.6	0.36
2013	4.75	28.51	19.13	17.46	21.87	38.09	29.98	27.56
2012 年排名	30	23	30	30	28	26	27	30
2013 年排名	29	22	29	29	28	26	27	24
升降	1	1	1	1	0	0	0	6
优势度	劣势	劣势	劣势	劣势	劣势	劣势	劣势	劣势
2013 年全排名	39	24	37	37	36	32	34	30

续表

年份	人均教育经费	教育指数	人均城市公园绿地面积	人均城市道路面积	万人城市公共汽车数	城市生活环境指数	社会环境发展指数
2011	9.60	4.98	28.17	64.64	10.62	34.62	10.70
2012	16.71	8.54	12.48	71.19	9.68	32.26	16.26
2013	14.72	21.14	5.07	23.02	3.16	12.23	20.00
2012 年排名	26	30	24	8	28	13	30
2013 年排名	27	26	27	25	25	27	29
升降	-1	4	-3	-17	3	-14	1
优势度	劣势	劣势	劣势	劣势	劣势	劣势	劣势
2013 年全排名	35	32	37	35	34	37	36

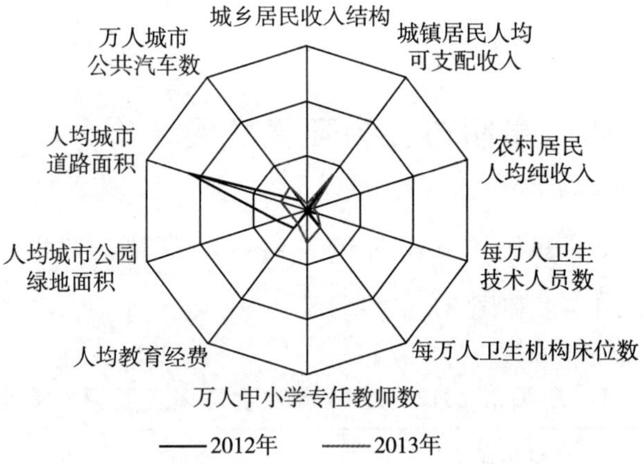

图 31-4　阜阳市 2012～2013 年社会环境发展指数下层指标排位比较雷达图

（1）2013 年阜阳市社会环境发展指数排位处于第 29 位，表明其在中原经济区处于劣势地位，与 2012 年相比排位上升 1 位。其中教育指数排位处于第 26 位，与 2012 年相比排位上升 4 位；城市生活环境指数排位处于第 27 位，与 2012 年相比排位下降 14 位；健康指数排位处于第 27 位，与 2012 年相比排位保持不变；收入指数排位处于第 29 位，与 2012 年相比排位上升 1 位。

（2）从方案层指标的优势度看，阜阳市社会环境发展指数中无优势指标，所有指标均是阜阳市社会环境发展指数中的劣势指标。

（3）从雷达图图形变化看，2013 年与 2012 年相比，面积有所扩大，社会环境发展指数排位呈上升趋势。

（4）从排位变化的动因看，在城乡居民收入结构、城镇居民人均可支配收入、农村居民人均纯收入、万人中小学专任教师数、万人城市公共汽车数等指标排位上升和人均教育经费、人均城市公园绿地面积、人均城市道路面积等指标排位下降的综合作用下，2013 年阜阳市社会环境发展指数排位上升 1 位，居中原经济区第 29 位。

第三十二章
巩义市发展指数分析

巩义市位于河南省中部，总面积1041平方千米，其中耕地50万亩，境内主要河流有黄河、伊洛河、米河，人口79万人，有汉、回、维吾尔、彝、苗、白等民族，辖15个镇、5个街道办事处，共292个行政村。

巩义市是河南省首批被赋予省辖市经济和部分社会管理权限的扩权县级市，是全国综合经济实力百强县级行政区，中原城市群、郑洛工业走廊的重要节点城市，以及河南省直管县试点，是全国综合改革试点县（市）、中国最具投资潜力中小城市50强、国家卫生城市、中国优秀旅游城市、国家园林城市、河南省文明城市、河南省历史文化名城、外商眼中最佳投资城市，并于2012年12月被评为中国最具幸福感城市。

历史上的巩义隶属洛阳1000余年，是河洛文化区的重要组成部分。新中国成立后，巩义隶属郑州专署，1955年1月改属开封专署，1983年8月属郑州市。1991年经国务院批准，巩义撤县建市（县级市），仍隶属郑州市。2014年1月1日，巩义市正式成为河南省直管市，由河南省政府全面管辖。

巩义市区位优势明显，东距郑州市82千米，西距洛阳76千米，东与荥阳为邻，西和偃师接壤，南与登封、新密以嵩山为界，北和孟州、温县隔黄河相望。巩义工业基础较好，是全国乡镇企业发祥地之一。早在20世纪70年代，回郭镇领办社队企业的经验，就被毛泽东同志誉为“伟大的光明灿烂的希望”。经过多年的发展，巩义已形成了各种所有制结构并存、具有一定区域特色的地方工业体系。全市现有规模企业426家，其中上市企业7家。巩义市形成了以五个重点产业集聚区为骨干、以乡镇特色园区和重点企业园区为支撑的三级园区发展格局。全市拥有河南省级产业集聚区2个、郑州市级产业集聚区 5 个，巩义市产业集聚区和豫联产业集聚区被评为“河南省新型工业化示范基地”，巩义市产业集聚区还被评为“河南省高新技术特色产业基地”。

一　巩义市发展评价分析

2013 年，巩义市发展指数及其下层指标评价值和排位情况，如表 32 - 1 所示。

表 32 - 1　巩义市 2013 年发展评价值及排名

项目	经济发展指数	生态环境发展指数	社会环境发展指数	巩义市发展指数
标准化得分	58.89	65.27	36.23	53.20
2013 年全排名	2	33	7	2
优势度	优势	劣势	优势	优势

（1）2013 年巩义市发展指数排位处于第 2 位，表明其在中原经济区处于优势地位，其中经济发展指数处于第 2 位，生态环境发展指数处于第 33 位，社会环境发展指数处于第 7 位。

（2）从准则层指标的优势度看，经济发展指数、社会环境发展指数是巩义市发展指数中的优势指标，生态环境发展指数是巩义市的劣势指标。

二　巩义市经济发展评价分析

2013 年，巩义市经济发展指数及其下层指标评价值和排位情况，如表 32 - 2 所示。

（1）2013 年巩义市经济发展指数排位处于第 2 位，表明其在中原经济区处于优势地位，其中工业化指数排位处于第 1 位，城镇化指数排位处于第 2 位，农业现代化指数排位处于第 6 位。

表 32－2　巩义市 2013 年经济发展评价值及排名

项目	人均GDP	三次产业结构	非国有工业增加值占比	工业化指数	城镇化率	第一产业就业人数比重	人均全社会消费品零售总额
标准化得分	74.56	99.44	95.95	83.81	35.89	77.88	59.89
排名	1	1	8	1	9	2	2
优势度	优势	优势	优势	优势	优势	优势	优势

项目	城镇化指数	劳均农作物播种面积	单产农用化肥施用量	单产农用大中型拖拉机动力	农业现代化指数	经济发展指数
标准化得分	49.45	32.29	59.58	37.23	37.33	58.89
排名	2	19	1	3	6	2
优势度	优势	中势	优势	优势	优势	优势

（2）从方案层指标的优势度看，人均 GDP、三次产业结构、非国有工业增加值占比、工业化指数、城镇化率、第一产业就业人数比重、人均全社会消费品零售总额、城镇化指数、单产农用化肥施用量、单产农用大中型拖拉机动力、农业现代化指数是巩义市经济发展指数中的优势指标，劳均农作物播种面积是巩义市经济发展指数中的中势指标。

三　巩义市生态环境发展评价分析

2013 年，巩义市生态环境发展指数及其下层指标评价值和排位情况，如表 32－3 所示。

表 32－3　巩义市 2013 年生态环境发展评价值及排名

项目	万元 GDP 能耗	按辖区面积平均的工业烟尘排放量	工业固体废物综合利用率	生态环境发展指数
标准化得分	73.95	0.00	101.63	65.27
2013 年全排名	31	40	1	33
优势度	劣势	劣势	优势	劣势

（1）2013 年巩义市生态环境发展指数排位处于第 33 位，表明其在中原经济区处于劣势地位。

（2）从方案层指标的优势度看，万元 GDP 能耗、按辖区面积平均的工业烟尘排放量是巩义市生态环境发展指数中的劣势指标，工业固体废物综合利用率是优势指标。

四　巩义市社会环境发展评价分析

2013 年，巩义市社会环境发展指数及其下层指标评价值和排位情况，如表 32－4 所示。

表 32－4　巩义市 2013 年社会环境发展评价值及排名

项目	城乡居民收入结构	城镇居民人均可支配收入	农村居民人均纯收入	收入指数	每万人卫生技术人员数	每万人卫生机构床位数	健康指数	万人中小学专任教师数
标准化得分	45.70	33.18	44.49	41.12	40.36	30.98	35.67	30.04
2013 全排名	2	10	2	1	13	37	32	27
优势度	优势	优势	优势	优势	优势	劣势	劣势	中势

项目	人均教育经费	教育指数	人均城市公园绿地面积	人均城市道路面积	万人城市公共汽车数	城市生活环境指数	社会环境发展指数
标准化得分	22.59	26.32	30.48	32.26	13.73	42.04	36.23
2013 全排名	13	26	20	29	7	13	7
优势度	优势	中势	中势	劣势	优势	优势	优势

（1）2013 年巩义市社会环境发展指数排位处于第 7 位，表明其在中原经济区处于优势地位。其中收入指数排位处于第 1 位，健康指数排位处于第 32 位，教育指数排位处于第 26 位，城市生活环境指数处于第 13 位。

（2）从方案层指标的优势度看，城乡居民收入结构、城镇居民人均可支配收入、农村居民人均纯收入、收入指数、每万人卫生技术人员数、人均教育经费、万人城市公共汽车数、城市生活环境指数是巩义市社会环境发展指数中的优势指标，万人中小学专任教师数、教育指数、人均城市公园绿地面积是巩义市社会环境发展指数中的中势指标。

第三十三章
兰考县发展指数分析

兰考县位于河南省东部，地处豫东平原西部，西邻开封，东连商丘，北临菏泽，总面积 1116 平方千米，耕地面积 105 万亩。总人口 84.14 万人，辖 16 个乡镇、1 个产业集聚区、1 个商务中心区，共 451 个行政村。2014 年 1 月 1 日，兰考县从开封市行政区划中划出，由河南省政府直接管辖，是省直管县体制改革试点县、国家级扶贫开发工作重点县、全国农业生态示范县、全国科技进步先进县、全国民政工作先进县、全国计划生育优质服务先进县。

兰考发展环境优良。兰考是河南省城镇化建设重点县之一，县城道路形成了七纵九横格局，主要街道实施了美化、绿化和亮化。14.5 平方千米的产业集聚区基础设施完善，相继出台了一系列土地、税收、电价、收费等方面的优惠政策，实施了项目入驻联审联批、一站式办公、重点企业保护、县级领导牵头服务等制度，是投资兴业的宝地。

兰考区位优越，交通便利，距离新郑国际机场仅 1 小时车程，陇海铁路穿境而过，距连云港 4 小时车程；具有丰富的农产品资源，是全国商品粮生产基地县、全国优质棉基地县；北临黄河，可自流灌溉，地表水、地下水资源丰富；电力资源充裕，已经建成覆盖城乡的电网；具有富足的人力资源，常年外出务工人员有 18 万人，各类培训学校有 15 所，可满足企业用工需求；具有独特的旅游资源，是河南省五条红色旅游线路之一；享有省辖市的经济管理权限，具有明显的政策优势；作为国家级扶贫开发重点县，兰考县享有财政扶贫、以工代赈、农田水利基本建设、农业产业结构调整等多种优惠政策。

近年来，兰考县委、县政府按照“工业强县、开放兴县、农业富民、城市化带动、改善民生”的发展思路，抢抓机遇，加快发展，经济社会呈现了科学发展、跨越发展的良好势头：工业经济蒸蒸日上，产业支撑显著增强；对外开放活力增强，引资质量明显提升；农村经济快速发展，经济结构不断优化；城市建设日新月异，城乡面貌变化巨大；民生工程扎实推进，人民生活极大改善。

一　兰考县发展评价分析

2013 年，兰考县发展指数及其下层指标评价值和排位情况，如表 33 -1 所示。

表 33 -1　兰考县 2013 年发展评价值及排名

项目	经济发展指数	生态环境发展指数	社会环境发展指数	兰考县发展指数
标准化得分	29.41	100.45	36.32	43.12
排名	27	1	6	15
优势度	中势	优势	优势	中势

（1）2013 年兰考县发展指数排位处于第 15 位，表明其在中原经济区处于中势地位。其中经济发展指数处于第 27 位，生态环境发展指数处于第 1 位，社会环境发展指数处于第 6 位。

（2）从准则层指标的优势度看，生态环境发展指数、社会环境发展指数是兰考县发展指数中的优势指标，经济发展指数是兰考县发展指数中的中势指标。

二　兰考县经济发展评价分析

2013 年，兰考县经济发展指数及其下层指标评价值和排位情况，如表 33 -2 所示。

表 33－2　兰考县 2013 年经济发展评价值及排名

项目	人均GDP	三次产业结构	非国有工业增加值占比	工业化指数	城镇化率	第一产业就业人数比重	人均全社会消费品零售总额
标准化得分	42.88	41.65	96.69	53.40	4.46	46.54	29.98
排名	24	27	6	18	38	15	26
优势度	中势	中势	优势	中势	劣势	中势	中势

项目	城镇化指数	劳均农作物播种面积	单产农用化肥施用量	单产农用大中型拖拉机动力	农业现代化指数	经济发展指数
标准化得分	18.21	35.19	20.42	37.23	32.90	29.41
排名	34	13	7	3	10	27
优势度	劣势	优势	优势	优势	优势	中势

（1）2013 年兰考县经济发展指数排位处于第 27 位，表明其在中原经济区处于中势地位。其中工业化指数排位处于第 18 位，城镇化指数排位处于第 34 位，农业现代化指数排位处于第 10 位。

（2）从方案层指标的优势度看，非国有工业增加值占比、劳均农作物播种面积、单产农用化肥施用量、单产农用大中型拖拉机动力、农业现代化指数是兰考县经济发展指数中的优势指标，人均 GDP、三次产业结构、工业化指数、第一产业就业人数比重、人均全社会消费品零售总额是兰考县经济发展指数中的中势指标，城镇化率是兰考县经济发展指数中的劣势指标。

三　兰考县生态环境发展评价分析

2013 年，兰考县生态环境发展指数及其下层指标评价值和排位情况，如表 33－3 所示。

（1）2013 年兰考县生态环境发展指数排位处于第 1 位，表明其在中原经济区处于优势地位。

表 33－3　兰考县 2013 年生态环境发展评价值及排名

项目	万元 GDP 能耗	按辖区面积平均的工业烟尘排放量	工业固体废物综合利用率	生态环境发展指数
标准化得分	102.68	93.48	100.00	100.45
排名	1	16	2	1
优势度	优势	中势	优势	优势

（2）从方案层指标的优势度看，万元 GDP 能耗、工业固体废物综合利用率是兰考县生态环境发展指数中的优势指标，按辖区面积平均的工业烟尘排放量是兰考县生态环境发展指数中的中势指标。

四　兰考县社会环境发展评价分析

2013 年，兰考县社会环境发展指数及其下层指标评价值和排位情况，如表 33－4 所示。

表 33－4　兰考县 2013 年社会环境发展评价值及排名

项目	城乡居民收入结构	城镇居民人均可支配收入	农村居民人均纯收入	收入指数	每万人卫生技术人员数	每万人卫生机构床位数	健康指数	万人中小学专任教师数
标准化得分	15.57	13.40	18.02	15.66	50.46	90.13	70.30	78.13
排名	22	40	40	40	3	2	2	4
优势度	中势	劣势	劣势	劣势	优势	优势	优势	优势

项目	人均教育经费	教育指数	人均城市公园绿地面积	人均城市道路面积	万人城市公共汽车数	城市生活环境指数	社会环境发展指数
标准化得分	19.98	49.06	16.46	44.92	14.40	42.75	36.32
排名	24	4	28	16	5	12	6
优势度	中势	优势	劣势	中势	优势	优势	优势

（1）2013 年兰考县社会环境发展指数排位处于第 6 位，表明其在中原经济区处于优势地位。其中收入指数排位处于第 40 位，健康指数排位处于第 2 位，教育指数排位处于第 4 位，城市生活环境指数处于第 12 位。

（2）从方案层指标的优势度看，每万人卫生技术人员数、每万人卫生机构床位数、健康指数、万人中小学专任教师数、教育指数、万人城市公共汽车数、城市生活环境指数是兰考县社会环境发展指数中的优势指标，城乡居民收入结构、人均教育经费、人均城市道路面积是兰考县社会环境发展指数中的中势指标，其余是兰考县社会环境发展指数中的劣势指标。

第三十四章
汝州市发展指数分析

汝州市位于河南省中西部，总面积1573平方千米，北靠巍巍嵩山，南依茫茫伏牛山，西临古都洛阳，东望黄淮平原，北临汝河。总人口105.6万人，辖4个乡、11个镇、5个街道办事处，共453个行政村。2010年，汝州市被省政府、省发改委确立为河南10个省直管试点扩权县市之一。2014年1月1日，汝州市全面实行省直管体制。

汝州市地处郑州、洛阳、平顶山、许昌四市交界地带，焦柳铁路、207国道纵贯南北，并与陇海线、京广线连通。洛界公路、南洛（南京－洛阳）高速、二广高速、焦（汝）桐高速横穿东西，并与京珠高速、连霍高速直接毗连；县乡公路和“村村通”公路覆盖城乡。辖区内公路纵横交织，形成了便捷的交通网络，交通非常便利。

汝州市相继被确定为全国小麦商品粮生产基地，全国肉类生产百强县和商品猪生产基地，河南省瘦肉型猪、商品蛋、肉牛、活绵羊出口基地，河南省畜牧业发展重点市、生猪调出大市、奶牛养殖大市。汝州素有“百里煤海”之称，是中部地区重要的能源化工基地，是中国中部经济实力20强县（市），河南省重要的煤炭、电力生产基地，全国重要的高速铁路无砟轨枕、轨道板生产基地，全国最大、世界第三的L－色氨酸生产基地，世界第二、亚洲第一的铁路重载高速机车合金钢配件和火车轮生产基地。产业集聚区先后被命名为河南省乡镇企业示范区、河南省中小企业创业基地、河南省180家产业集聚区之一、河南省第三批循环经济试点集聚区。随着经济发展，汝州市的商贸服务行业更加繁荣，金博大、丹尼斯、德克士等国内外知名商业品牌纷纷落户汝州。汝州市还成功举办了中国（国际）汝瓷文化节、中国曲剧艺术节等重要文化活动。温泉镇被确定为河南省旅游产业集聚区。

一　汝州市发展评价分析

2013 年，汝州市发展指数及其下层指标评价值和排位情况，如表 34 –1 所示。

表 34 –1　汝州市 2013 年发展评价值及排名

项目	经济发展指数	生态环境发展指数	社会环境发展指数	汝州市发展指数
标准化得分	30.87	83.56	24.53	37.63
排名	25	20	34	28
优势度	中势	中势	劣势	劣势

（1）2013 年汝州市发展指数排位处于第 28 位，表明其在中原经济区处于劣势地位。其中经济发展指数处于第 25 位，生态环境发展指数处于第 20 位，社会环境发展指数处于第 34 位。

（2）从准则层指标的优势度看，经济发展指数、生态环境发展指数是汝州市发展指数中的中势指标，社会环境发展指数是汝州市发展指数中的劣势指标。

二　汝州市经济发展评价分析

2013 年，汝州市经济发展指数及其下层指标评价值和排位情况，如表 34 –2 所示。

表 34 –2　汝州市 2013 年经济发展评价值及排名

项目	人均GDP	三次产业结构	非国有工业增加值占比	工业化指数	城镇化率	第一产业就业人数比重	人均全社会消费品零售总额
标准化得分	50.09	64.46	58.29	54.61	15.54	31.22	30.69
排名	12	13	30	16	27	30	24
优势度	优势	优势	劣势	中势	中势	劣势	中势

续表

项目	城镇化指数	劳均农作物播种面积	单产农用化肥施用量	单产农用大中型拖拉机动力	农业现代化指数	经济发展指数
标准化得分	21.28	11.14	47.78	10.92	17.26	30.87
排名	26	31	2	27	28	25
优势度	中势	劣势	优势	中势	劣势	中势

（1）2013 年汝州市经济发展指数排位处于第 25 位，表明其在中原经济区处于中势地位。其中工业化指数排位处于第 16 位，城镇化指数排位处于第 26 位，农业现代化指数排位处于第 28 位。

（2）从方案层指标的优势度看，人均 GDP、三次产业结构、单产农用化肥施用量是汝州市经济发展指数中的优势指标，工业化指数、城镇化率、人均全社会消费品零售总额、城镇化指数、单产农用大中型拖拉机动力是汝州市经济发展指数中的中势指标，非国有工业增加值占比、第一产业就业人数比重、劳均农作物播种面积、农业现代化指数是汝州市经济发展指数中的劣势指标。

三　汝州市生态环境发展评价分析

2013 年，汝州市生态环境发展指数及其下层指标评价值和排位情况，如表 34－3 所示。

表 34－3　汝州市 2013 年生态环境发展评价值及排名

项目	万元 GDP 能耗	按辖区面积平均的工业烟尘排放量	工业固体废物综合利用率	生态环境发展指数
标准化得分	82.38	71.05	100.00	83.56
排名	20	31	2	20
优势度	中势	劣势	优势	中势

（1）2013 年汝州市生态环境发展指数排位处于第 20 位，表明其在中原经济区处于中势地位。

（2）从方案层指标的优势度看，工业固体废物综合利用率是汝州市生态环境发展指数中的优势指标，万元 GDP 能耗是汝州市生态环境发展指数中的中势指标，按辖区面积平均的工业烟尘排放量是汝州市生态环境发展指数中的劣势指标。

四　汝州市社会环境发展评价分析

2013 年，汝州市社会环境发展指数及其下层指标评价值和排位情况，如表 34－4 所示。

表 34－4　汝州市 2013 年社会环境发展评价值及排名

项目	城乡居民收入结构	城镇居民人均可支配收入	农村居民人均纯收入	收入指数	每万人卫生技术人员数	每万人卫生机构床位数	健康指数	万人中小学专任教师数
标准化得分	32.03	23.00	32.56	29.19	25.43	69.30	47.36	－18.09
排名	4	31	9	9	33	3	18	40
优势度	优势	劣势	优势	优势	劣势	优势	中势	劣势

项目	人均教育经费	教育指数	人均城市公园绿地面积	人均城市道路面积	万人城市公共汽车数	城市生活环境指数	社会环境发展指数
标准化得分	16.64	－0.72	35.46	43.92	7.32	36.51	24.53
排名	31	39	14	20	19	17	34
优势度	劣势	劣势	中势	中势	中势	中势	劣势

（1）2013 年汝州市社会环境发展指数排位处于第 34 位，表明其在中原经济区处于劣势地位。其中收入指数排位处于第 9 位，健康指数排位处于第 18 位，教育指数排位处于第 39 位，城市生活环境指数处于第 17 位。

（2）从方案层指标的优势度看，城乡居民收入结构、农村居民人均纯收入、收入指数、每万人卫生机构床位数是汝州市社会环境发展指数中的优势指标，健康指数、人均城市公园绿地面积、人均城市道路面积、万人城市公共汽车数、城市生活环境指数是汝州市社会环境发展指数中的中势指标，其余是汝州市社会环境发展指数中的劣势指标。

第三十五章
滑县发展指数分析

滑县位于河南省北部，与濮阳、延津、浚县、长垣、封丘、内黄接壤。县城道口镇南距郑州市130千米，北距安阳市70千米，东北距濮阳市53千米，西南距新乡市70千米，西北距鹤壁新市区25千米。滑县交通便利，大广高速、济东高速和新菏铁路穿境而过，107国道、京广铁路、京港澳高速、濮鹤高速等公路铁路干线，构成四通八达的“井”字形交通网络。滑县总面积1814平方千米，总人口134.52万人，辖12个镇、10个乡和滑县新区管委会，是河南省直管县、中国农村饮水安全工程建设示范县、河南省扶贫开发工作先进县、国家扶贫开发工作重点县。

滑县农业发展优势明显，农业基础地位稳固，是中原经济区粮食生产核心区、河南省第一产粮大县、中国粮食生产先进单位、中国唯一的粮食生产先进县、河南省农业综合开发重点县、河南省高标准农田建设示范县，有“豫北粮仓”之称。截至2013年，滑县粮食单产连续22年保持河南省第一，荣获“全国粮食生产先进单位”称号，连续11年受到国家表彰。滑县农业产业化水平进一步提升。农业产业化龙头企业达88家。滑丰种业成为国家级农业产业化龙头企业。农产品加工示范园区被确定为中国农产品加工示范基地。农民专业合作社发展到657家。高效农业快速发展。土地流转面积达13.9万亩，是2006年的2.6倍。规模养殖场（户）、标准化养殖小区分别达8817个（户）和76个。林业生态县建设顺利通过省政府验收。

滑县工业已形成食品加工、纺织印染、医药化工、电线电缆、电子产品、塑料制品、木材加工等主导产业。滑县产业集聚区共引进招商引资项目196个，计划总投资145.3亿元，实际到位固定资产82.72亿元，被确定为全省20个示范产业集聚区，为滑县经济的全面发展带来了蓬勃的生机。

滑县服务业发展稳步推进，2010 年以来，滑县建成了浩创·第一商城、光洋百货、义乌小商品城、温州商贸城等一批现代购物商场，新建、改造 5 个农贸市场，四星级国宾大酒店建成开业。实施“万村千乡”市场工程和“新网”工程，改造农家店 931 家，发展物流配送中心 38 个。瓦岗寨景区建成并对外开放，瓦岗寨乡被命名为河南省特色旅游景观名镇。

一　滑县发展评价分析

2013 年，滑县发展指数及其下层指标评价值和排位情况，如表 35－1 所示。

表 35－1　滑县 2013 年发展评价值及排名

项目	经济发展指数	生态环境发展指数	社会环境发展指数	滑县发展指数
标准化得分	11.59	97.14	18.92	27.80
排名	40	4	38	40
优势度	劣势	优势	劣势	劣势

（1）2013 年滑县发展指数排位处于第 40 位，表明其在中原经济区处于劣势地位。其中经济发展指数处于第 40 位，生态环境发展指数处于第 4 位，社会环境发展指数处于第 38 位。

（2）从准则层指标的优势度看，生态环境发展指数是滑县发展指数中的优势指标，经济发展指数、社会环境发展指数是滑县发展指数中的劣势指标。

二　滑县经济发展评价分析

2013 年，滑县经济发展指数及其下层指标评价值和排位情况，如表 35－2所示。

表 35－2　滑县 2013 年经济发展评价值及排名

项目	人均GDP	三次产业结构	非国有工业增加值占比	工业化指数	城镇化率	第一产业就业人数比重	人均全社会消费品零售总额
标准化得分	22.52	－19.52	96.95	28.99	－10.00	23.82	12.67
排名	38	40	5	38	40	38	38
优势度	劣势	劣势	优势	劣势	劣势	劣势	劣势

项目	城镇化指数	劳均农作物播种面积	单产农用化肥施用量	单产农用大中型拖拉机动力	农业现代化指数	经济发展指数
标准化得分	1.29	42.67	26.43	32.34	38.97	11.59
排名	40	7	5	6	5	40
优势度	劣势	优势	优势	优势	优势	劣势

（1）2013 年滑县经济发展指数排位处于第 40 位，表明其在中原经济区处于劣势地位。其中工业化指数排位处于第 38 位，城镇化指数排位处于第 40 位，农业现代化指数排位处于第 5 位。

（2）从方案层指标的优势度看，非国有工业增加值占比、城镇化指数、劳均农作物播种面积、单产农用化肥施用量、单产农用大中型拖拉机动力、农业现代化指数是滑县经济发展指数中的优势指标，人均 GDP、三次产业结构、工业化指数、城镇化率、第一产业就业人数比重、人均全社会消费品零售总额、城镇化指数是滑县经济发展指数中的劣势指标。

三　滑县生态环境发展评价分析

2013 年，滑县生态环境发展指数及其下层指标评价值和排位情况，如表 35－3 所示。

（1）2013 年滑县生态环境发展指数排位处于第 4 位，表明其在中原经济区处于优势地位。

表 35－3　滑县 2013 年生态环境发展评价值及排名

项目	万元 GDP 能耗	按辖区面积平均的工业烟尘排放量	工业固体废物综合利用率	生态环境发展指数
标准化得分	98.08	96.95	94.18	97.14
排名	3	8	23	4
优势度	优势	优势	中势	优势

（2）从方案层指标的优势度看，万元 GDP 能耗、按辖区面积平均的工业烟尘排放量是滑县生态环境发展指数中的优势指标，工业固体废物综合利用率是滑县生态环境发展指数中的中势指标。

四　滑县社会环境发展评价分析

2013 年，滑县社会环境发展指数及其下层指标评价值和排位情况，如表 35－4 所示。

表 35－4　滑县 2013 年社会环境发展评价值及排名

项目	城乡居民收入结构	城镇居民人均可支配收入	农村居民人均纯收入	收入指数	每万人卫生技术人员数	每万人卫生机构床位数	健康指数	万人中小学专任教师数
标准化得分	12.76	17.35	18.47	16.19	27.43	48.90	38.16	－5.81
排名	26	38	39	39	29	23	27	38
优势度	中势	劣势	劣势	劣势	劣势	中势	中势	劣势

项目	人均教育经费	教育指数	人均城市公园绿地面积	人均城市道路面积	万人城市公共汽车数	城市生活环境指数	社会环境发展指数
标准化得分	11.49	2.84	37.01	61.16	9.36	46.30	18.92
排名	40	38	12	8	15	9	38
优势度	劣势	劣势	优势	优势	中势	优势	劣势

（1）2013 年滑县社会环境发展指数排位处于第 38 位，表明其在中原经济区处于劣势地位。其中收入指数排位处于第 39 位，健康指数排位处于第 27 位，教育指数排位处于第 38 位，城市生活环境指数处于第 9 位。

（2）从方案层指标的优势度看，人均城市公园绿地面积、人均城市道路面积、城市生活环境指数是滑县社会环境发展指数中的优势指标，城乡居民收入结构、每万人卫生机构床位数、健康指数、万人城市公共汽车数是滑县社会环境发展指数中的中势指标，其余是滑县社会环境发展指数中的劣势指标。

第三十六章
长垣县发展指数分析

长垣县是河南省直管县，位于河南省东北部，东隔黄河与山东省东明县相望，南与封丘县、兰考县毗连，北与滑县、濮阳县接壤，因“县有防垣”而得名。县域面积 1051 平方千米，总人口 80.95 万人，辖 9 个镇、4 个乡及 3 个街道办事处。新菏铁路横亘长垣县东西，308 省道、213 省道穿越全境，长济高速、大广高速在这里相交。长垣以民营经济为主体，形成了起重机械、医疗器械、建筑、防腐、烹饪、绿色食品、苗木花卉七大特色产业。

长垣是国家粮食生产基地县、国家绿色农业示范区、全国绿色食品原料（小麦）标准化生产基地。2012 年，长垣建设了“蔬菜、冬枣、食用菌、肉牛养殖、良种繁育”五大现代农业基地，高效农业面积达 22.6 万亩，设施农业面积达 2.6 万亩，以肉牛养殖为主导的现代畜牧业发展势头强劲。国家认证绿色农产品基地面积达 66 万亩，国家绿色食品标志产品达 62 个，居河南省第 1 位。长垣拥有涉农龙头企业 98 家、农民专业合作经济组织 394 家。

长垣是全国最大的起重装备生产基地和重要的卫生材料生产基地。长垣着力构建“一区六组团”的产业集聚集群发展新格局，2011 年长垣县省级产业集聚区建成区面积达 14 平方千米，入驻企业 432 家，实现主营业务收入 280 亿元，被评为“河南省十强产业集聚区”“河南省第一批知名品牌创建示范产业集聚区”，被工信部授予“国家新型工业化产业示范基地”称号。该县新蒲建设集团安装工程公司等企业作为主要施工单位，承建了国家大剧院、北京奥运会主场馆“鸟巢”等重点国家工程，并获得国家建筑工程质量最高奖——“鲁班奖”。

截至2012年底，长垣县有专业厨师2.3万人，其中，在国外从业者有200多人。2004年9月，长垣县成功举办了中国（长垣）厨师之乡国际美食节活动。

一　长垣县发展评价分析

2013年，长垣县发展指数及其下层指标评价值和排位情况，如表36-1所示。

表36-1　长垣县2013年发展评价值及排名

项目	经济发展指数	生态环境发展指数	社会环境发展指数	长垣县发展指数
标准化得分	46.64	95.48	37.63	51.98
排名	8	6	2	3
优势度	优势	优势	优势	优势

（1）2013年长垣县发展指数排位处于第3位，表明其在中原经济区处于优势地位。其中经济发展指数处于第8位，生态环境发展指数处于第6位，社会环境发展指数处于第2位。

（2）从准则层指标的优势度看，经济发展指数、生态环境发展指数、社会环境发展指数均是长垣县发展指数中的优势指标。

二　长垣县经济发展评价分析

2013年，长垣县经济发展指数及其下层指标评价值和排位情况，如表36-2所示。

（1）2013年长垣县经济发展指数排位处于第8位，表明其在中原经济区处于优势地位。其中工业化指数排位处于第11位，城镇化指数排位处于第14位，农业现代化指数排位处于第1位。

表 36－2　长垣县 2013 年经济发展评价值及排名

项目	人均GDP	三次产业结构	非国有工业增加值占比	工业化指数	城镇化率	第一产业就业人数比重	人均全社会消费品零售总额
标准化得分	44.45	56.44	98.48	57.65	16.07	82.81	19.44
排名	21	21	2	11	26	1	35
优势度	中势	中势	优势	优势	中势	优势	劣势

项目	城镇化指数	劳均农作物播种面积	单产农用化肥施用量	单产农用大中型拖拉机动力	农业现代化指数	经济发展指数
标准化得分	33.80	182.23	9.38	2.61	136.30	46.64
排名	14	1	20	39	1	8
优势度	中势	优势	中势	劣势	优势	优势

（2）从方案层指标的优势度看，非国有工业增加值占比、工业化指数、第一产业就业人数比重、劳均农作物播种面积、农业现代化指数是长垣县经济发展指数中的优势指标，人均 GDP、三次产业结构、城镇化率、城镇化指数是长垣县经济发展指数中的中势指标，其余是长垣县经济发展指数中的劣势指标。

三　长垣县生态环境发展评价分析

2013 年，长垣县生态环境发展指数及其下层指标评价值和排位情况，如表 36－3 所示。

表 36－3　长垣县 2013 年生态环境发展评价值及排名

项目	万元 GDP 能耗	按辖区面积平均的工业烟尘排放量	工业固体废物综合利用率	生态环境发展指数
标准化得分	94.64	93.77	100.00	95.48
排名	6	14	2	6
优势度	优势	中势	优势	优势

（1）2013 年长垣县生态环境发展指数排位处于第 6 位，表明其在中原经济区处于优势地位。

（2）从方案层指标的优势度看，万元 GDP 能耗、工业固体废物综合利用率是长垣县生态环境发展指数中的优势指标，按辖区面积平均的工业烟尘排放量是长垣县生态环境发展指数中的中势指标。

四　长垣县社会环境发展评价分析

2013 年，长垣县社会环境发展指数及其下层指标评价值和排位情况，如表 36－4 所示。

表 36－4　长垣县 2013 年社会环境发展评价值及排名

项目	城乡居民收入结构	城镇居民人均可支配收入	农村居民人均纯收入	收入指数	每万人卫生技术人员数	每万人卫生机构床位数	健康指数	万人中小学专任教师数
标准化得分	46.08	19.85	37.06	34.33	53.99	55.63	54.81	42.69
排名	1	34	4	4	2	18	7	14
优势度	优势	劣势	优势	优势	优势	中势	优势	中势

项目	人均教育经费	教育指数	人均城市公园绿地面积	人均城市道路面积	万人城市公共汽车数	城市生活环境指数	社会环境发展指数
标准化得分	21.94	32.32	29.28	49.70	9.53	40.20	37.63
排名	17	14	21	13	14	14	2
优势度	中势	中势	中势	优势	中势	中势	优势

（1）2013 年长垣县社会环境发展指数排位处于第 2 位，表明其在中原经济区处于优势地位。其中收入指数排位处于第 4 位，健康指数排位处于第 7 位，教育指数排位处于第 14 位，城市生活环境指数处于第 14 位。

（2）从方案层指标的优势度看，城乡居民收入结构、农村居民人均纯

收入、收入指数、每万人卫生技术人员数、健康指数、人均城市道路面积是长垣县社会环境发展指数中的优势指标，每万人卫生机构床位数、万人中小学专任教师数、人均教育经费、教育指数、人均城市公园绿地面积、万人城市公共汽车数、城市生活环境指数是长垣县社会环境发展指数中的中势指标，城镇居民人均可支配收入是长垣县社会环境发展指数中的劣势指标。

第三十七章
邓州市发展指数分析

邓州市古称“邓”或“穰”，是河南省直管市，处于河南省西南部南襄盆地中部偏西地区。邓州市东接南阳市卧龙区、新野县，西连淅川县，南界湖北省襄阳区、老河口市，北邻内乡县、镇平县，总面积2369平方公里。总面积2369平方公里，辖28个乡镇（街、区）。邓州市总人口188万人，其中城市人口40多万人。邓州地处河南、湖北交界部位，位于武汉－西安－郑州大三角和南阳－襄阳－十堰小三角附近，起着承东启西的“桥梁”作用，是豫西南门户城市、南水北调中线工程渠首市、丹江口水库库区市，享有“中国第一雷锋城”荣誉称号。邓州先后被授予对外开放城市、改革开放特别试点市、省级历史文化名城、中国校油泵之乡、优先发展中等城市试点市等称号。

农业是邓州市的基础产业，邓州市有耕地240万亩，盛产辣椒、小麦、棉花、油料、烟草、豆类，被确定为国家粮食、黄牛、内贸烟储备基地，外贸烟出口生产基地，以及河南省棉花、芝麻生产重点市，为全国50个商品粮基地县之一，素有“粮仓”之称。

另外，邓州市始终重视工业发展，强力实施工业振兴工程，工业发展水平明显提升。新型工业化实现新突破，质量效益稳中有升。2013年，邓州市规模以上工业完成增加值81.8亿元，同比增长13.9%；实现入库税收1.8亿元，同比增长5.4%。汽车及零部件、纺织服装、食品加工三大主导产业产值分别同比增长20%、10%和15%。项目引进成效明显，全年引进投资千万元以上工业项目62个，其中，亿元以上项目14个，10亿元以上项目3个，合同履约率达100%，开工建设率达93%，重点项目建设进展顺利。

邓州以纺织服装、食品加工、汽车、喷油泵及其零部件几大产业为主导，推动经济全面发展。邓州市抓住中原经济区和丹江口库区区域性中心城市建设战略，大气魄地进行城市规划和建设，正在成为河南省快速发展的宜居、宜业城市。

一 邓州市发展评价分析

2013 年，邓州市发展指数及其下层指标评价值和排位情况，如表 37－1 所示。

表 37－1 邓州市 2013 年发展评价值及排名

项目	经济发展指数	生态环境发展指数	社会环境发展指数	邓州市发展指数
标准化得分	20.57	98.41	17.88	32.54
排名	38	2	39	35
优势度	劣势	优势	劣势	劣势

（1）2013 年邓州市发展指数排位处于第 35 位，表明其在中原经济区处于劣势地位，其中经济发展指数处于第 38 位，生态环境发展指数处于第 2 位，社会环境发展指数处于第 39 位。

（2）从准则层指标的优势度看，生态环境发展指数是邓州市发展指数中的优势指标，经济发展指数、社会环境发展指数是邓州市发展指数中的劣势指标。

二 邓州市经济发展评价分析

2013 年，邓州市经济发展指数及其下层指标评价值和排位情况，如表 37－2 所示。

（1）2013 年邓州市经济发展指数排位处于第 38 位，表明其在中原经济区处于劣势地位。其中工业化指数排位处于第 34 位，城镇化指数排位处于第 38 位，农业现代化指数排位处于第 9 位。

表 37 –2　邓州市 2013 年经济发展评价值及排名

项目	人均 GDP	三次产业结构	非国有工业增加值占比	工业化指数	城镇化率	第一产业就业人数比重	人均全社会消费品零售总额
标准化得分 排名 优势度	32.09 33 劣势	-0.11 37 劣势	91.55 11 优势	37.54 34 劣势	7.50 37 劣势	17.13 40 劣势	22.11 34 劣势

项目	城镇化指数	劳均农作物播种面积	单产农用化肥施用量	单产农用大中型拖拉机动力	农业现代化指数	经济发展指数
标准化得分 排名 优势度	11.61 38 劣势	41.68 8 优势	19.37 8 优势	8.54 33 劣势	34.81 9 优势	20.57 38 劣势

（2）从方案层指标的优势度看，非国有工业增加值占比、劳均农作物播种面积、单产农用化肥施用量、农业现代化指数是邓州市经济发展指数中的优势指标，人均 GDP、三次产业结构、工业化指数、城镇化率、第一产业就业人数比重、人均全社会消费品零售总额、城镇化指数、单产农用大中型拖拉机动力是邓州市经济发展指数中的劣势指标。

三　邓州市生态环境发展评价分析

2013 年，邓州市生态环境发展指数及其下层指标评价值和排位情况，如表 37 –3 所示。

表 37 –3　邓州市 2013 年生态环境发展评价值及排名

项目	万元 GDP 能耗	按辖区面积平均的工业烟尘排放量	工业固体废物综合利用率	生态环境发展指数
标准化得分 排名 优势度	98.85 2 优势	96.57 9 优势	98.79 14 中势	98.41 2 优势

（1）2013 年邓州市生态环境发展指数排位处于第 2 位，表明其在中原经济区处于优势地位。

（2）从方案层指标的优势度看，万元 GDP 能耗、按辖区面积平均的工业烟尘排放量是邓州市生态环境发展指数中的优势指标，工业固体废物综合利用率是邓州市生态环境发展指数中的中势指标。

四 邓州市社会环境发展评价分析

2013 年，邓州市社会环境发展指数及其下层指标评价值和排位情况，如表 37－4 所示。

表 37－4 邓州市 2013 年社会环境发展评价值及排名

项目	城乡居民收入结构	城镇居民人均可支配收入	农村居民人均纯收入	收入指数	每万人卫生技术人员数	每万人卫生机构床位数	健康指数	万人中小学专任教师数
标准化得分	22.79	25.51	29.18	25.83	11.50	27.74	19.62	－15.74
排名	10	28	15	15	40	38	38	39
优势度	优势	劣势	中势	中势	劣势	劣势	劣势	劣势

项目	人均教育经费	教育指数	人均城市公园绿地面积	人均城市道路面积	万人城市公共汽车数	城市生活环境指数	社会环境发展指数
标准化得分	13.70	－1.02	51.49	36.83	2.37	30.95	17.88
排名	39	40	6	25	37	26	39
优势度	劣势	劣势	优势	中势	劣势	中势	劣势

（1）2013 年邓州市社会环境发展指数排位处于第 39 位，表明其在中原经济区处于劣势地位。其中收入指数排位处于第 15 位，健康指数排位处于第 38 位，教育指数排位处于第 40 位，城市生活环境指数处于第 26 位。

（2）从方案层指标的优势度看，城乡居民收入结构、人均城市公园绿地面积是邓州市社会环境发展指数中的优势指标，农村居民人均纯收入、收入指数、人均城市道路面积、城市生活环境指数是邓州市社会环境发展指数中的中势指标，其余是邓州市社会环境发展指数中的劣势指标。

第三十八章
永城市发展指数分析

永城市是河南省直管市，位于河南省最东部，面积2068平方千米，人口154.06万人，辖6个街道办事处、25个乡镇，共732个行政村3706个自然村。1949～1952年，永城县划归河南省商丘专区。1996年，永城撤县设市，由省直辖，暂由商丘市代管。2014年1月1日，永城市正式成为河南省直管市，由河南省政府全面管辖。

永城市地处豫、皖、苏、鲁四省结合部，是河南省重点建设的区域性中心城市。永城因汉高祖刘邦在境内的芒砀山斩白蛇起义而被誉为“汉兴之地”。永城交通发达，陇海、京沪、京九、徐阜四大铁路干线环绕永城，境内的铁路连接线与四大干线相连，郑徐高铁永城北站正在建设，沱河航运已通过省发改委批复。

因拥有出色的面粉加工能力，永城成为国家唯一被授予“中国面粉城”称号的城市。永城是全国粮食生产先进市、全国粮油百强市、河南省无公害农副产品生产基地市，小麦连续八年增产增收，面粉加工企业已达142家，年加工小麦60亿斤，产品畅销20多个省、直辖市、自治区，被中国食品工业协会授予“中国面粉城”称号，已连续成功举办六届中国面粉食品博览会。

永城矿藏丰富，地下储煤面积达1000平方千米，储量达50亿吨，是全国六大无烟煤基地之一和豫鲁苏皖地区重要的煤化工基地，境内有永煤集团、神火集团、裕东电厂等大型骨干企业。其中永煤、神火两大企业集团双双进入中国企业500强，年产原煤2300万吨。永城是全国六大无烟煤基地之一与河南省最大的煤化工基地。同时，永城境内还储有铁矿、瓷土、花岗岩等17种矿产资源。

永城城市人均公园绿地面积为11.55平方米，是河南省生态建设示范市、国家园林城市、国家卫生城市。近年来，永城市着力加快生态环境建设步伐，运用循环经济理念和绿色技术改造传统产业，逐步建立了健康的自然生态体系、综合的矿区修复利用体系、完善的环境支撑体系、可持续的资源利用体系、高效循环的生态经济体系和文明进步的生态社会体系。

一　永城市发展评价分析

2013年，永城市发展指数及其下层指标评价值和排位情况，如表38－1所示。

表38－1　永城市2013年发展评价值及排名

项目	经济发展指数	生态环境发展指数	社会环境发展指数	永城市发展指数
标准化得分	33.47	59.40	31.65	37.20
排名	22	37	20	29
优势度	中势	劣势	中势	劣势

（1）2013年永城市发展指数排位处于第29位，表明其在中原经济区处于劣势地位。其中经济发展指数处于第22位，生态环境发展指数处于第37位，社会环境发展指数处于第20位。

（2）从准则层指标的优势度看，经济发展指数、社会环境发展指数均是永城市发展指数中的中势指标，生态环境发展指数是永城市发展指数中的劣势指标。

二　永城市经济发展评价分析

2013年，永城市经济发展指数及其下层指标评价值和排位情况，如表38－2所示。

表 38－2　永城市 2013 年经济发展评价值及排名

项目	人均GDP	三次产业结构	非国有工业增加值占比	工业化指数	城镇化率	第一产业就业人数比重	人均全社会消费品零售总额
标准化得分	47.22	53.20	2.01	39.37	18.21	57.81	28.61
排名	16	22	40	32	24	6	28
优势度	中势	中势	劣势	劣势	中势	优势	劣势

项目	城镇化指数	劳均农作物播种面积	单产农用化肥施用量	单产农用大中型拖拉机动力	农业现代化指数	经济发展指数
标准化得分	29.65	57.57	8.10	28.20	46.51	33.47
排名	19	3	24	10	3	22
优势度	中势	优势	中势	优势	优势	中势

（1）2013 年永城市经济发展指数排位处于第 22 位，表明其在中原经济区处于中势地位。其中工业化指数排位处于第 32 位，城镇化指数排位处于第 19 位，农业现代化指数排位处于第 3 位。

（2）从方案层指标的优势度看，第一产业就业人数比重、劳均农作物播种面积、单产农用大中型拖拉机动力、农业现代化指数是永城市经济发展指数中的优势指标，人均 GDP、三次产业结构、城镇化率、城镇化指数、单产农用化肥施用量是永城市经济发展指数中的中势指标，其余是永城市经济发展指数中的劣势指标。

三　永城市生态环境发展评价分析

2013 年，永城市生态环境发展指数及其下层指标评价值和排位情况，如表 38－3 所示。

（1）2013 年永城市生态环境发展指数排位处于第 37 位，表明其在中原经济区处于劣势地位。

表 38 – 3　永城市 2013 年生态环境发展评价值及排名

项目	万元 GDP 能耗	按辖区面积平均的工业烟尘排放量	工业固体废物综合利用率	生态环境发展指数
标准化得分	42.15	76.29	100.00	59.40
排名	39	29	2	37
优势度	劣势	劣势	优势	劣势

（2）从方案层指标的优势度看，工业固体废物综合利用率是永城市生态环境发展指数中的优势指标，万元 GDP 能耗、按辖区面积平均的工业烟尘排放量是永城市生态环境发展指数中的劣势指标。

四　永城市社会环境发展评价分析

2013 年，永城市社会环境发展指数及其下层指标评价值和排位情况，如表 38 – 4 所示。

表 38 – 4　永城市 2013 年社会环境发展评价值及排名

项目	城乡居民收入结构	城镇居民人均可支配收入	农村居民人均纯收入	收入指数	每万人卫生技术人员数	每万人卫生机构床位数	健康指数	万人中小学专任教师数
标准化得分	13.65	30.03	26.27	23.32	28.83	45.73	37.28	37.60
排名	25	19	23	23	27	28	29	21
优势度	中势	中势	中势	中势	中势	劣势	劣势	中势

项目	人均教育经费	教育指数	人均城市公园绿地面积	人均城市道路面积	万人城市公共汽车数	城市生活环境指数	社会环境发展指数
标准化得分	23.34	30.47	34.44	64.07	20.76	66.09	31.65
排名	8	19	16	6	2	2	20
优势度	优势	中势	中势	优势	优势	优势	中势

（1）2013 年永城市社会环境发展指数排位处于第 20 位，表明其在中原经济区处于中势地位。其中收入指数排位处于第 23 位，健康指数排位处于第 29 位，教育指数排位处于第 19 位，城市生活环境指数处于第 2 位。

（2）从方案层指标的优势度看，人均教育经费、人均城市道路面积、万人城市公共汽车数、城市生活环境指数是永城市社会环境发展指数中的优势指标，城乡居民收入结构、城镇居民人均可支配收入、农村居民人均纯收入、收入指数、每万人卫生技术人员数、万人中小学专任教师数、教育指数、人均城市公园绿地面积是永城市社会环境发展指数中的中势指标，每万人卫生机构床位数、健康指数是永城市社会环境发展指数中的劣势指标。

第三十九章
固始县发展指数分析

固始县位于河南省东南部，系鄂豫皖三省交界、华东与中原交融地带。固始县南依大别山，北临淮河，地处合肥、阜阳（阜阳城区距固始城区最近)、信阳小经济圈的中心，且处于郑州、武汉、南京大经济圈的腹地。固始县总面积2946平方千米，是河南省第一人口大县，总人口174万人。固始县历来就是多民族居住地。早期有汉、回、蒙、满等民族。1987年，有18个少数民族，人口近2.4万人。2009年，县域内少数民族数量达33个，人口近3万人，其中以回族人口居多，占县域少数民族人口的99%。少数民族在居住上有大分散、小聚居的显著特征。历史上有四次较大规模的人口南迁，其后裔又逐渐迁至闽、粤、台、港、澳、东南亚和欧美各地，固始因有“唐人故里、闽台祖地”和“中原第一侨乡”之称。固始县每年承办由中国侨联主办的“中原(固始）根亲文化节”。同时，固始县也是河南省首批五个重点扩权县（市）之一、十个省直管县（市）之一、五个规划建设的区域性中心城市之一。

固始自古文风昌盛，历史文化积淀深厚，为“河南省十大文化强县”之一。固始书法群体备受国内外书法界关注，固始因被中国文联和中国书协命名为“中国书法之乡”。

此外，固始县曾荣获“全国粮食生产先进县标兵”“全国绿色农业建设示范县”“市林业生态建设先进县”“省级林业生态县”“全国粮食生产先进县标兵”等称号。

一　固始县发展评价分析

2013年，固始县发展指数及其下层指标评价值和排位情况,如表39－1所示。

表 39－1　固始县 2013 年发展评价值及排名

项目	经济发展指数	生态环境发展指数	社会环境发展指数	固始县发展指数
标准化得分	25.27	89.20	31.67	37.67
排名	31	14	19	27
优势度	劣势	中势	中势	中势

（1）2013 年固始县发展指数排位处于第 27 位，表明其在中原经济区处于中势地位，其中经济发展指数处于第 31 位，生态环境发展指数处于第 14 位，社会环境发展指数处于第 19 位。

（2）从准则层指标的优势度看，生态环境发展指数、社会环境发展指数是固始县发展指数中的中势指标，经济发展指数是固始县发展指数中的劣势指标。

二　固始县经济发展评价分析

2013 年，固始县经济发展指数及其下层指标评价值和排位情况，如表 39－2 所示。

表 39－2　固始县 2013 年经济发展评价值及排名

项目	人均GDP	三次产业结构	非国有工业增加值占比	工业化指数	城镇化率	第一产业就业人数比重	人均全社会消费品零售总额
标准化得分	33.57	－8.99	97.85	37.91	8.75	38.97	34.50
排名	31	38	3	33	36	19	17
优势度	劣势	劣势	优势	劣势	劣势	中势	中势

项目	城镇化指数	劳均农作物播种面积	单产农用化肥施用量	单产农用大中型拖拉机动力	农业现代化指数	经济发展指数
标准化得分	19.44	34.53	0.61	7.37	26.28	25.27
排名	29	15	38	37	18	31
优势度	劣势	中势	劣势	劣势	中势	劣势

（1）2013 年固始县经济发展指数排位处于第 31 位，表明其在中原经济区处于劣势地位。其中工业化指数排位处于第 33 位，城镇化指数排位处于第 29 位，农业现代化指数排位处于第 18 位。

（2）从方案层指标的优势度看，非国有工业增加值占比是固始县经济发展指数中的优势指标，第一产业就业人数比重、人均全社会消费品零售总额、劳均农作物播种面积、农业现代化指数是固始县经济发展指数中的中势指标，人均 GDP、三次产业结构、非国有工业增加值占比、工业化指数、城镇化率、城镇化指数、单产农用化肥施用量、单产农用大中型拖拉机动力是固始县经济发展指数中的劣势指标。

三　固始县生态环境发展评价分析

2013 年，固始县生态环境发展指数及其下层指标评价值和排位情况，如表 39－3 所示。

表 39－3　固始县 2013 年生态环境发展评价值及排名

项目	万元 GDP 能耗	按辖区面积平均的工业烟尘排放量	工业固体废物综合利用率	生态环境发展指数
标准化得分	82.76	99.89	100.00	89.20
排名	19	2	2	14
优势度	中势	优势	优势	中势

（1）2013 年固始县生态环境发展指数排位处于第 14 位，表明其在中原经济区处于中势地位。

（2）从方案层指标的优势度看，按辖区面积平均的工业烟尘排放量、工业固体废物综合利用率是固始县生态环境发展指数中的优势指标，万元 GDP 能耗是固始县生态环境发展指数中的中势指标。

四　固始县社会环境发展评价分析

2013 年，固始县社会环境发展指数及其下层指标评价值和排位情况，如表 39－4 所示。

表 39－4　固始县 2013 年社会环境发展评价值及排名

项目	城乡居民收入结构	城镇居民人均可支配收入	农村居民人均纯收入	收入指数	每万人卫生技术人员数	每万人卫生机构床位数	健康指数	万人中小学专任教师数
标准化得分	20.11	20.39	24.74	21.75	19.99	32.34	26.16	72.65
排名	12	33	26	26	38	34	36	5
优势度	优势	劣势	中势	中势	劣势	劣势	劣势	优势

项目	人均教育经费	教育指数	人均城市公园绿地面积	人均城市道路面积	万人城市公共汽车数	城市生活环境指数	社会环境发展指数
标准化得分	22.69	47.67	64.95	36.83	6.69	42.90	31.67
排名	11	5	2	25	23	11	19
优势度	优势	优势	优势	中势	中势	优势	中势

（1）2013 年固始县社会环境发展指数排位处于第 19 位，表明其在中原经济区处于中势地位。其中收入指数排位处于第 26 位，健康指数排位处于第 36 位，教育指数排位处于第 5 位，城市生活环境指数处于第 11 位。

（2）从方案层指标的优势度看，城乡居民收入结构、万人中小学专任教师数、人均教育经费、教育指数、人均城市公园绿地面积、城市生活环境指数是固始县社会环境发展指数中的优势指标，农村居民人均纯收入、收入指数、人均城市道路面积、万人城市公共汽车数是固始县社会环境发展指数中的中势指标，其余是固始县社会环境发展指数中的劣势指标。

第四十章
鹿邑县发展指数分析

鹿邑县是河南省直管县，古称鸣鹿、真源、苦县、谷阳、仙源，位于河南省东部，东临亳州市，西接淮阳县，北靠柘城县，南望郸城县。该县总面积为1238平方千米，总人口118万人。鹿邑县辖20个乡镇、4个街道办事处、2个管委会。鹿邑县是连接中原经济区和皖江经济带、长三角的枢纽。

鹿邑是道家创始人老子故里，2011年11月，经中国民间文艺家协会组织专家实地考察论证，报中国文联审批、中国共产党中央委员会宣传部备案，鹿邑县被认定为“中国老子文化之乡”，并建立“中国老子文化研究中心”。2013年，鹿邑县举办了老子庙会、“老子诞辰2584周年公祭大典”等旅游推介活动；编撰弘扬老子文化、宣传老子故里书籍5部；组织人员参与央视科教频道《百家讲坛》栏目录制曾仕强先生解读《道德经》活动；配合央视国际频道《走遍中国》栏目拍摄《鹿邑：老子不老》专题片；协助完成越调电影《老子》的拍摄工作。曲仁里老子文化产业园区被认定为“省级文化产业园区”，并入围省文化产业“双十”工程候选单位。

鹿邑县是一个典型的内陆农业大县，主要农作物有小麦、玉米、高粱、棉花、烟草等。2014年粮食总产量为92.04万吨，实现“十一连增”。8家企业被定为省级农业产业化重点龙头企业。辅仁药业集团被评为省级林业产业化重点龙头企业。鹿邑县还形成了皮革、粮食、医药、肉食、尾毛、草编、板材、纺织八大特色产业。

鹿邑县曾荣获“全省平安建设工作先进县”“全省信访工作先进县”“全省对外开放先进单位”等荣誉称号，继续保持了“全国双拥模范县”“全国粮食生产先进县”“全国绿化模范县”“全国生猪调出大县”“省级文明城”和河南省“红旗渠精神杯”等荣誉称号。

一　鹿邑县发展评价分析

2013 年，鹿邑县发展指数及其下层指标评价值和排位情况，如表 40－1 所示。

表 40－1　鹿邑县 2013 年发展评价值及排名

项目	经济发展指数	生态环境发展指数	社会环境发展指数	鹿邑县发展指数
标准化得分	28.94	97.83	33.49	41.60
排名	28	3	12	18
优势度	劣势	优势	优势	中势

（1）2013 年鹿邑县发展指数排位处于第 18 位，表明其在中原经济区处于中势地位，其中经济发展指数处于第 28 位，生态环境发展指数处于第 3 位，社会环境发展指数处于第 12 位。

（2）从准则层指标的优势度看，生态环境发展指数、社会环境发展指数均是鹿邑县发展指数中的优势指标，经济发展指数是鹿邑县发展指数中的劣势指标。

二　鹿邑县经济发展评价分析

2013 年，鹿邑县经济发展指数及其下层指标评价值和排位情况，如表 40－2 所示。

表 40－2　鹿邑县 2013 年经济发展评价值及排名

项目	人均GDP	三次产业结构	非国有工业增加值占比	工业化指数	城镇化率	第一产业就业人数比重	人均全社会消费品零售总额
标准化得分	37.67	27.16	99.18	47.87	9.29	44.07	29.67
排名	25	29	1	24	35	16	27
优势度	中势	劣势	优势	中势	劣势	中势	中势

续表

项目	城镇化指数	劳均农作物播种面积	单产农用化肥施用量	单产农用大中型拖拉机动力	农业现代化指数	经济发展指数
标准化得分	20.57	33.14	9.93	2.17	26.33	28.94
排名	28	16	19	40	17	28
优势度	劣势	中势	中势	劣势	中势	劣势

（1）2013 年鹿邑县经济发展指数排位处于第 28 位，表明其在中原经济区处于劣势地位，其中工业化指数排位处于第 24 位，城镇化指数排位处于第 28 位，农业现代化指数排位处于第 17 位。

（2）从方案层指标的优势度看，非国有工业增加值占比是鹿邑县经济发展指数中的优势指标，人均 GDP、工业化指数、第一产业就业人数比重、人均全社会消费品零售总额、劳均农作物播种面积、单产农用化肥施用量、农业现代化指数是鹿邑县经济发展指数中的中势指标，三次产业结构、城镇化率、城镇化指数、单产农用大中型拖拉机动力是鹿邑县经济发展指数中的劣势指标。

三　鹿邑县生态环境发展评价分析

2013 年，鹿邑县生态环境发展指数及其下层指标评价值和排位情况，如表 40－3 所示。

表 40－3　鹿邑县 2013 年生态环境发展评价值及排名

项目	万元 GDP 能耗	按辖区面积平均的工业烟尘排放量	工业固体废物综合利用率	生态环境发展指数
标准化得分	97.32	97.38	100.00	97.83
排名	4	7	2	3
优势度	优势	优势	优势	优势

（1）2013 年鹿邑县生态环境发展指数排位处于第 3 位，表明其在中原经济区处于优势地位。

（2）从方案层指标的优势度看，万元 GDP 能耗、按辖区面积平均的工业烟尘排放量、工业固体废物综合利用率均是鹿邑县生态环境发展指数中的优势指标。

四　鹿邑县社会环境发展评价分析

2013 年，鹿邑县社会环境发展指数及其下层指标评价值和排位情况，如表 40－4 所示。

表 40－4　鹿邑县 2013 年社会环境发展评价值及排名

项目	城乡居民收入结构	城镇居民人均可支配收入	农村居民人均纯收入	收入指数	每万人卫生技术人员数	每万人卫生机构床位数	健康指数	万人中小学专任教师数
标准化得分	18.34	19.26	23.06	20.22	25.89	51.60	38.74	90.20
排名	16	36	29	29	31	19	25	1
优势度	中势	劣势	劣势	劣势	劣势	中势	中势	优势

项目	人均教育经费	教育指数	人均城市公园绿地面积	人均城市道路面积	万人城市公共汽车数	城市生活环境指数	社会环境发展指数
标准化得分	22.43	56.31	12.58	44.92	3.79	23.13	33.49
排名	14	2	34	16	33	32	12
优势度	中势	优势	劣势	中势	劣势	劣势	优势

（1）2013 年鹿邑县社会环境发展指数排位处于第 12 位，表明其在中原经济区处于优势地位。其中收入指数排位处于第 29 位，健康指数排位处于第 25 位，教育指数排位处于第 2 位，城市生活环境指数处于第 32 位。

（2）从方案层指标的优势度看，万人中小学专任教师数、教育指数是鹿邑县社会环境发展指数中的优势指标，城乡居民收入结构、每万人卫生机构床位数、健康指数、人均教育经费、人均城市道路面积是鹿邑县社会环境发展指数中的中势指标，其余是鹿邑县社会环境发展指数中的劣势指标。

第四十一章 新蔡县发展指数分析

新蔡县，古称蔡州，地处淮北平原，位于河南省东南部、驻马店地区东部边缘、豫皖两省交界处。东、东北与安徽省临泉县相邻，南、东南与息县、淮滨县接壤，西、西南和正阳县交界，北、西北和平舆县相连。新蔡县总面积1441.75平方公里，拥有耕地148万亩，辖22个乡镇、3个街道办事处，共356个村（居）委会，总人口约104.2万人。

新蔡县地处中纬度地带，雨量充沛，日照充足，适宜多种农作物生长和畜牧业发展，盛产小麦、玉米、芝麻、棉花等。新蔡县资源丰富，被国家定为粮食生产基地和优质棉生产基地。全县有10万多亩水面可供开发养殖，每年有近5亿公斤的粮油可供加工，有30多万农村富余劳动力。

新蔡县水陆交通便利，在大洪河上建有与驻新铁路配套的练村水运码头，顺流而下，可入淮河，进长江，直达上海、杭州等江南各埠。大广高速、新阳高速及106国道、平长公路、棠西公路横纵县境，西接京广铁路，东连京九铁路，北临漯阜铁路。新蔡县东距阜阳机场仅100千米，西距驻马店李新店机场140千米，距武汉、郑州、合肥三省会均约300千米。

新蔡县是全国粮食生产先进县、全国科技进步先进县、河南省直管县、河南省林业生态县、河南省双拥模范县、河南省级园林城、河南省卫生城。

一 新蔡县发展评价分析

2013年，新蔡县发展指数及其下层指标评价值和排位情况，如表41－1所示。

表 41－1　新蔡县 2013 年发展评价值及排名

项目	经济发展指数	生态环境发展指数	社会环境发展指数	新蔡县发展指数
2013 年	14.40	92.10	17.74	28.15
2013 年全排名	39	8	40	39
优势度	劣势	优势	劣势	劣势

（1）2013 年新蔡县发展指数排位处于第 39 位，表明其在中原经济区处于劣势地位。其中经济发展指数处于第 39 位，生态环境发展指数处于第 8 位，社会环境发展指数处于第 40 位。

（2）从准则层指标的优势度看，生态环境发展指数是新蔡县发展指数中的优势指标，经济发展指数、社会环境发展指数是新蔡县发展指数中的劣势指标。

二　新蔡县经济发展评价分析

2013 年，新蔡县经济发展指数及其下层指标评价值和排位情况，如表 41－2 所示。

表 41－2　新蔡县 2013 年经济发展评价值及排名

项目	人均 GDP	三次产业结构	非国有工业增加值占比	工业化指数	城镇化率	第一产业就业人数比重	人均全社会消费品零售总额
标准化得分	24.16	－13.30	96.61	－10.00	－3.75	27.52	9.37
排名	37	39	7	40	39	36	40
优势度	劣势	劣势	优势	劣势	劣势	劣势	劣势

项目	城镇化指数	劳均农作物播种面积	单产农用化肥施用量	单产农用大中型拖拉机动力	农业现代化指数	经济发展指数
标准化得分	5.82	32.30	5.41	7.94	25.49	14.40
排名	39	18	29	35	21	39
优势度	劣势	中势	劣势	劣势	中势	劣势

（1）2013 年新蔡县经济发展指数排位处于第 39 位，表明其在中原经济区处于劣势地位。其中工业化指数排位处于第 40 位，城镇化指数排位处于第 39 位，农业现代化指数排位处于第 21 位。

（2）从方案层指标的优势度看，非国有工业增加值占比是新蔡县经济发展指数中的优势指标，劳均农作物播种面积、农业现代化指数是新蔡县经济发展指数中的中势指标，其余是新蔡县经济发展指数中的劣势指标。

三　新蔡县生态环境发展评价分析

2013 年，新蔡县生态环境发展指数及其下层指标评价值和排位情况，如表 41－3 所示。

表 41－3　新蔡县 2013 年生态环境发展评价值及排名

项目	万元 GDP 能耗	按辖区面积平均的工业烟尘排放量	工业固体废物综合利用率	生态环境发展指数
标准化得分	87.36	100.01	100.00	92.10
2013 年全排名	13	1	2	8
优势度	优势	优势	优势	优势

（1）2013 年新蔡县生态环境发展指数排位处于第 8 位，表明其在中原经济区处于优势地位。

（2）从方案层指标的优势度看，万元 GDP 能耗、按辖区面积平均的工业烟尘排放量、工业固体废物综合利用率均是新蔡县生态环境发展指数中的优势指标。

四　新蔡县社会环境发展评价分析

2013 年，新蔡县社会环境发展指数及其下层指标评价值和排位情况，如表 41－4 所示。

表 41－4　新蔡县 2013 年社会环境发展评价值及排名

项目	城乡居民收入结构	城镇居民人均可支配收入	农村居民人均纯收入	收入指数	每万人卫生技术人员数	每万人卫生机构床位数	健康指数	万人中小学专任教师数
标准化得分	17.08	15.37	20.08	17.51	22.94	16.29	19.61	9.13
2013 年全排名	19	39	36	36	34	40	39	37
优势度	中势	劣势	劣势	劣势	劣势	劣势	劣势	劣势

项目	人均教育经费	教育指数	人均城市公园绿地面积	人均城市道路面积	万人城市公共汽车数	城市生活环境指数	社会环境发展指数
标准化得分	19.55	14.34	12.32	44.92	5.26	25.57	17.74
2013 年全排名	26	37	35	16	30	31	40
优势度	中势	劣势	劣势	中势	劣势	劣势	劣势

（1）2013 年新蔡县社会环境发展指数排位处于第 40 位，表明其在中原经济区处于劣势地位。其中收入指数排位处于第 36 位，健康指数排位处于第 39 位，教育指数排位处于第 37 位，城市生活环境指数处于第 31 位。

（2）从方案层指标的优势度看，城乡居民收入结构、人均教育经费、人均城市道路面积是新蔡县社会环境发展指数中的中势指标，城镇居民人均可支配收入、农村居民人均纯收入、收入指数、每万人卫生技术人员数、每万人卫生机构床位数、健康指数、万人中小学专任教师数、教育指数、人均城市公园绿地面积、万人城市公共汽车数、城市生活环境指数是新蔡县社会环境发展指数中的劣势指标。

后　记

《中原经济区发展指数报告（2015）》是该系列年度出版的第三本，编撰工作于2014年11月启动。仍由我统筹，经过多次讨论，确定思路、统一技术路线和写作规范，并拟定相关专题，由张建秋和张国骁具体负责完成，最后由我终审定稿。

在编写的过程中，我的研究生李少楠、柴森、赵贺朵、赵岩参与了各地市篇章的分析编写，并承担了全书的校对工作，赵岩同学还负责了出版相关工作，在此一并表示感谢。

耿明斋

2015年9月13日

图书在版编目(CIP)数据

中原经济区发展指数报告. 2015/耿明斋主编. —北京：社会科学文献出版社，2015.11

（中原发展研究院智库丛书）

ISBN 978-7-5097-8229-3

Ⅰ. ①中… Ⅱ. ①耿… Ⅲ. ①区域经济发展-研究报告-河南省-2015 Ⅳ. ①F127.61

中国版本图书馆 CIP 数据核字（2015）第 250662 号

·中原发展研究院智库丛书·

中原经济区发展指数报告（2015）

主　　编／耿明斋
执行主编／张建秋
副 主 编／张国骁

出 版 人／谢寿光
项目统筹／邓泳红
责任编辑／陈　帅

出　　版／社会科学文献出版社·皮书出版分社（010）59367127
地址：北京市北三环中路甲 29 号院华龙大厦　邮编：100029
网址：www.ssap.com.cn
发　　行／市场营销中心（010）59367081　59367090
读者服务中心（010）59367028
印　　装／三河市东方印刷有限公司

规　　格／开 本：787mm × 1092mm　1/16
印 张：19.25　字 数：301 千字
版　　次／2015 年 11 月第 1 版　2015 年 11 月第 1 次印刷
书　　号／ISBN 978-7-5097-8229-3
定　　价／180.00 元